“十三五”应用型人才培养规划教材——财经商贸

供应链管理模拟沙盘教程

唐时俊　黄峻磊／编著

清华大学出版社
北　京

内容简介

本书分为供应链管理原理及沙盘、组建你的供应链、供应链管理沙盘经营规则解析、供应链沙盘经营流程详解、供应链管理电子沙盘运营、管理你的供应链6章，结合供应链管理的理论、案例对供应链管理模拟实训的物理沙盘及电子沙盘操作进行全面而详细的讲解。

本书既可以作为高等院校供应链管理实训课程的教材，又可以作为企业内部供应链管理的培训教材，还可以作为高等学校供应链管理沙盘实训教学研究的参考资料。

图书在版编目(CIP)数据

供应链管理模拟沙盘教程/唐时俊，黄峻磊编著．—北京：清华大学出版社，2019
(“十三五”应用型人才培养规划教材．财经商贸)
ISBN 978-7-302-52228-7

Ⅰ．①供…　Ⅱ．①唐…　②黄…　Ⅲ．①供应链管理－计算机管理系统－高等学校－教材
Ⅳ．①F252.1-39

中国版本图书馆CIP数据核字(2019)第018386号

责任编辑：刘翰鹏
封面设计：常雪影
责任校对：赵琳爽
责任印制：丛怀宇

出版发行：清华大学出版社
　　网　　址：http://www.tup.com.cn，http://www.wqbook.com
　　地　　址：北京清华大学学研大厦A座　　**邮　　编**：100084
　　社 总 机：010-62770175　　**邮　　购**：010-62786544
　　投稿与读者服务：010-62776969，c-service@tup.tsinghua.edu.cn
　　质量反馈：010-62772015，zhiliang@tup.tsinghua.edu.cn
　　课件下载：http://www.tup.com.cn，010-62770175-4278
印 装 者：三河市国英印务有限公司
经　　销：全国新华书店
开　　本：185mm×260mm　　**印　　张**：13　　**字　　数**：296千字
版　　次：2019年8月第1版　　**印　　次**：2019年8月第1次印刷
定　　价：38.00元

产品编号：078523-01

前言

供应链管理沙盘是信息化管理系列沙盘课程体系中的一门核心课程，也是高等院校“信息化企业全景体验中心”整体规划设计中一个不可或缺的实践内容。供应链管理沙盘继承了传统企业经营模拟沙盘的显著特点，又融合了现代供应链企业管理的关键要素，真实地展现了供应链上信息、资金、物流的和谐统一，为学生塑造了一个了解企业管理、供应链管理的完整的学习环境。

本书作为供应链管理课程实训的专用教材，科学合理地为广大师生提供了一本可以全面指导供应链物理及电子沙盘教学与学习的好工具。

本书所依托的供应链管理模拟沙盘，配合独特直观的物理教具，融入市场变数，结合角色扮演、情景模拟、讲师点评，使受训学员在虚拟的市场竞争环境中体验从市场需求、销售反馈、渠道运营、制造商订货确认到研发生产、销售发货、物流配送、资金结算、广告策略、产品定位、促销选择、销售实现等方面的内容；并使受训学员通过亲身参与供应链管理的全流程多角色的管理应用，感受企业间协作与制约的关系，从而认识渠道上下游对于企业的重要作用，感受企业生存发展的环境与历程，感悟正确的经营思路和管理理念，并最终深刻理解供应链管理思想，提升供应链管理能力。

本书由长期从事大学生企业管理沙盘模拟教学的资深教师与企业专家共同编著，内容严谨，讲述精细，既贴近企业运营现实，又适于教学研究。全书包含6章：第1章“供应链管理原理及沙盘”主要介绍供应链的基本概念与基础原理，同时还介绍了供应链管理沙盘模拟实训的总体情况；第2章“组建你的供应链”讲解了本实验中所采用的链式供应链的特点，并给出实验分组人员的模拟角色与岗位职责要求；第3章“供应链管理沙盘经营规则解析”详细阐述了本沙盘实验的经营竞赛规则；第4章“供应链沙盘经营流程详解”将开始初始季度的企业运营，并详细讲解实验运营流程；第5章“供应链管理电子沙盘运营”详述供应链沙盘的电子版操作方式，并开始电子沙盘竞技；第6章“管理你的供应链”将就供应链沙盘模拟实验中对于整条供应链的协调与管理问题给出具体分析与建议。

本书由武汉科技大学城市学院经济与管理学部、“用友杯”全国十佳沙盘讲师、SCM沙盘高级讲师唐时俊副教授与黄峻磊副教授共同编著。其中，第1章～第4章及第6章由唐时俊负责撰写；第5章由黄峻磊负责撰写；附录1和附录2由唐时俊、黄峻磊负责编辑与撰写；全书统稿工作由唐时俊负责。同时，本书是唐时俊副教授主持的与新道科技股份有限公司合作的2018年教育部产学融合协同育人项目(201702165002)的核心研究成果之一，可应用于用友新道供应链管理沙盘实训课程的教学与研究。

本书在撰写过程中，得到了新道科技股份有限公司的大力支持，并为第3章授权提供了微课视频文件(可通过微信扫一扫功能进行观看)，在此表示由衷的感谢；同时，本书参阅的主要参考文献已列出，在此一并对各位作者表示感谢。

由于作者的水平和能力有限，书中难免有不足之处，敬请批评指正。

编著者

2019年3月

目录

供应链管理原理及沙盘

全球化生产的“苹果”

供应链管理的目标很简单：以最优化的成本满足客户需要，把全球范围内的供应能力和全球范围内的市场需求相匹配。本例以苹果公司的 iPhone3GS 手机的物理价值分解为例，通过确定元件供应商、主要部件成本和系统成本的方式，展示经济全球化时代条件下的全球制造供应链。

1. 屏幕

iPhone3GS 的屏幕如图 1-1 所示。

成本预估：屏幕是 iPhone3GS 除内存和触摸屏元件外最昂贵的部件。iPhone3GS 屏幕的成本达到了 24.5 美元，按 8GB 型号的价格计算，这一成本占其零售价格的 9.8%。iPhone3GS 的触摸屏由爱普生、夏普、东芝和松下显示器技术公司生产。

2. 触摸屏元件

iPhone3GS 的触摸屏元件如图 1-2 所示。

图 1-1　iPhone3GS 的屏幕

图 1-2　iPhone3GS 的触摸屏元件

iPhone3GS 硬件的总体成本分别是：4GB 型号为 225.85 美元、8GB 型号为 249.85

美元，其成本占 8GB 型号价格的 11%。iPhone 的触摸屏元件产自 Balda 以及 TPK Solutions。

3. 电话卡插槽及闪存位置

图 1-3 所示为电话卡插槽及闪存在底部主板的位置。

图 1-3 中 1 所示的位置为电话卡插槽位置，仅能支持 AT&T SIM 的电话卡，而且 iPhone3GS 仅支持 AT&T 服务。图 1-3 中 2 所示的位置是一块 8GB 多功能闪存。

4. 电路板

iPhone3GS 的电路板如图 1-4 所示。

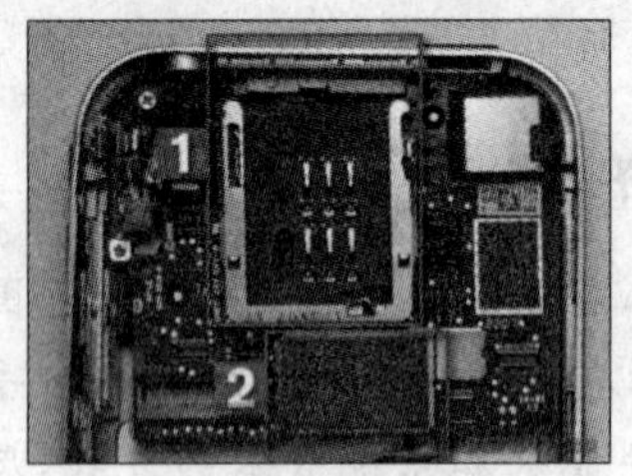

图 1-3 电话卡插槽及闪存

图 1-4 电路板

iPhone3GS 非常薄，经测量厚度仅 12mm。iPhone3GS 内部的电路板设计体现了苹果的风格，电路板被聪明地叠加在一起，像三明治一样。为了探究各个部件，只能分别拆开各层电路板。

图 1-5 中 1 所示的位置为电路板拆开后，2 所示的位置为立体声耳机电路，3 所示的位置为无线接口电路板。

5. 无线接口电路板

iPhone3GS 的无线接口电路如图 1-6 所示。

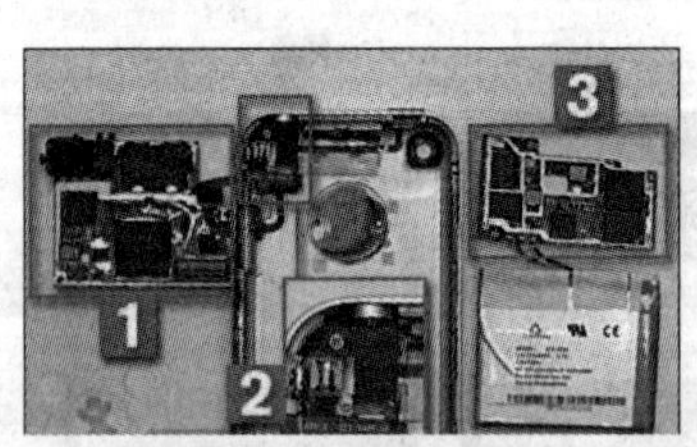

图 1-5 电路板拆开后

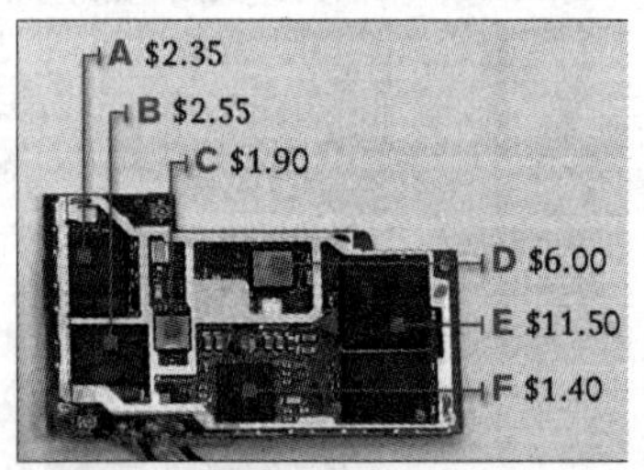

图 1-6 无线接口电路板

成本预估：这块电路板上都是无线通信部件，A 处为四频 GSM(GSM850、GSM900、GSM1800 和 GSM1900-MHz)/EDGE 收发器，B 处为功率放大器，C 处为蓝牙 2.0 芯片组，D 处为无线 802.11 a/b/g 芯片组，E 处为基带芯片组，F 处为电源管理芯片组。它们的成本分别是 2.23 美元、2.55 美元、1.9 美元、6 美元、11.5 美元和 1.4 美元。

6. 固定电池

iPhone3GS 的固定电池如图 1-7 所示。

成本预估：iPhone3GS 电池的成本为 5.2 美元，如图 1-7 所示。

7. 核心电路

iPhone3GS 的核心电路如图 1-8 所示。

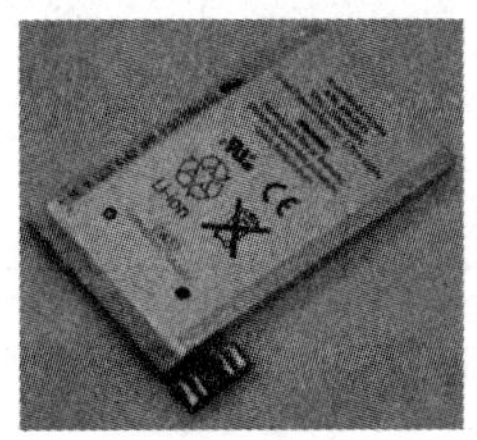

图 1-7　固定电池

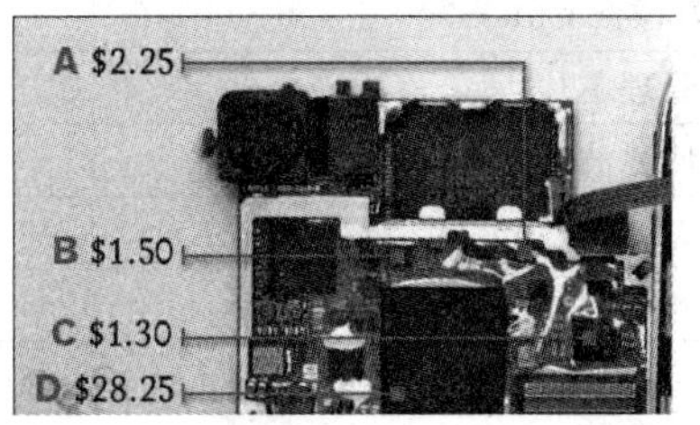

图 1-8　iPhone3GS 的核心电路

图 1-8 中,B 处为 iPhone3GS 核心电路板的运动感应/加速计,成本为 1.5 美元;C 处为 24 位 RGB 显示接口,由 National 制造,成本为 1.3 美元;D 处为 Wolfson Microelectronics 生产的音频解码器,成本为 28.25 美元;左上角是 iPhone 照相机。iPhone3GS 的核心处理器是 620MHz ARM1176JZF 处理器,它有 1GBDDR SDRAM 内存,由三星生产。

图 1-8 中,E 处为 iPhone3GS 核心电路的闪存,其成本在 iPhone3GS 中所占的比例很大。成本预估:4GB 的三星 NAND 闪存成本为 24 美元,8GB 的成本为 48 美元。

8. 摄像头组件

iPhone3GS 的摄像头组件如图 1-9 所示。

如图 1-9 所示,iPhone3GS 的相机为 300 万像素,固定镜头模块,带 CMOS 感应器,成本估计为 9.5 美元。

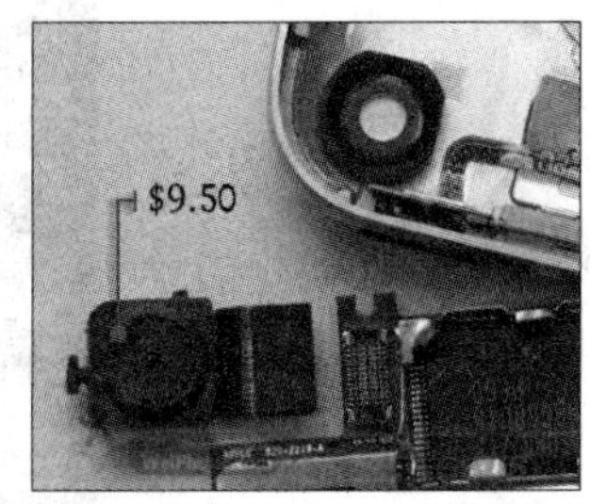

图 1-9　摄像头组件

综上所述,根据上述手机拆解的元件情况可以大致推导出其供应商情况,见表 1-1。根据元件组成及供应商的分析,可以进一步评估出 8GB 型号的 iPhone3GS 的生产成本为 179 美元左右,其零售价为 599 美元,因此毛利率达到 55.6%,和历代 iPod 的水平接近。当然,这一数字并不包括苹果公司所投入的研发成本、知识产权授权费用、运费和营销成本。

表 1-1　第三代苹果 iPhone3GS 主要芯片和配件供应商

主要配件	供应商
NAND 闪存	三星、东芝
Mobile DDR DRAM	三星
NOR 闪存	Numonyx(Intel 意法合资企业)
串行闪存	SST
WCDMA 放大器	TriQuint
GSM/EDGE 放大器	Skyworks
基带芯片	英飞凌
A-GPS	英飞凌
蓝牙	CSR

续表

主要配件	供应商
300 万像素 CMOS	OmniVision
电源管理芯片	英飞凌、NXP
表面波滤波器	TXC 晶技
接口	Foxlink 正崴
PCB	Unimicron 欣兴、南亚 PCB
镜头	Largan 大力光

通过本案例可以看到，每个企业所拥有的资源禀赋是不一样的，各自的核心优势业务自然就不同。即使是苹果这样的全球顶级企业，其才能和力量也是有限的，在 iPhone 系列手机的生产过程中，苹果公司在美国本土的核心业务仅为产品设计研发和芯片研发两项，见图 1-10。因此，企业间唯有通过产业合作才能实现优势互补，最有效率地达成其经营目的。尤其是在经济全球化的今天，国际竞争更加激烈，企业之间只有取长补短、协同工作，为了共同的市场利益形成“共赢”的供应链关系，才能更好地满足不断变化的市场需求，在竞争中立于不败之地。

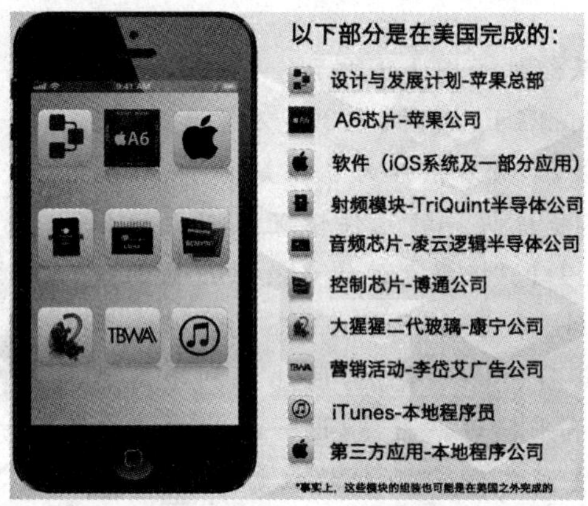

图 1-10　苹果公司在 iPhone 系列手机的生产过程中直接参与的核心业务

图片资料来源：《iPhone 全球演义：美国制造业已死?》环球网科技（http://tech.huanqiu.com/photo/2013-08/2705023.html）

1.1　什么是供应链

“供应链”这个名词来源于英文词组 supply chain 的翻译，供应链围绕核心企业，通过现代 ERP 及电子商务信息管理平台对信息流、物流、资金流进行控制，从采购原材料开始，制成中间产品以及最终产品，最后由销售网络把产品送到消费者手中，将供应商、制造商、分销商、零售商，直到最终用户连成一个整体的功能网链，其结构如图 1-11 所示。同时，它不仅是一条连接供应商到用户的物流链、信息链、资金链，而且是一条价值增值链，物料在供应链上因加工、包装、运输等过程而增加其价值，从而给相关企业带来利润。

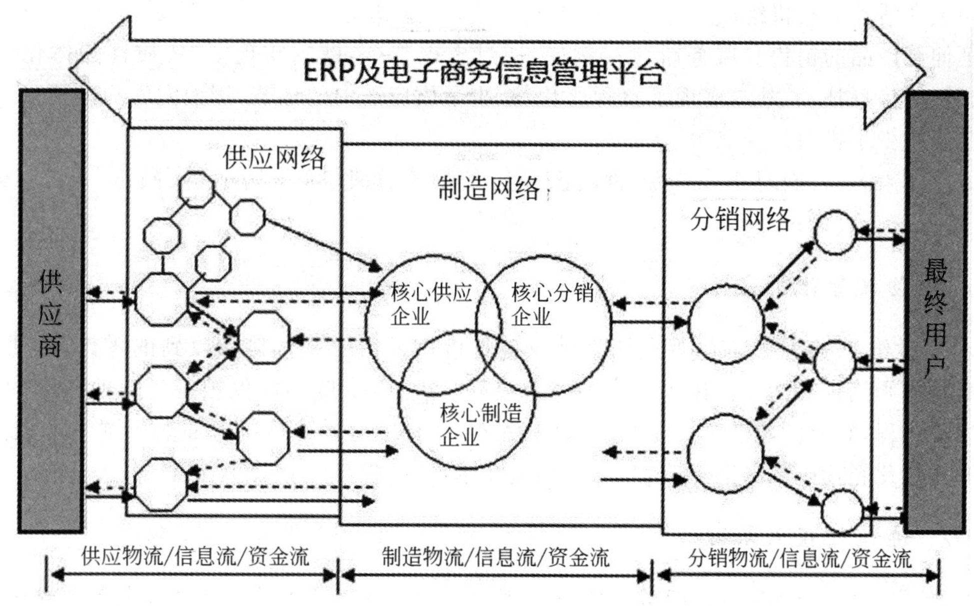

图 1-11　供应链的结构示意图

从组成结构上看，可以把供应链的结构形象地理解成一棵枝叶茂盛的大树：生产企业构成树根；独家代理商是主杆；分销商是树枝和树梢；满树的绿叶红花是最终用户；在根与主杆、枝与杆的一个个结点，蕴藏着一次次的流通，遍体相通的脉络便是信息管理系统。

从系统关系角度看，可以把供应链上各企业之间的关系与生物学中的食物链做类似的对比。系统的平衡性是任何系统存在与发展的基础，系统中任何组成元素的过度发展或急速消亡均将动摇系统整体的平衡，进而引发系统的衰亡。

假设在一个简化的生态系统中，只存在"草→兔子→狼→狮子"这样一个简单的食物链，如果把兔子全部杀掉，那么草就会疯长，狼也会因兔子的灭绝而饿死，连最厉害的狮子也会因狼的死亡而慢慢饿死。可见，食物链中的每种生物之间是相互依存的，破坏食物链中的任何一种生物，势必导致这条食物链失去平衡，最终破坏整个链条中所有生物赖以生存的生态环境。

同样道理，在供应链"企业 A→企业 B→企业 C"中，企业 A 是企业 B 的原材料供应商，企业 C 是企业 B 的产品销售商。如果企业 B 忽视了供应链中各要素的相互依存关系，而过分注重自身的内部发展，生产产品的能力过度扩展，而同时企业 A 无法及时向其提供生产原材料，或者企业 C 的销售能力完全跟不上企业 B 产品生产能力的发展，那么可以得出这样的结论：企业 B 生产能力的发展不适应这条供应链的整体效率，整条供应链将失衡并死亡。

1.2　供应链概念的起源与发展

"供应链"这一概念是从"扩大的生产"(Extended Production)概念发展来的，它将企业的生产活动进行了前伸和后延。例如，日本丰田公司的精益协作方式将供应商的活动视为生产活动的有机组成部分而加以控制和协调，这就是向前延伸。后延是指将生产活动延伸至产品的销售和服务阶段。例如，通过虚拟整合，戴尔实现了"实质性一体化"运作。利用信息技术，戴尔实现了流程优化，减少了供应链中的环节，用面向客户的研发，帮助企业减少了投入。

总体来看，人们对于供应链的认识经历了物流管理、价值增值链、网链、未来 4 个阶段。

1. 物流管理阶段

20 世纪 80 年代以前的观点认为供应链是指将采购的原材料和收到的零部件，通过生产转换和销售等活动传递到用户的一个过程。因此，供应链仅仅被视为企业内部的一个物流过程，它所涉及的主要是物料采购、库存、生产和分销诸部门的职能协调问题，最终目的是优化企业内部的业务流程、降低物流成本，从而提高经营效率。

2. 价值增值链阶段

20 世纪八九十年代，人们对供应链的理解又发生了新的变化。首先，由于需求环境的变化，原来被排斥在供应链之外的最终用户、消费者的地位得到了前所未有的重视，从而被纳入了供应链的范围。这样，供应链就不再只是一条生产链了，而是一个涵盖了整个产品运动过程的增值链。例如，美国的史蒂文斯(Stevens)认为："通过增值过程和分销渠道控制从供应商的供应商到用户的用户的流就是供应链，它开始于供应的源点，结束于消费的终点。"

全球竞争加剧，一些大型跨国企业面对市场竞争只有通过提供低成本、高质量、高可靠性的产品和更加柔性的设计来保持领先地位。制造企业开始导入 JIT 生产力理念，日本企业通过实施 JIT 来提高制造效率、缩短生产周期和降低库存。由于 JIT 通过快节奏制造环境、低库存来缓解生产和排程问题，制造商们意识到战略合作伙伴关系的重要。所以当制造商和供应商开始发展战略供应关系时，供应链管理的概念随即出现了。

而采购、物流和运输过程的专业化，推动物料管理概念的进一步发展。制造资源计划(MRP-II)强调企业内部各功能、资源的整合，而企业内部资源计划的整合需要外部供应商和分销商的合作。制造企业将企业内部物流和外部物流系统整合，这导致了整合物流概念的产生。

3. 网链阶段

进入 21 世纪以来，随着信息技术的发展和产业不确定性的增加，企业间关系正在呈现日益明显的网络化趋势。与此同时，人们对供应链的认识正在从线性的单链转向非线性的网链，供应链的概念更加注重围绕核心企业的网链关系，即核心企业与供应商、供应商的供应商及一切向前关系，与用户、用户的用户及一切向后的关系。供应链的概念已经不同于传统的销售链，它跨越了企业界限，从扩展企业的新思维出发，并从全局和整体的角度考虑产品经营的竞争力，使供应链从一种运作工具上升为一种管理方法体系，一种运营管理思维和模式。例如，哈理森(Harrison)将供应链定义为："供应链是执行采购原材料，将它们转换为中间产品和成品，并且将成品销售到用户的功能网链。”

4. 未来

《财富》(*FORTUNE*)杂志早在 2001 年就将供应链管理列为 21 世纪最重要的四大战略资源之一；供应链管理是世界 500 强企业保持强势竞争不可或缺的手段；无论是制造行业，商品分销或流通行业；无论是从业还是创业，掌握供应链管理都将助你或你的企业掌控所在领域的制高点。

1.3　供应链管理

供应链管理(Supply Chain Management，SCM)是指在满足一定的客户服务水平的情况下，为了使整个供应链系统成本最小而把供应商、制造商、仓库、配送中心和渠道商等有效地组织在一起进行产品制造、转运、分销及销售的管理方法。

1.3.1　供应链管理产生的时代背景

1. 经济全球一体化

今天，全球一体化的程度越来越高，跨国经营越来越普遍。就制造业而言，产品的设计可能在日本，而原材料的采购可能在中国或者巴西，零部件的生产可能在越南、印度尼西亚等地同时进行，然后在中国进行组装，最后销往世界各地。在这个产品进入消费市场之前，相当多的公司事实上参与了产品的制造，而且由于不同的地理位置、生产水平、管理能力，从而形成了复杂的产品生产供应链网络。这样的供应链在面对市场需求波动时，一旦缺乏有效的系统管理，“鞭子效应”在供应链的各环节中必然会被放大，从而严重影响整个供应链的价值产出。

同时，自工业革命以来，全球的产品生产日益丰富，市场消费者拥有了越来越多选择产品的余地与空间，而技术上的进步也带来了某些产品的不断高速更新升级(如摩尔定律支配下的电子类产品)。这种极大缩短产品生命周期进一步导致了产品需求波动的加剧。这种全新的市场供求格局对供应链适应能力的要求达到了前所未有的高度，因此在生产管理领域，面向需求的“拉式”生产理论、JIT 制造理论、柔性生产理论等纷纷被提出，且已经进入了实践阶段。

2. 横向产业模式的发展

20 世纪 80 年代以来，随着生产力的快速发展和消费者生活水平的不断提高，市场需求呈现极强的多样化发展，企业面临着缩短交货期、提高产品质量、降低成本及改进服务的巨大压力。当单纯依靠自身内部资源无法快速响应市场需要时，企业一方面开始对自身资源进行整合，提升自己核心优势业务能力；另一方面，则充分利用外部资源，将非核心业务外包给战略合作伙伴，通过与合作伙伴的协同作业，增强企业应对高速变化市场的适应能力。这样就形成了“横向一体化”的管理模式。

例如，IBM 意识到自身不再在该领域拥有优势时，其与 Microsoft 和 Intel 的继续合作使得横向产业模式得到更好的发展。而反观 Macintosh，虽然其垄断了自身硬件和操作系统的生产，但是由于与 IBM 兼容机不兼容，而失去了大量希望使用 Windows 平台上某些软件的用户，导致发展受限。另一个例子发生在汽车产业领域，一些汽车零部件供应商脱离了整车生产商而逐渐形成了零部件制造业的一些巨头，例如专业提供高性能变速箱的日本爱信公司。

这种革命性的模式变革正在整个世界范围内缓慢进行，逐渐使人们意识到，今天已经几乎不可能由一家庞大的企业控制着从供应链的源头到产品分销的所有环节，而是在每个环节都有一些企业占据着核心优势，并通过横向发展扩大这种优势地位，集中资源发展这种优势能力。而现代供应链则将由这些分别拥有核心优势能力的企业环环相扣而成。同时企业联盟和协同理论正在形成，以支撑这种稳定的链状结构的形成和发展。

3. 企业 X 再造

1993 年，美国麻省理工学院计算机教授迈克尔·哈默（Hammer）和 CSC 顾问公司的杰姆斯·钱皮（James Champy）撰写出版了《企业流程再造工商管理革命宣言》。该书一针见血地指出了当今组织管理制度中的弊端——部门条块分割和森严的等级制度，并给出了 BPR 的概念，以期打破部门界限，重塑企业流程。

这个时代正是信息技术发展突飞猛进的信息时代，信息时代的最大革命就是计算机网络的应用，计算机网络带来的最大变革就是共享。人们认识到部门间的界限是由于知识和数据资源的垄断带来的权利的垄断所造成的，而计算机技术通过信息共享透明化了企业内部流程的运作，打破了这种垄断。

然而，ERP 只是打通了企业自身的关节，面对全球一体化浪潮和横向产业模式的发展，企业也已经意识到自身处在供应链的一个环节之上，需要在不断增强自身实力的同时，增强与上下游之间的联系，这种联系是建立在相互了解、协同作业的基础上的，只有相互为对方带来源源不断的价值，这种联系才能够永续。因此，2002 年钱皮将这一思想归结为《企业 X 再造》，为企业向外部拓展过程中如何突破跨组织之间的各种界限出谋划策。今天，随着互联网技术的发展，这种共享、协作的观念也一起跨出企业。

1.3.2 供应链管理实施的重大意义

供应链管理与传统的物流管理在存货管理的方式、货物流、成本、信息流、风险、计划及组织间关系等方面有着显著的区别，这些区别使得供应链管理比传统的物流管理更具优势。

1. 真正降低库存

从存货管理及货物流的角度来看，在供应链管理中，存货管理是在供应链成员中进行协调，以使存货投资与成本最小；而传统的物流管理则是把存货向前推或向后延，具体情况是根据供应链成员谁最有主动权而定。事实上，传统的物流管理把存货推向供应商并降低渠道中的存货投资，仅仅是转移了存货。解决这个问题的方法是通过提供有关生产计划的信息，如共享有关预期需求、订单、生产计划等信息，减少不确定性，并使安全存货降低。

2. 降低全流程成本

从成本方面来看，供应链管理是通过注重产品最终成本来优化供应链的。这里提到的最终成本是指实际发生的到达客户时的总成本，包括采购时的价格及送货成本、存货成本等。而传统的物流管理在成本的控制方面依然仅限于公司内部达到最小。

3. 管控风险

风险与计划是供应链管理区别于传统物流管理的另外两个重要的方面。在供应链管理中，风险与计划都是通过供应链成员共同分担、共同沟通来实现的，而传统的物流管理却仅停留在公司内部。在组织间关系方面，供应链管理中各成员是基于对最终成本的控制而达成合作，而传统的物流管理则是基于公司内降低成本。

总之，实施供应链管理是因为供应链管理比传统的物流管理更具活力，更能对供应链成员带来实质性好处。不过，要成功地实施供应链管理，各供应链成员之间必须要有很好的信息共享；而要做到开诚布公的信息分享，对于追求不同目标的企业来说，实在不是一件容易的事情，尤其是当一家企业与其众多的竞争对手均有合作的情况下，要实现信息共享更加困难。因此，成功的供应链整合，首先需要各节点企业在如下一些方面达成一致：①共同认识到最终客户的服务需求水平；②共同确定在供应链中存货的位置及每个存货点的存货量；③共同制订把供应链作为一个实体来管理的政策和程序等。

1.3.3 供应链管理实施的四大关键支点

供应链管理的实现，是把供应商、生产厂家、分销商、零售商等一条供应链上的所有节点企业都联系起来进行优化，使生产资料以最快的速度通过生产、分销环节变成增值的产品，到达有消费需求的消费者手中。这不仅可以降低成本，减少社会库存，而且使社会资源得到优化配置。更重要的是，通过信息网络、组织网络，实现了生产及销售的有效链接和物流、信息流、资金流的合理流动，最终把合适的产品以合理的价格及时送到消费者手中。计算机产业的戴尔公司在其供应链管理上采取了极具创新的方法，体现出有效的供应链管理的优越性。构造高效供应链可以从以顾客为中心、强调企业的核心竞争力、相互协作的双赢理念、优化信息流程四个方面入手。

1. 以顾客为中心

从某种意义上讲，供应链管理本身就是以顾客为中心的“拉式”营销推动的结果，其出发点和落脚点都是为顾客创造更多的价值，都是以市场需求的拉动为原动力。顾客价值是供应链管理的核心，企业是根据顾客的需求来组织生产。以往供应链的起始动力来自制造环节，先生产物品，再推向市场（可称为“推式”营销），在消费者购买之前，是不会知道销售效果的。在这种“推式系统”里，存货不足和销售不佳的风险同时存在。现在，产品从设计开始，企业已经让顾客参与，以使产品能真正符合顾客的需求。这种“拉式系统”的供应链是以顾客的需求为原动力的。

供应链管理始于最终用户。其架构包括三个部分：客户服务战略决定企业如何从利润最大化的角度对客户的反馈和期望作出反应；需求传递战略则是企业以何种方式将客户需求与产品服务的提供相联系；采购战略决定企业在何地、怎样生产产品和提供服务。

(1) 客户服务战略。第一步是对客户服务市场细分，以确定不同细分市场的客户期望的服务水平。第二步应分析服务成本，包括企业现有的客户服务成本结构和为达到不同细分市场服务水平所需的成本。第三步是销售收入管理。第二步非常重要，但常被企业忽视。当企业为不同客户提供新的服务时，客户对此会如何反应？是购买增加而需要增加产能，还是客户忠诚度上升，使得企业可以提高价格？企业必须对客户作出正确反应，以使利润最大化。

(2) 需求传递战略。企业采取何种销售渠道组合把产品和服务送达客户，这一决策对于客户服务水平和分销成本有直接影响。而需求规划，即企业如何根据预测和分析，制订生产和库存计划来满足客户需求，是大多数企业最为重要的职能之一。良好的需求规划是满足客户需求、使成本最小化的关键。

(3) 采购战略。关键决策是自产还是外购，这直接影响企业的成本结构和所承担的劳动力、汇率、运输等风险。此外，企业的产能如何规划布置，以及企业如何平衡客户满意和生产效率之间的关系，都是很重要的内容。

2. 强调企业的核心竞争力

在供应链管理中，一个重要的理念是强调企业的核心业务和竞争力，并为其在供应链上定位，将非核心业务外包。由于企业的资源有限，企业要在各式各样的行业和领域都获得竞争优势十分困难，因此它必须集中资源在某个自己所擅长的领域，即核心业务上。这样在供应链上定位，并成为供应链上一个不可替代的角色。

企业核心竞争力具有以下特点。

(1) 仿不了。即别的企业模仿不了，它可能是技术，也可能是企业文化。

(2) 买不来。即这样的资源在市场上买不到。所有在市场上能得到的资源都不会成企业的核心竞争力。

(3) 拆不开。拆不开强调的是企业的资源和能力具有互补性，有了这个互补性，分开就不值钱，合起来才值钱。

(4) 带不走。带不走强调的是资源的组织性，好多资源就像企业中的某人拿到了MBA学位，这时候其身价就高了，他可以带走，这样的资源本身不构成企业的核心竞争力。带不走的东西包括互补性，或者它是属于企业的，如专利权，如果专利权属于个人，这个企业就不具有竞争力。

一些优秀企业之所以能够以自己为中心构建起高效的供应链，就在于它们有着不可替代的竞争力，并且凭借这种竞争力把上下游的企业串在一起，形成一个为顾客创造价值的有机链条。例如，沃尔玛作为一家连锁商业零售企业，高水准的服务以及以此为基础构造的顾客网络是它的核心竞争力。于是，沃尔玛超越自身的“商业零售企业”身份，建立起了高效供应链。

首先，沃尔玛不仅是一家等待上游厂商供货、组织配送的纯粹的商业企业，而且直接参与上游厂商的生产计划，与上游厂商共同商讨和制订产品计划、供货周期，甚至帮助上游厂商进行新产品研发和质量控制等方面的工作。这意味着沃尔玛总能最早得到市场上最期待的商品，当别的零售商正在等待供货商的产品目录或者商谈合同时，沃尔玛的货架上已经开始热销这款产品了。

其次，沃尔玛高水准的客户服务能够做到及时地将消费者的意见反馈给厂商，并帮助厂商对产品进行改进和完善。过去，商业零售企业只是作为中间人，将商品从生产厂商传递到消费者手里，反过来再将消费者的意见通过电话或书面形式反馈到厂商那里。看起来沃尔玛并没有独到之处，但是结果却差异很大。原因就在于，沃尔玛能够参与到上游厂商的生产计划和控制中，因此能够将消费者的意见迅速反映到生产中，而不是简单地充当“二传手”或者“传声筒”。

沃尔玛的思路并不复杂，但多数商业企业更多的是“充当厂商和消费者的桥梁”，缺乏参与和控制生产的能力。也就是说，沃尔玛的模式已经跨越了企业内部管理和与外界“沟通”的范畴，而是形成了以自身为链主，链接生产厂商与顾客的全球供应链。而这一供应链正是通过先进的信息技术来保障的，这就是沃尔玛的一整套先进的供应链管理系统。离开了统一、集中、实时监控的供应链管理系统，沃尔玛的直接“控制生产”和高水准的“客户服务”就无从谈起。

3. 相互协作的双赢理念

传统的企业运营中，供销之间互不相干，是一种敌对争利的关系，系统协调性差。企业和各供应商没有协调一致的计划，每个部门各搞一套，只顾安排自己的活动，影响整体最优。与供应商和经销商都缺乏合作的战略伙伴关系，且往往从短期效益出发，挑起供应商之间的价格竞争，失去了供应商的信任与合作基础。市场形势好时对经销商态度傲慢，市场形势不好时又企图将损失转嫁给经销商，因此得不到经销商的信任与合作。而在供应链管理的模式下，所有环节被看作一个整体，链上的企业除了自身的利益外，还应该共同去追求整体的竞争力和盈利能力。因为最终客户选择一件产品，整条供应链上所有成员都受益；如果最终客户不要这件产品，则整条供应链上的成员都会受损失。可以说，合作是供应链与供应链之间竞争的一个关键。

在供应链管理中，不但有双赢理念，更重要的是通过技术手段把理念形态落实到操作实务上。关键在于将企业内部供应链与外部的供应商和用户集成起来，形成一个集成化的供应链。而与主要供应商和用户建立良好的合作伙伴关系，即所谓的供应链合作关系，是集成化供应链管理的关键。此阶段企业要特别注重战略伙伴关系管理，管理的重点是以面向供应商和用户取代面向产品，增加与主要供应商和用户的联系，增进相互之间的了解(产品、工艺、组织、企业文化等)，相互之间保持一定的一致性，实现信息共享等。企业应通过为用户提供与竞争者不同的产品和服务或增值的信息而获利。供应商管理库存和共同计划、预测与库存补充的应用，就是企业转向改善、建立良好的合作伙伴关系的典型例子。通过建立良好的合作伙伴关系，企业就可以更好地与用户、供应商和服务提供商实现集成和合作，共同在预测、产品设计、生产、运输计划和竞争策略等方面设计和控制整个供应链的运作。对于主要用户，企业一般建立以用户为核心的小组，这样的小组具有不同职能领域的功能，从而更好地为主要用户提供有针对性的服务。

4. 优化信息流程

信息流程是企业内员工、客户和供货商的沟通过程，以前只能以电话、传真，甚至面谈达到信息交流的目的。现在能利用电子商务、电子邮件，甚至互联网进行信息交流，虽然手段不同，但内容并没有改变。而计算机信息系统的优势在于其自动化操作和处理大量数据的能力，使信息流通速度加快，同时减少失误。然而，信息系统只是支持业务过程的工具，企业本身的商业模式决定着信息系统的架构模式。

为了适应供应链管理的优化，必须从与生产产品有关的第一层供应商开始，环环相扣，直到货物到达最终用户手中，真正按链的特性改造企业业务流程，使各个节点企业都具有处理物流和信息流的自组织和自适应能力。要形成贯穿供应链的分布数据库的信息集成，从而集中协调不同企业的关键数据。所谓关键数据，是指订货预测、库存状态、缺货情况、生产计划、运输安排、在途物资等数据。

为便于管理人员迅速、准确地获得各种信息，应该充分利用电子数据交换(EDI)、Internet 等技术手段，实现供应链的分布数据库信息集成，达到共享采购订单的电子接收与发送、多位置库存控制、批量和系列号跟踪、周期盘点等重要信息。

思科公司是运用因特网实现虚拟供应链的典范，超过 90%的公司订单是来自因特网，而思科公司的工作人员直接过手的订单不超过 50%。思科公司通过公司外部网连接零部件供应商、分销商和合同制造商，以此形成一个虚拟的、实时的供应链。当客户通过思科公司的网站订购一种典型的思科公司产品(如路由器)时，所下的订单将触发一系列的消息给其生产印刷电路板的合同厂商，同时分销商也会被通知提供路由器的通用部件(如电源)，组装成品的合同制造商通过登录思科公司的外部网并连接至其生产执行系统，可以事先知道可能发生的订单类型和数量。信息整合也使整个供应链上的企业都能共享有用的信息。例如，沃尔玛与宝洁公司共享宝洁公司产品在沃尔玛零售网络中的销售信息，使宝洁公司能够更好地管理这些产品的生产，从而也保障了沃尔玛商场中这些产品的供货。

1.4 供应链管理的发展趋势

供应链管理是迄今为止企业物流发展的最高级形式。虽然供应链管理非常复杂，且动态、多变，但众多企业已经在供应链管理的实践中获得了丰富的经验并取得显著的成效。当前供应链管理的发展正呈现出一些明显的趋势。

1. 时间与速度

越来越多的公司认识到时间与速度是影响市场竞争力的关键因素之一。例如，在 IT 行业，国内外大多数 PC 制造商都使用 Intel 的 CPU，因此，如何确保在第一时间内安装 Intel 最新推出的 CPU 就成为各 PC 制造商获得竞争力的自然之选。总之，在供应链环境下，时间与速度已被看作是提高企业竞争优势的主要来源，一个环节的拖沓往往会影响整个供应链的运转。供应链中的各个企业通过各种手段实现它们之间物流、信息流的紧密连接，以达到对最终客户要求的快速响应、减少存货成本、提高供应链整体竞争水平的目的。

2. 质量与资产生产率

供应链管理涉及许多环节，需要环环紧扣，并确保每一个环节的质量。任何一个环节，如运输服务质量的好坏，将直接影响供应商备货的数量、分销商仓储的数量，进而最终影响用户对产品质量、时效性以及价格等方面的评价。时下，越来越多的企业信奉物流质量创新正在演变为一种提高供应链绩效的强大力量。另一方面，制造商越来越关心它的资产生产率。改进资产生产率不仅是注重减少企业内部的存货，更重要的是减少供应链渠道中的存货。供应链管理发展的趋势要求企业开展合作与数据共享，以减少在整个供应链渠道中的存货。

3. 组织精简

供应链成员的类型及数量是引发供应链管理复杂性的直接原因。在当前的供应链发展趋势下，越来越多的企业开始考虑减少物流供应商的数量，并且这种趋势非常明显与迅速。例如，跨国公司客户更愿意将它们的全球物流供应链外包给少数几家，理想情况下最好是一家物流供应商。因为这样不仅有利于管理，而且有利于在全球范围内提供统一的标准服务，更好地显示出全球供应链管理的优势。

4. 客户服务方面

越来越多的供应链成员开始重视客户服务与客户满意度。传统的量度是以“订单交货周期”“完整订单的百分比”等来衡量的，而目前更注重客户对服务水平的感受，服务水平的量度也以它为标准。客户服务的重点转移为重视与物流公司的关系，并把物流公司看成提供高服务水平的合作者。

1.5　供应链管理沙盘

1.5.1　管理沙盘教学

企业经营管理沙盘起源于 20 世纪 50 年代美国哈佛大学的 MBA 教学，沙盘作为教学工具正式走进了管理的教学课堂。这一教学方式借鉴了古代军事沙盘和建筑沙盘的原型特点，将一个企业生产运营的关键环节——整体战略规划、市场营销、产品研发、市场开发、资金筹集、生产管理、固定资产的投资和改造、财务管理等部分设计为运营的主要内容。学生通过角色扮演和岗位体验，置身于真实的企业经营，体会经营企业的压力和喜悦。

在我国，近年来企业管理沙盘教学作为一种新的体验式实验教学模式得到了普遍开展，由于其具有模拟情景、角色扮演、综合应用和寓教于乐的特点，突破了传统校外实训教学的诸多局限，有效地解决了经管专业学生素质和能力的培养问题。

但是，目前国内高校运用最为广泛的企业管理 ERP(Enterprise Resource Planning，企业资源计划)沙盘，将视野局限于单个制造型企业的内部管理问题，仅仅强调对企业内部各职能部门的业务决策模拟，却忽视了企业与上下游企业之间的竞争合作关系。

实际上，进入 21 世纪以来，企业之间的竞争日益转变为供应链之间的竞争。任何一个企业要想成功，都必须在一个健康的供应链中与合作伙伴们和谐相处、共同发展。试图只关注自己企业内部的发展而不关注自己所处供应链环境的"独善其身"之法和利用"压榨上下游"从而获得自身利润的法则，都已不再是企业的成功之道。

因此，供应链沙盘模拟教学的出现很好地解决了传统 ERP 沙盘教学对于整个市场竞争环境只见树木、不见森林的问题，供应链沙盘模拟教学要求学生从整个供应链管理的宏观角度来优化单个企业内部资源整合，使学生对于企业经营的理解上升到上下游产业系统、市场全局的新高度。

1.5.2 供应链管理沙盘课程

本供应链管理沙盘真实地展现了供应链上信息、资金、物流的和谐统一，为学生塑造了一个了解企业管理、供应链管理的完整的学习环境，如图 1-12 所示。

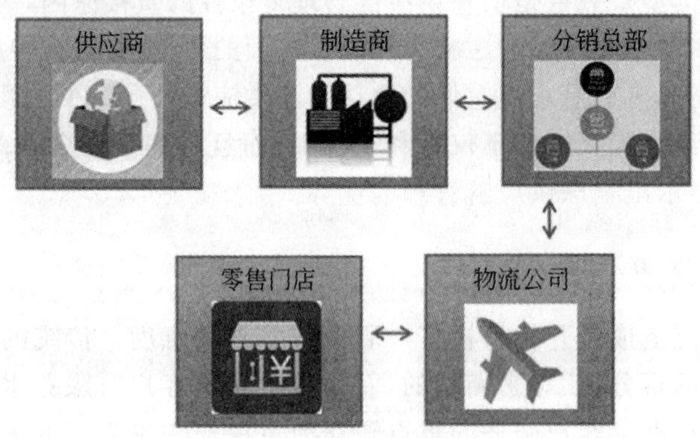

图 1-12 供应链沙盘模拟的完整的学习环境

供应链管理沙盘课程是集知识性、趣味性、对抗性于一体的企业管理与供应链管理的综合实训课程。实训流程脉络清晰、层次分明、需求明确。受训学员被分成若干个团队，每个团队经营和管理一条销售状况良好、资金充裕的虚拟供应链，其中包含生产制造商、渠道分销商、终端零售商三个企业。学员在每一个企业中可扮演财务总监、运营总监、营销总监、信息总监等职务，连续从事 2～4 个年度的企业经营活动，充分体验供应链中不同类型企业、不同岗位的工作历程。

1. 课程特色

(1) 通过对业务模型的设计，避免了企业闭门孤岛式的管理思维，真实再现和模拟了实际企业中必须同时面对和考虑的三大方面的问题：企业内部运营管理、自己所处供应链与其他供应链之间的竞争、与供应链内伙伴的合作与博弈。

(2) 代理提出代理资质的申请与制造商对代理商资质的审批、上游对下游发货并确认上下游的应收/应付款、供应链内各企业间的同业拆借资金……独创技术实现供应链上各家企业间的业务连接，真实再现供应链内企业间的互动响应。

(3) 角色分工分为完整版和简化版两个版本，每家企业均可由 2～5 名学员组成，教师可根据授课的实际需要和学习要求选择不同的小组数目和角色分工情况，以充分适应为不同班级人数授课的情况。

(4) 课程中特有的显性需求与隐性需求的分类设计，以及促销对需求和销售的影响这一特有设计，并加入了市场销售价格可随供需关系进行波动的环节，更加真实地模拟现实社会中的需求与供应情况，更为灵活丰富地训练学员适应复杂多变的真实情景。

市场价格是否要按供需关系进行价格波动？学员可否查询系统自动生成的报表？贷款的限额设为多少？各项管理费设为多少？这些参数均可由教师根据授课的实际需要和课程目标进行难度的调节，灵活地循序渐进地进行各种调整。

2. 课程物理沙盘

在供应链管理沙盘模拟经营中，学员先通过物理沙盘的流程来初步了解沙盘实训，这一环节中学员分别组队成为三家企业——生产制造商、渠道分销商、终端零售商，并由此构成一条供应链，其物理盘面如图 1-13 所示，然后开展供应链之间的对抗与竞争。模拟经营中，每家企业都将面临与其他供应链的竞争、与供应链内部伙伴的合作与博弈，以及企业自身内部运营管理等各方面的问题。

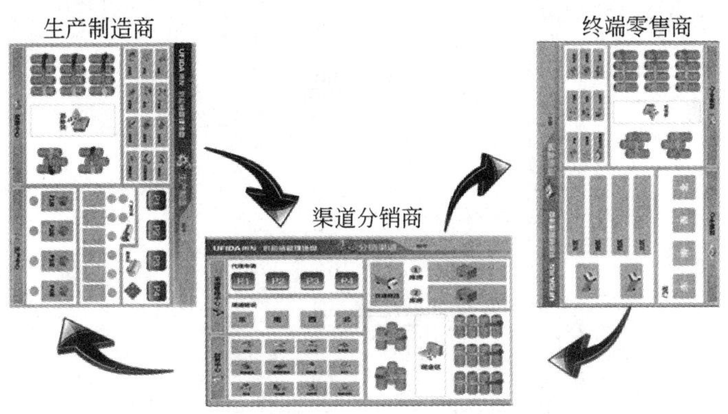

图 1-13　供应链管理沙盘中三家企业盘面图

3. 课程电子沙盘

随后，学员在完成初始季度经营后，将进入供应链管理沙盘实训课程的电子沙盘模拟阶段。该课程的电子沙盘在设计上突出考虑信息技术对供应链管理的重要利用（见图 1-14～图 1-17）。借助信息环境把生产制造商、渠道分销商和终端零售商统一在一个产业链上，让几条产业链之间交互运作。

软件操作界面上提供了 4 个不同角色（教师管理端、制造端、渠道端、零售端）的工作平台和工作环境，并可根据需要简化复杂的财务核算过程。将参训学员分成若干个经营组织和组织中的关键用户，学生可以根据所扮演角色的身份登录相应的操作界面，在本角

图 1-14　供应链管理电子沙盘登录界面

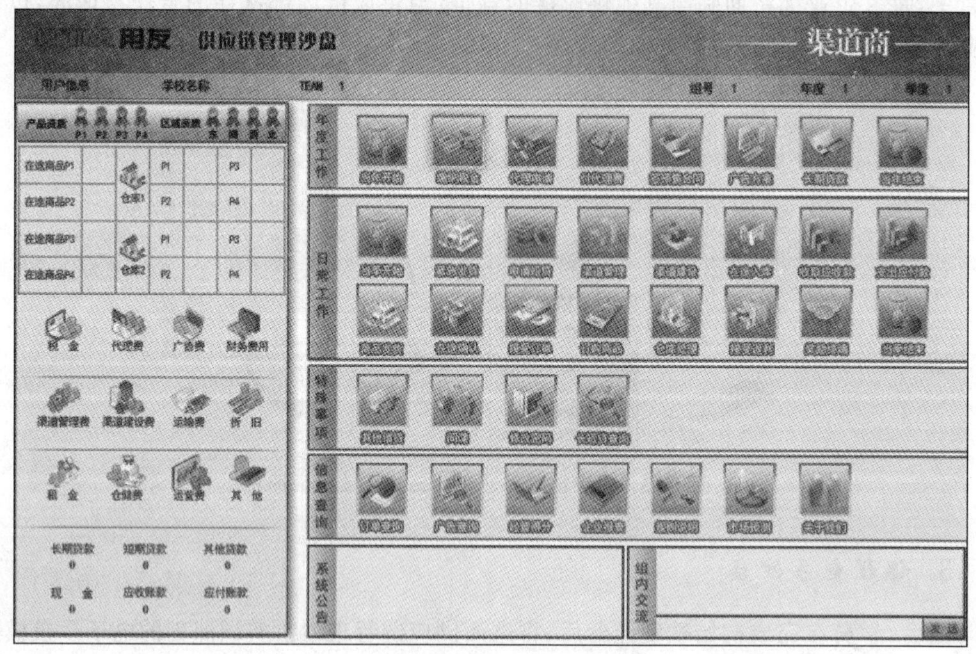

图 1-15　渠道商界面

色的操作界面上完成具体的经营操作。其中，生产制造商、渠道分销商、终端零售商之间发生的交易信息通过系统自动传递。

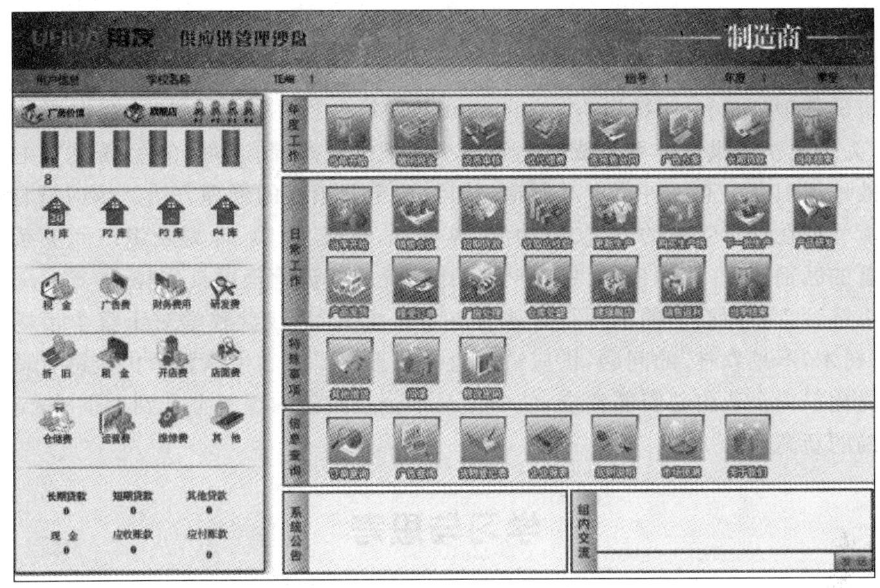

图 1-16　制造商界面

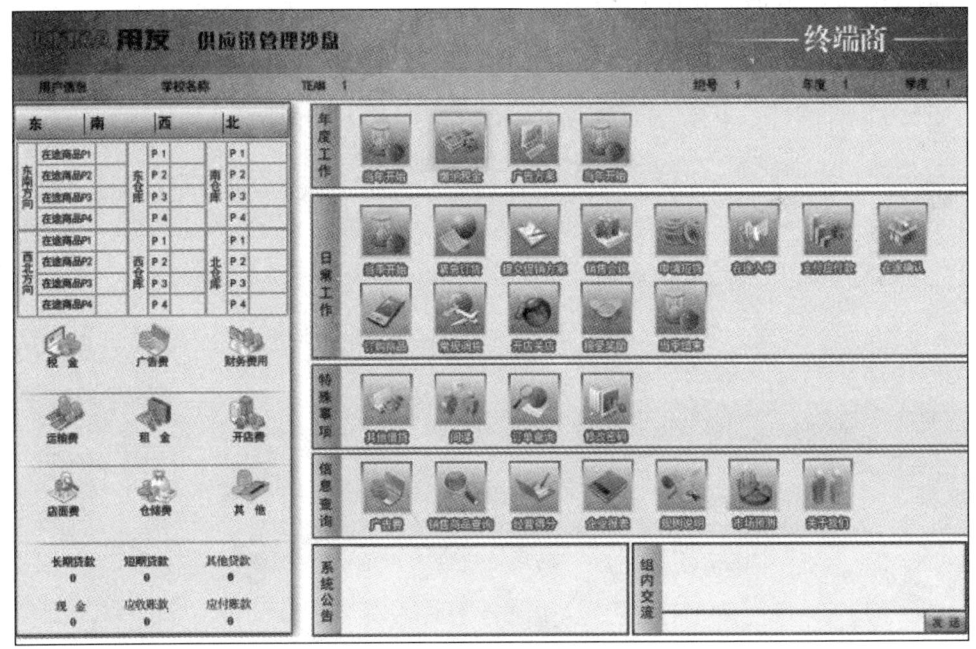

图 1-17　终端商界面

本 章 小 结

供应链是围绕核心企业，通过现代 ERP 及电子商务信息管理平台对信息流、物流、资金流的控制，从采购原材料开始，制成中间产品以及最终产品，最后由销售网络把产品送到消费者手中的将供应商、制造商、分销商、零售商,直到最终用户连成一个整体的功能网链结构。

供应链管理(Supply Chain Management,SCM)是指在满足一定的客户服务水平的条件下,为了使整个供应链系统成本达到最小而把供应商、制造商、仓库、配送中心和渠道商等有效地组织在一起来进行产品制造、转运、分销及销售的管理方法。供应链管理与传统的物流管理在存货管理的方式、货物流、成本、信息流、风险、计划及组织间关系等方面存在显著的区别,这些区别使得供应链管理比传统的物流管理更具优势。

供应链沙盘模拟教学的出现很好地解决了传统 ERP 沙盘教学对于整个市场竞争环境"只见树木,不见森林"的问题,供应链沙盘模拟教学要求学生从整个供应链管理的宏观角度来优化单个企业内部资源整合,使学生对于企业经营的理解上升到上下游产业系统、市场全局的新高度。

学习与思考

(1) 什么是供应链?供应链管理的核心思想是什么?
(2) 供应链管理的优势有哪些?
(3) 苹果公司的全球化生产体现了哪些供应链管理理念?

第2章

组建你的供应链

戴尔公司的供应链管理

戴尔公司以“直接经营”模式著称，其高效运作的供应链和物流体系使它在全球IT行业不景气的情况下逆市而上。根据权威的国际数据公司(IDC)的统计资料，自2002年第三季度以来，戴尔一直稳居全球PC制造商前三的位置，尤其在中国市场上戴尔的业绩更加令人欣喜。戴尔公司在全球的业务增长很大程度上要归功于戴尔独特的直接经营模式和高效供应链，直接经营模式使戴尔与供应商、客户之间构筑了一个被称为“虚拟整合”的平台，保证了供应链的无缝集成，如图2-1所示。

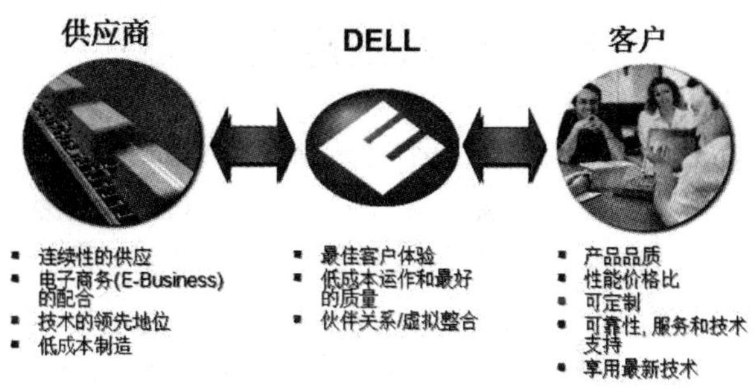

图2-1 戴尔公司的供应链管理体系

事实上，戴尔的供应链系统早已打破了传统意义上“厂家”与“供应商”之间的供需配给。在戴尔的业务平台中，客户变成了供应链的核心。直接经营模式可以让戴尔从市场得到第一手的客户反馈和需求，生产等其他业务部门可以及时将这些客户信息传达到戴尔原材料供应商和合作伙伴那里。这种在供应链系统中将客户视为核心的“超常规”运作，使得戴尔能做到4天的库存周期，而竞争对手大都还徘徊在30～40天。这样，以IT行业零部件产品每周平均贬值1%计算，戴尔产品的竞争力显而易见。

在不断完善供应链系统的过程中，戴尔公司还敏锐地捕捉到互联网对供应链和物流带来的巨大变革，不失时机地建立了包括信息搜集、原材料采购、生产、客户支持及客户关系管理，以及市场营销等环节在内的网上电子商务平台。在valuechain.dell.com网站上，戴尔公司和供应商共享包括产品质量和库存清单在内的一整套信息。

与此同时，戴尔公司还利用互联网与全球超过 113 000 个商业和机构客户直接开展业务，通过戴尔公司先进的网站，用户可以随时对戴尔公司的全系列产品进行评比、配置，并获知相应的报价。用户也可以在线订购，并且随时监测产品制造及送货过程。

戴尔公司在电子商务领域的成功实践使"直接经营"插上了腾飞的翅膀，极大增强了产品和服务的竞争优势。今天，基于微软视窗操作系统，戴尔公司经营着全球规模最大的互联网商务网站，覆盖 80 个国家和地区，提供 27 种语言和方言、40 种不同的货币报价，每季度有超过 9.2 亿人次浏览。

戴尔就是这样通过虚拟整合实现了"实质性一体化"运作，让供应链上的每个环节都得到充分利用。利用信息技术，戴尔实现了流程优化，减少了供应链中的环节，用面向客户的研发帮助企业减少了投入。戴尔充分认识到供应链协同的重要性，利用市场上的存量企业资源，尤其是技术资源，在上下游企业之间形成了紧密的合作，达到了共同抵御风险的目的。

随着中国全面融入全球贸易体系进程的加快，激烈的国际竞争对中国企业提出了前所未有的挑战。在信息化为显著标志的后工业化时代，供应链在生产、物流等众多领域的作用日趋显著。戴尔模式无疑对中国企业实施供应链管理具有重要的参考价值，我们在取其精华的同时，还应根据自身特点，寻找提升竞争力的有效途径。

案例来源：《戴尔供应链管理模式的成功经验》MBA 智库百科 http://wiki.mbalib.com/wiki

2.1 链状供应链结构

为了提高供应链管理的绩效，建立一个高效精简的供应链是极为重要的一环。虽然供应链的构成不是一成不变的，但是在实际经营中，不可能像改变办公室的桌子那样随意改变供应链上的节点企业。因此，作为供应链管理的一项重要环节，无论是理论研究人员，还是企业实际管理人员，都必须非常重视供应链的构建问题。

基本的供应链结构模型是一条由一家制造商、一家渠道商和一家终端商组成的典型的链状供应链，如图 2-2 所示，学生可在这一种结构特征的供应链中开始自己企业的经营活动。这一模型清楚地表明产品的最初来源是自然界，如矿山、油田、橡胶园等，最终去向是用户。产品因用户需求而生产，最终被用户所消费。产品从自然界到用户经历了供应商、制造商和分销商三级传递，并在传递过程中完成产品加工、产品装配形成等转换过程。被用户消费的最终产品仍回到自然界，完成物质循环，如图 2-2 中的虚线所示。

显然，这一模型只是一个简单的静态模型，表明供应链的基本组成和轮廓概貌。为了便于模拟实验的操作，本课程对这一链状供应链模型又做了进一步的简化，形成了"简化版链状供应链模型"，如图 2-3 所示。简化版链状供应链模型是对上一链状供应链模型的进一步抽象，它把商家都抽象成一个个的点，称为节点，并用字母或数字表示。节点以一定的方式和顺序连接成一串，构成一条极简的供应链。在简化版链状供应链模型中，我们假定 C 为制造商，D 为分销商，E 为终端商。在这一模型中，产品的最初来源（自然界）、最终去向（用户）以及产品的物质循环过程都被隐含抽象掉了。从供应链研究便利的角度来讲，把自然界和用户放在模型中没有太大的作用。因此，所采用的简化版链状供应链模型

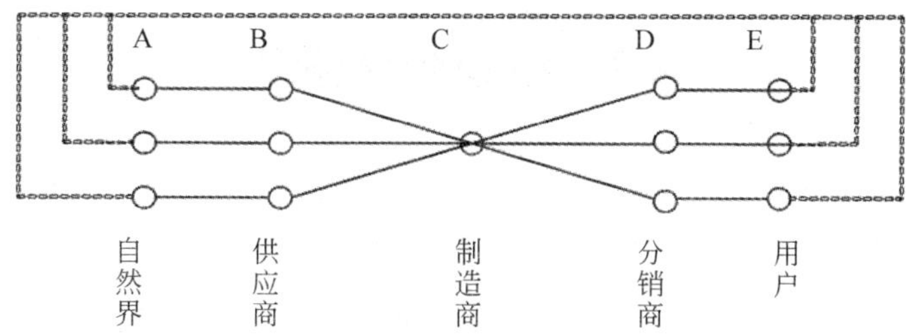

图 2-2 链状供应链模型

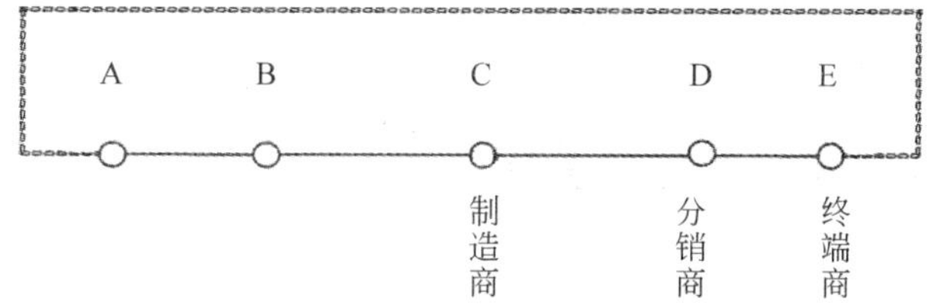

图 2-3 简化版链状供应链模型

主要着力于对供应链中制造商及其下游销售系统的模拟。

2.2 供应链沙盘模拟的行业初始状态

这条极简的供应链由一家制造商、一家渠道商和一家终端商三家企业共同组成，作为本模拟的行业初始状态。这三家企业长期以来均专注于某行业 P 系列产品生产与经营业务，并且在长期的生产经营实践过程中初步形成了相对固定的业务合作关系：生产商通过引进物料、购置设备，组织员工将符合市场需求的 P 产品生产出来交给分销渠道商，渠道商则利用自身的仓储能力和分销力量将产品配送到终端零售商手中，最后由终端零售商通过建设门店、雇用销售人员来开展销售工作，从而将 P 产品最终转移到消费者的手中。

从经营现状来看，该供应链目前生产与销售的 P1 产品在东部市场知名度很高，具有良好的市场发展潜力。同时生产企业自有的生产设施齐备，渠道企业在东部的市场渠道经营比较成熟，终端商的两家销售门店运营正常，财务状态均良好。最近，一家权威机构对该行业的发展前景进行了预测，认为 P 产品将会从目前的相对低水平发展为一个高技术产品。为此，三家企业的公司董事会及全体股东决定将企业交给一批优秀的新人去发展，他们希望新的管理层能做到以下几点。

(1) 投资新产品的开发，使公司的市场地位得到进一步提升。

(2) 开发东部市场以外的其他新市场，进一步拓展市场领域。

(3) 扩大生产规模，采用现代化生产手段，努力提高生产效率。

(4) 采取综合的广告营销手段，提高产品的市场竞争力。

(5) 扩大终端门店数量，提高销售能力，抢占更大市场份额。

(6) 研究在信息时代如何借助先进的管理工具提高企业管理水平。

2.3 组建经营团队

本课程采用情景模拟、群体分享、分组操作、教师点评等形式相结合的授课形式。在供应链管理沙盘模拟实战演练时，学员自行分成若干个组，每组选择作为生产制造商、渠道分销商、终端零售商三个企业之一，三个企业构成一条供应链，即作为一个实验小组，供应链之间进行对抗与竞争，完成 2～4 个年度的企业经营活动。

实验中，每个企业可以由 2～5 名学员组成，可担任本企业的财务总监、运营总监、营销总监、信息总监等职务。教师可根据授课的实际需要和学习要求选择不同的小组数目和角色分工情况，以适应不同人数的需要。

2.3.1 供应链沙盘完整版角色分工

1. 制造商

供应链中的生产制造企业最多可以设置五大职务角色，其岗位职责见表 2-1。

表 2-1 制造商五大职务角色及职责

角色	职　责
CEO	总体协调、统筹管理
CIO	在信息系统中进行各种操作
CFO	现金收支、成本计算、资金计划、应收款管理、财务核算
COO	设备采购计划、生产安排、库存管理、处理渠道订单、对渠道发货
CSO	与渠道的沟通交流、直营店的开设与管理、产品的销售、广告的投放、销售返利政策的制定、审定代理资质

2. 渠道商

供应链中的分销渠道企业最多可以设置五大职务角色，其岗位职责见表 2-2。

表 2-2 渠道商五大职务角色及职责

角色	职　责
CEO	总体协调、统筹管理
CIO	在信息系统中进行各种操作
CFO	现金收支、成本计算、资金计划、应收款管理、应付款管理、财务核算
COO	与制造商的沟通交流、申请代理资质、向制造商订货、库存管理
CSO	渠道的开拓和管理、与终端的沟通交流、对终端发货、销售返利政策的制定

3. 终端商

供应链中的终端零售企业最多可以设置五大职务角色，其岗位职责见表 2-3。

表 2-3　终端商五大职务角色及职责

角色	职　　责
CEO	总体协调、统筹管理
CIO	在信息系统中进行各种操作
CFO	现金收支、成本计算、资金计划、应付款管理、财务核算
COO	与渠道商的沟通交流、向渠道商订货、库存管理
CSO	店面的开设与管理、产品的销售、广告的投放

在本沙盘的模拟经营过程中，为了让学生更加深刻地感知与体会供应链管理的宏观运行状态，避免“迷失”于具体的、繁复的企业业务流程中，我们在企业人员角色的设置上可以进行相应的简化。生产商将只设置物流经理和财务经理，渠道商将只设置渠道经理和财务经理，终端商将只设置营销经理和财务经理。下文是对各企业简化版角色分工与职责的详细说明。

2.3.2　生产商简化版角色分工

在整条供应链中，生产制造企业的职责是负责物料采购、组织产品生产、研发新型产品，并通过广告宣传树立本供应链的 P 系列产品的品牌形象。在沙盘实验中，生产商可以设置物流经理和财务经理两个主要职位。

1. 物流经理

在沙盘模拟实验中，制造商的物流经理实际上是负责整个生产企业的“掌舵人”。他将销售收到的订单或供货预测，转换为近期公司的主导生产供货计划、材料需求计划及成品分销供货计划，然后向供应商采购相应原材料、包装材料等，并组织安排与管理相应的生产计划，再将生产出的成品通过合理的调货计划调往各地客户那里，保证满足客户的需求。

物流经理具体承担以下岗位职责。

（1）制定发展战略：负责把握公司发展方向，制定公司的整体发展战略规划，对公司发展规划、投资计划、研究开发有决策权。

（2）竞争格局分析：通过市场调研了解公司在行业竞争中的位置，确定企业竞争优势和定位，制订公司年度工作计划和整体经营管理战略。

（3）产品策略选择：负责审核制订公司产品开发投资项目计划，管理方案、物流操作流程。

（4）生产管理：监控生产计划，协调工厂订单与产能。

（5）车间管理：管理并激励本部门人员，加强团队合作精神，做好本职工作。

（6）代理商管理：执行公司物流政策，并管理物流资源及代理商，对代理商风险进行评估。

（7）仓储管理：负责仓储资源的获得、仓储流程管理、仓储作业管理、保管管理、安全管理及控制库存成本。

(8) 发货销售管理：管理物流供应商，以使货物及时、安全地送达下游渠道商手中，并不断提升客户的服务水平。

(9) 采购到货管理：管理供应商团队，开发新的供应商，控制采购成本。

2. 财务经理

在供应链沙盘实验中，财务经理是直接向总经理(CEO)汇报的，因此，财务经理这个职位就是公司财务负责人，实际上相当于财务总监(CFO)的职位。财务经理负责组织制定企业年度财务预算和绩效考核体系，建立健全财务核算体系和内控制度，建立成本控制体系，准备月度经营分析报告，完善现金流管理，为公司重大投融资等经营活动提供财务决策支持。对于一个公司而言，良好的财务状况和健康的财务体系往往起着至关重要的作用。

财务经理具体承担以下岗位职责。

(1) 日常财务记账：全面负责企业经营流程表的日常记账工作。

(2) 提供财务报表：负责完成企业每年度的综合费用明细表、利润表及资产负债表的填写工作。

(3) 日常现金管理：负责现金库及企业资产的管理工作。

(4) 往来账款管理：负责公司与供应链中上下游合作企业及外协单位之间的往来账款管理。

(5) 成本费用控制：负责公司成本核算、会计核算和分析工作。

(6) 资金规划调度：负责公司全面的资金调配工作。

(7) 预算执行控制：负责编制及组织实施财务预算报告，以及月、季、年度财务报告。

(8) 财务分析与协助决策：协助公司CEO做好企业财务分析，为其发展决策提供财务情报支持，监控可能会对公司造成经济损失的重大经济活动。

2.3.3 渠道商简化版角色分工

1. 渠道经理

在沙盘模拟实验中，渠道经理实际上是负责整个分销渠道企业的“掌舵人”。同时，渠道经理通过合作伙伴(本实验中为下游零售商)的多种销售渠道进行间接销售，并提供服务支持。这个职位是制造商和零售商联系的窗口。一般情况下，渠道经理是引领多个合作伙伴的销售团队，并通过其发挥杠杆作用，间接与最终用户打交道，创造合作伙伴和公司“双赢”的人。

渠道经理具体承担以下岗位职责。

(1) 制定发展战略：负责把握公司发展方向，制定公司的整体发展战略规划，对公司渠道开发规划、渠道维护计划、渠道管理策略有决策权。

(2) 竞争格局分析：通过市场调研了解公司在行业竞争中的位置，确定企业竞争优势和定位，制定公司年度工作计划和整体经营管理战略。

(3) 产品策略选择：负责审核制定公司代理产品项目的计划、具体管理方案及物流操作流程。

(4) 市场选择：负责开拓建立地区市场的代理渠道。

(5) 渠道建设管理：负责具体区域渠道建设、渠道管理和渠道关系维护等工作。

(6) 运输管理：负责与供应链上下游企业之间的货物接收与配送工作的管理。

(7) 仓储管理：负责仓储资源的获得、仓储流程管理、仓储作业管理、保管管理、安全管理及控制库存成本。

(8) 发货销售管理：负责审核下游终端商订购产品请求，并管理产品配送过程。

(9) 采购到货管理：负责向上游制造商订购产品，并管理产品接收过程。

2. 财务经理

与制造商的财务经理一样，渠道商的财务经理具体承担以下岗位职责。

(1) 日常财务记账：全面负责企业经营流程表的日常记账工作。

(2) 提供财务报表：负责完成企业每年度的综合费用明细表、利润表及资产负债表的填写工作。

(3) 日常现金管理：负责现金库及企业资产的管理工作。

(4) 往来账款管理：负责公司与供应链中上下游合作企业及外协单位之间的往来账款管理。

(5) 成本费用控制：负责公司成本核算、会计核算和分析工作。

(6) 资金规划调度：负责公司全面的资金调配工作。

(7) 预算执行控制：负责编制及组织实施财务预算报告，以及月、季、年度财务报告。

(8) 财务分析与协助决策：协助公司 CEO 做好企业财务分析，为其发展决策提供财务情报支持，监控可能会对公司造成经济损失的重大经济活动。

2.3.4 终端商简化版角色分工

1. 营销经理

在供应链沙盘实验中，终端商营销经理实际上是负责整个终端零售企业的“掌舵人”。营销经理负责指导企业产品与服务的实际销售。通过确定销售领域、配额、目标来协调企业的销售工作，并且为销售代表制定培训项目。

营销经理具体承担以下岗位职责。

(1) 制定发展战略：负责把握公司发展方向，制定公司的整体发展战略规划，对公司终端门店开设规划、门店维护计划、门店管理策略有决策权。

(2) 竞争格局分析：通过市场调研了解公司在行业竞争中的位置，确定企业竞争优势和定位，制定公司年度工作计划和整体经营管理战略。

(3) 产品策略选择：负责审核制定公司代销产品项目的计划、具体管理方案及物流操作流程。

(4) 市场选择：负责决策企业开设门店的市场区域。

(5) 门店建设管理：负责决策企业开设门店的选址、投资、主营产品的确认及门店租赁与日常销售管理。

(6) 运输管理：本着“安全、及时、准确、经济”的原则，负责与供应链上游渠道企业及自身门店之间的运输管理。

(7) 仓储管理：负责仓储资源的获得、仓储流程管理、仓储作业管理、保管管理、安全管理及控制库存成本。

(8) 采购到货管理：负责与供应链上游渠道企业之间的货物采购申请与在途货物接收工作的管理。

(9) 终端零售管理：负责本企业各区域市场门店的产品配送管理。

2. 财务经理

与制造商和渠道商的财务经理一样，终端商的财务经理具体承担以下岗位职责。

(1) 日常财务记账：全面负责企业经营流程表的日常记账工作。

(2) 提供财务报表：负责完成企业每年度的综合费用明细表、利润表及资产负债表的填写工作。

(3) 日常现金管理：负责现金库及企业资产的管理工作。

(4) 往来账款管理：负责公司与供应链中上下游合作企业及外协单位之间的往来账款管理。

(5) 成本费用控制：负责公司成本核算、会计核算和分析工作。

(6) 资金规划调度：负责公司全面的资金调配工作。

(7) 预算执行控制：负责编制、组织实施财务预算报告，以及月、季、年度财务报告。

(8) 财务分析与协助决策：协助公司 CEO 做好企业财务分析，为其发展决策提供财务情报支持，监控可能会对公司造成经济损失的重大经济活动。

2.4 供应链团队的合作关系

在完成各企业组队之后，学生会发现他们不仅面临自身企业内部的管理与团队建设问题，更重要的是他们能意识到在供应链管理沙盘中，整条供应链的竞争“合力”是优于单个企业自身经营与管理的更高层次问题。因此，一条供应链上的三家企业之间的协调与合作就成为新建供应链生存与发展的重大课题。

就像在企业内部通过角色分工，会形成以 CEO 为核心的管理与运营团队一样，在标准的、成熟的供应链上也会形成供应链中的核心企业，起到对供应链的领导作用，而另外两家非核心企业将以核心企业的战略发展为中心来开展自身的业务。

2.4.1 供应链的核心企业

供应链的核心企业是指：在整个供应链中具有重要地位、有能力影响供应链其他成员的企业，始终处在领导地位。在供应链管理中，核心企业必须成为在动态保持合作机制中起主导作用的力量。

一条标准的、成熟的供应链是围绕核心企业，通过对信息流、物流、资金流的控制，从采购原材料开始，制成中间产品及最终产品，最后由销售网络把产品送到消费者手中。这样供应商、制造商、分销商、零售商，直到最终用户将连接成一个整体的功能网链结构。它不仅是一条连接供应商到用户的物流链、信息链、资金链，而且是一条增值链，物料在供应链上因加工、包装、运输等过程而增加其价值，给相关企业带来收益。

2.4.2　谁是供应链核心企业

实际上，供应链上的核心企业既可以是制造商，也可以是渠道商或终端商。谁是核心企业并不是由其企业的性质和所属行业决定的，而是由其在整条供应链中是否能够起到领导作用，通过业务关系来影响供应链其他成员企业的内部管理，并始终在供应链的动态合作机制中起主导作用来决定的。

1. 制造商作为核心企业

制造商成为供应链中的核心企业具有先天优势。从图 2-4 中可以很清晰地看到作为核心企业的制造商与供应链之间的关系，它是联系上游第一、第二级供应商和下游批发商、经销商，以及消费者的纽带和桥梁，供应链的核心企业是整个供应链的信息汇总中心，也是信息集成处理和管理控制的中心，是整个网链结构的中枢。它在整个供应链管理中的作用是其他任何企业都无法比拟的。

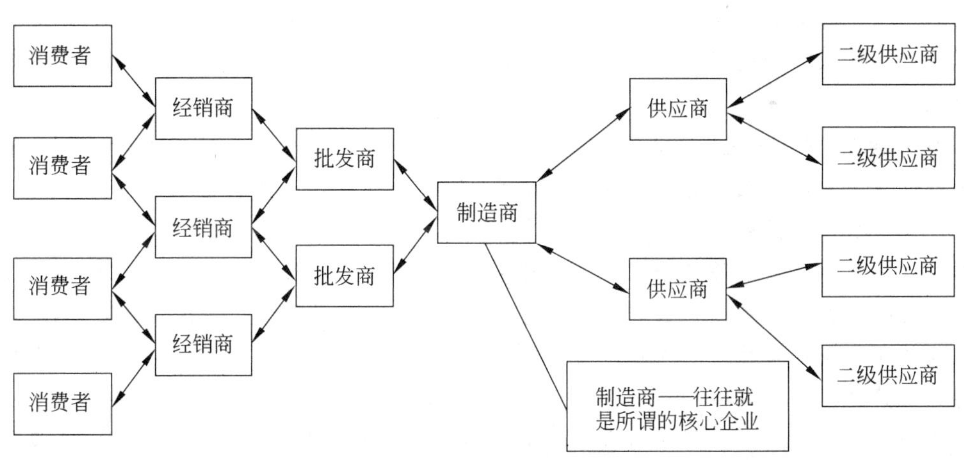

图 2-4　制造商作为供应链的核心企业

案例：

丰　田　汽　车

丰田公司创立于 1933 年，是日本最大的汽车公司，也是世界十大汽车工业公司之一。

1. 丰田对于终端零售商的管理

丰田公司建立了“推销责任区域制度”。

这种制度就是在全丰田系统成立特约经销店，并根据汽车的类型把经销店分为丰田店、小丰田店、奥特牌店、花冠牌店。每个经销店下设若干营业所，从而形成庞大的销售网络和推销员队伍。在此基础上，明确划分出每一个经销店所属营业所的责任区域和每个推销员所负责的经销地段，使公司流通网点星罗棋布。为了控制自己的责任区域，公司制定了“责任区访问法”，要求挨家挨户访问，并重点访问购车大主顾，同时收集各行业购车情报资料。为了保证责任区最大限度地销售汽车，公司还给推销员制定了销售汽车的定额，并要求必须完成。这种科学的分工、严格的管理，使丰田汽车畅销不衰。

2. 丰田对于上游供应商的管理

丰田供应商关系战略沿袭了丰田喜一郎在20世纪30年代末提出的管理模式，即根据零部件的重要性对零部件进行分类，对于不同的零部件供应商，实行不同的管理模式。对于非战略性零部件，丰田主要考虑价格、质量和送货时间等因素能否满足自己的要求，使用传统的竞标方式压低价格，以刺激供应商之间的竞争，由此降低物品的采购价。对于战略性零部件的供应，丰田将这类制造业务专门分包给和丰田有紧密资本及财务联系的工厂，并将其视为丰田的特殊供应商，丰田与这类供应商发展战略合作伙伴关系，企业与供应商有较高程度的合作，企业开发与供应商之间的多功能界面，建立企业间的知识分享界面，把专有知识与技能传递给供应商。例如，丰田汽车通过本公司的设计工程师与供应商的设计工程师的协作，以确保产品无缺陷和产品的定制化，同时丰田也推进对供应商特定性关系的投资，使得组织之间的界限趋于模糊，通过紧密的合作团队的形式确保企业拥有关键技术和长期竞争优势。

3. 形成“精益生产”

对供应链上下游的管理，成就了丰田的“精益生产”理念，该理念的核心要义是“即时到位系统”“智能自动化”。

所谓“即时到位系统”，是指在以流水作业方式进行的汽车组装过程中让所有需要安装的部件在必要时自动到达流水线上的结构，即必要时提供必要数量的必要物品的供给系统。“智能自动化”则是让生产机械具有人的某些智慧。我们知道，有时候自动化机械因为出现一些异常或故障就会生产出品质不良的产品，并且在很短时间内，这些不良品质商品就会堆积如山。所以丰田非常重视智能自动化，并采用了智能的自动机械，也就是带有自动停止装置的机械。而在人工生产线上一旦发现异常情况，操作者也可按停止按钮来停止生产线。

丰田的“精益生产”使得丰田汽车在全世界获得成功。从更高的意义上讲，丰田的生产方式代表了一种崇尚创新的企业文化和企业精神，丰田生产方式是一场意识革命。

2. 渠道商作为供应链的核心

在“渠道为王”的年代，渠道，尤其是直面消费者的终端渠道，始终是每个企业孜孜不倦要抢占的战略制高点。因此，渠道商，尤其是掌握终端的渠道商，自然而然就成为供应链的核心企业，见图2-5。下面以中国联通代理苹果手机为例进行说明。

中国联通作为国内的电信运营企业巨头，凭借自身的渠道网络与终端客户优势，以批发形式从苹果采购iPhone手机，并进行销售。中国联通作为苹果手机的渠道商的一大优势在于，其作为电信运营商可以很便利地为从中国联通购买iPhone手机的消费者提供电

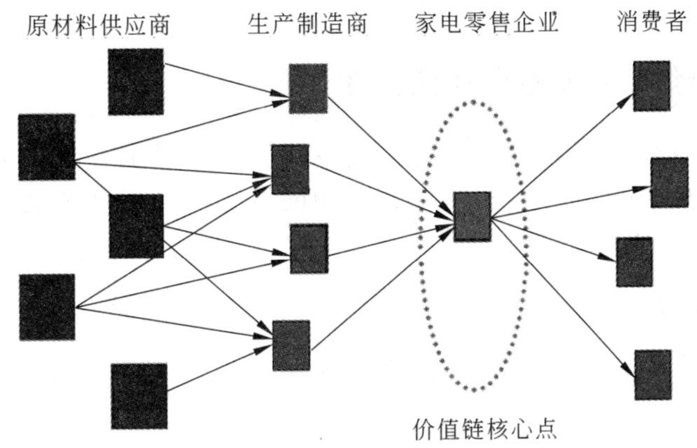

图 2-5　渠道商在供应链中的核心地位

信资费补贴，如“零元购机”“充话费、送手机”等营销模式，在近年来取得了巨大成功。

3. 零售商作为供应链的核心

零售商主导型供应链是以终端零售商为核心企业，由零售商、生产商、供应商、消费者所组成的网络系统，大型零售商凭借其资金、信息、渠道等优势，对整个供应链的运营和管理拥有主导权，成为整个供应链网络的协调中心。它通过制定供应链衔接规则、建立信用关系以及对供应链体系中成员企业的作业流程进行控制和引导，鉴别并剔除整个供应链上的冗余行为和非增值行为，从而实现降低供应链成本，提高整个供应链的效率和竞争力，达到供应链整体价值最大化的目标。下面以“家乐福”超市为例进行说明。

家乐福(Carrefour)成立于 1959 年，是大卖场业态的首创者，是欧洲第一大零售商，世界第二大国际化零售连锁集团。

家乐福于 1969 年开始进入国际市场，在世界上 31 个国家和地区拥有一万多家销售网点，涉及的零售业态包括大卖场、超级市场、折扣店、便利店、仓储式商店与电子商务，集团的 50 万名员工正致力于为 20 亿消费者服务。家乐福集团建立了全球性的采购网络，向不同国家和地区的供应商采购具有市场竞争力的商品。

家乐福的经营理念是以低廉的价格、卓越的顾客服务和舒适的购物环境为广大消费者提供日常生活所需的各类消费品。家乐福对顾客的承诺是在价格、商品种类、质量、服务及便利性等各方面满足消费者的需求。家乐福力争通过自己的努力成为当地社区最好的购物场所，为消费者带来更多的实惠和便利，并携手各商业伙伴为当地经济的繁荣做出贡献。

家乐福于 1995 年进入中国后，采用国际先进的超市管理模式，致力于为消费者提供价廉物美的商品和优质的服务，受到广大消费者的青睐和肯定，其“开心购物家乐福”“一站式购物”等理念已经深入人心。如今，家乐福已成功地进入了中国的 25 个城市，在北至哈尔滨、南至海口、西至乌鲁木齐、东至上海的中国广袤土地上开设了 109 家大型超市，聘请 3 万多名员工。在华外资零售企业中处于领先地位。家乐福还向中国引进迪亚折扣店和冠军食品超市两种业态。2004 年，家乐福(中国)被国内媒体评为“在华最有影响力的企业”之一。

2.4.3 供应链沙盘中核心企业的产生

如上文所述，整条供应链中所谓的核心企业，其实是一个供应链中最为关键的环节，它可以是供应链中的最初生产环节，也可以是中间渠道环节，还可能是最终零售环节，如沃尔玛这样的超级连锁市场。

1. 供应链中核心企业的产生

决定供应链中谁将成为核心企业的条件，首先是看谁能在供应链中掌握核心技术、核心能力或核心环节。例如，工业加工制造企业，从产、供、销的一整套配套环节，包括供应链都是按照供需、有计划地进行原材料供应、成品加工、交付验收等过程环节，其中能够掌握核心技术能力的企业，尤其是核心技术的垄断型企业就是整个供应链中的核心企业。

因此，取得核心企业地位最初的关键在技术；然而，管理比技术更高一层。例如“精益管理”的开创者丰田公司就是以自身的生产为核心，提供订单，围绕这个企业形成了多个批次的供应链条，成百上千个中小企业为之服务，并形成了产业链和利益共享体系。

2. 供应链沙盘模拟中的核心企业产生

在供应链管理沙盘实验中，一条供应链中的三家企业不可能提前拥有一段独立的时间去进行自我发展，需待各自业务成熟后再自发组成供应链。因此，在供应链的组建过程中，三家企业之间会自觉尊重市场形势来形成核心企业与非核心企业的安排。

另外，供应链沙盘模拟中的核心企业的形成也绝非由教师进行事先指定。

实际上，供应链沙盘模拟中的核心企业的形成往往是基于这样一个事实：某一企业的负责同学在实验进程中自然表现出来的优于同一条供应链上另两家企业成员的领导能力、战略决策能力、企业运营能力。因此，客观上由于其经营的流畅性及决策的果断性，而自然地对另外两家企业的负责同学起到了辅导运营和指导决策的帮助，从而使得另外两家被指导企业的运营客观上形成了对其企业发展战略的支持与协助。

因此，供应链沙盘模拟中的核心企业的形成，实际上往往是某个供应链内部同学之间管理信息的自然交流与角色适配过程。需要说明的是，虽然在实验中某些由一个企业“控制”的整条供应链的运营往往会取得较优的经营成绩，但是这并不意味着现实中一条供应链上的企业之间形成了隶属关系，更不能将其定义为企业内部化后的部门关系。在本实验中，这三家企业在法律上是完全独立的法人实体，它们之间的合作应该是“命运一体、协同经营、互惠共赢”的关系。

3. 供应链中的非核心企业

供应链中的非核心企业绝对不是不重要，其在整条供应链的生存与发展中起着对核心企业的支持与协助的作用，在利益上与核心企业休戚与共，一荣俱荣、一损俱损。

因此，非核心企业应该保持自身优势，求得发展。诸如供应链中的非核心企业大多具有小而精强的特质，正如兵器中的匕首，虽没有十分霸道的杀伤力，但险且利。

海尔总裁张瑞敏在 1999 年财富年会上提出对企业的观点“不以大为美，要以强为贵”，也就是企业不一定要有很大规模，但一定要强。这个概括很符合供应链中的诸多有潜力的中小企业，保持和继续发展自己的某种精强的能力未必不是一种上佳的发展策略。

在动态的、多变量的竞争环境中，企业要生存不一定要追求规模上的绝对扩张，通过不断学习和与外界信息的交流，坚持发掘自身潜力，优化完善自身结构，达到经营能力的相对增强乃至突破，也不乏一种和谐之美。对于处于非核心圈范围内的供应链中的中小企业而言，以下两种发展思路十分值得借鉴。

(1) 非核心企业要通过自己的努力和创造，发挥并扩增核心能力，把进入现有供应链体系的核心圈作为自己的奋斗目标，并最终得以实现。

(2) 在供应链中的非核心企业，在其供应链所属环节上出色发挥，以至于在整个供应链上所起的作用增加，使其可向核心企业要求更优越的合作条件；也可使自己在能力增加之后，向更高等的供应链体系中“跳槽”；或者在能力允许的情况下，将本企业融入更多的供应链体系中，充分实现自身价值。

本章小结

本实验所采用的简化版链状供应链模型主要着力于对供应链中制造商及其下游销售系统的模拟。这条极简的供应链由 1 家制造商、1 家渠道商和 1 家终端商 3 家企业共同组成。这 3 家企业长期以来均专注于某行业 P 产品生产与经营业务，并且在长期的生产经营实践过程中初步形成了相对固定的业务合作关系。

在供应链管理沙盘实验中，学员将自行分成若干个组，每组选择作为生产制造商、渠道分销商、终端零售商 3 家企业之一，3 家企业构成一条供应链，即作为 1 个实验小组。供应链之间进行对抗与竞争，完成 2～4 个年度的企业经营活动。其中，每个企业可以由 2～5 名学员组成，可担任本企业的 CEO(总经理)、CFO(财务总监)、COO(运营总监)、CSO(营销总监)、CIO(信息总监)等职务。

在完成各企业组队之后，学生会发现他们不仅面临自身企业内部的管理与团队建设问题，更重要的是他们能意识到在供应链管理沙盘中，整条供应链的竞争力是高于单个企业自身经营能力的。因此，一条供应链上的 3 家企业之间的协调与合作就成为新建供应链生存与发展的重大课题。在 3 家企业之间的协调与合作过程中，必然会在一条供应链上产生出一家核心企业。

学习与思考

(1) 请分别举一个现实中成功的链式供应链案例和一个网状供应链案例。

(2) 组建经营团队时，对于人员的搭配，你认为应该注意哪些问题？

(3) 谁是供应链上的核心企业？请举例说明。

供应链管理沙盘经营规则解析

一份 SCM 沙盘模拟实验报告

实验设备：

(1) SCM 沙盘及辅助教具。

(2) 供应链管理沙盘模拟对抗训练软件。

(3) 供应链管理沙盘模拟对抗训练辅导资料。

实验目的：

(1) 通过模拟供应链经营，从中体会经营企业的艰辛，明白专业知识学习的重要性。

(2) 通过全方位模拟供应链经营，培养受训人员认真、诚信、严谨、踏实的作风。

(3) 培养受训人员的团队意识和与人合作的能力。

学习目标：

(1) 熟悉供应链的管理方法。

(2) 熟悉制造商、渠道商、终端商的主要经营流程。

(3) 熟悉市场分析与预测的方法。

(4) 熟悉供应链库存控制的策略。

(5) 熟悉产品管理与促销的方法。

SCM 沙盘实验现场如图 3-1 所示。

图 3-1　激烈对抗的 SCM 沙盘实验现场

1. 实验过程描述

1）前期规划

(1) 主打 P2、P3 产品，P3 上市后放弃 P1，P4 第四年上市，保证终端商库存充沛。

(2) 全力抢占市场份额：广告投放逐年翻倍、渠道建设每季做足、促销活动八折到底、开店数量逐季增加，“四管齐下”，保证产品销售量。

(3) 统一管理，3 家企业协调，高质量完成 CEO 的管理指令。

2）第一年

(1) 年初决策

① 产品制造决策：上 2 条生产线生产 P1，启动研发 P2、P3，由渠道商分担资金压力，旗舰店设在东区，最大化销售制造商手中的 P1；

② 广告决策：主投东区、北区（“两头多、中间少”一直贯彻到第四年），广告策划由渠道商主要负责并执行，确保市场排名在前两名；

③ 物流及库存决策：制造商及渠道商尽量零库存，全力运送给终端商。

(2) 年中经营及年末结果

充分利用制造商及渠道商的长短期贷款政策，保证资金充足；启动研发 P2、P3；渠道商承担广告的主要资金，将多余资金拆借给制造商和终端商。由于着眼长线发展，第一年生存压力很大，现金流十分紧张，运营要小心谨慎。尽管如此，第一年供应链得分倒数第二（得分 64 分，第一名 238 分，差距不小）。

(3) 存在问题及解决办法

由于研发、上新生产线、建立门店占用大量资金，广告投入未能实现既定目标，市场占有份额不足，给终端商销售带来了压力。但通过准确的物流配送减少物流及调货成本，增大促销活动，加大销售量，来最大化地抵销损失。

3）第二年

(1) 年初决策

增加生产线，主要生产 P1，兼顾 P2、P3，扩大市场份额，确保东区、北区市场排名第一，建立至少 12 个门店，由渠道商实现订货发货零出错及现金流拆借顺畅。

(2) 年中经营及年末结果

渠道商广告投入 40M，每季 6.5M 渠道管理，加上制造商的产品广告投入，确保市场排名第一名，产品销量大增。由于前期生产线充足，产品研发及时，所以产品充足，从而实现了大逆转。第二年供应链得分第一名（得分 610 分，第二名 517 分，基本形成鳌头之势）。

(3) 存在问题及解决办法

无明显问题，现金流实现了良好运转，3 家企业全部实现了盈利。

4）第三年

(1) 年初决策

生产线增至 6 条，主要生产 P2、P3，少量生产 P1，研发 P4；保住市场份额，确保东区、北区市场排名第一，建满 16 个门店。

(2) 年中经营及年末结果

渠道商广告投入76M,每季6.5M渠道管理,确保了市场排名第一,产品销量有了保证,产销基本平衡,第三年供应链得分第一名(得分2798分,第二名2076分)。

(3) 存在问题及解决办法

一次紧急订货操作失误,其他无明显问题,现金流十分充沛,库存几乎为零。

5) 第四年

(1) 年初决策

主要生产P2、P3,兼顾P4,停产P1;保住市场份额,确保四区市场排名第一。

(2) 年中经营及年末结果

第四年第二季度停止P1销售,全力销售P2、P3,旗舰店销售P4,渠道商实现产品库存统一调配,充分利用紧急订货快速配送产品。在产品充足的情况下终端商设定销售优先级,优先销售P3。第四年供应链得分第一名(得分13 857分,第二名9280分,实现了寡头垄断地位)。

(3) 存在问题及解决办法

渠道商广告投入126M,每季6.5M渠道管理,加上制造商160M广告费,按测算应该是市场排名第一,但5组一反常态,广告费投入增加了几倍,此看似"搅局"的行为给5组带来了逆转的机会,也给我们造成了巨大的损失,我们丢掉了市场排名前两名的地位,沦为第三或第四名,产品销量优势丧失。这是整个沙盘实验中我们犯下的最大失误,我们过于相信自己的测算,没有考虑其他小组的反常态行为。为了弥补销量的劣势,我们加大了P4的销售量及紧急订货的频次,确保终端商的P3、P4供应量,打高端产品战。

2. 实验总结

两天的SCM沙盘模拟让我收获了很多,也验证了我们的很多想法和尝试,虽然承担着渠道商的角色,但我参与了整个供应链的管理和决策,切实地感受到运营企业的艰辛和可持续发展的供应链的重要性。下面谈几点我的收获。

第一,科技和市场是企业的两个拳头,企业要强大,必须有一双强有力的拳头。

我们2组能够取得第一名的好成绩,与我们注重研发和市场是分不开的。我们始终没有放松对产品的研发,即使在资金困难时期,我们依然坚持研发P2、P3,在市场出现P4的需求时,及时研发P4,并及时放弃低端产品P1,从而占据市场上的高端产品份额,很多小组认为P4是一种概念产品,不值得研发而放弃,或者延缓了对P4的研发,我们组却在第三年就开始了对P4的研发,第四年第二季就上市销售,从而抢占了几乎全部的P4市场。我们做了一个分析,我们的终端商和旗舰店共售出79个P4产品,销售额高达1422M,仅P4产品就实现了将近900M的盈利。可见,科技对企业而言是最先进的生产力。

在市场开发上,我们组始终坚持抢占最大化的市场占有率。通过抢占市场,大量销售产品,从而压低其他小组的销售额,这是一个此消彼长的关系,实现脱颖而出。除了第一年的资金短缺外,其他三年我们都保证了高额的广告投入资金,保证了充足的市场占有份额。由此可见,市场是拉动整个供应链的原动力,市场战打不赢,整个供应链必然疲软无力。

第二，管理是企业发展的两个轮子之一，企业要实现顺畅发展，没有高效率的管理体系肯定不行。

在 SCM 沙盘模拟中，供应链的三家企业在管理上其实是一家，实施的是统一的管理思路，这取决于 CEO 的管理模式和管理思想，因此首要的是要高效地、高质量地执行落实 CEO 制定的既定政策。我们组在模拟开始之初经过研讨制定了四年的发展规划及每个企业的分工，这在整个沙盘模拟中意义重大，其后始终没有偏离这个规划，每个人都在为实现这个规划做准备，并在执行过程中及时沟通纠偏，这也保证了我们组不像其他组忙碌和疲于讨论，保证了我们组每个人都有足够的时间和精力来处理日常操作，在四年的模拟中，我们仅出现了一次操作失误，这与我们组规划明确、分工明确、指令明确是分不开的。在生产计划、市场开拓及建店计划上我们也迅速达成了共识，在实施过程中出现突发事件时，及时反馈给 CEO，保证了政策的及时调整。

第三，作为渠道商，帮助终端商制定销售策略，快速协调生产与销售的矛盾，周转好资金流至关重要。

在整个模拟过程中，各组的渠道商似乎是最轻松的角色，但实质上要看如何定位渠道商的职责，是否发挥了渠道商的作用。如果仅把渠道商当成"皮包公司""二道贩子"，渠道商就成了"寄生虫"，保赚不赔的奸商，在整个供应链中也就没有存在的意义了。

我们组渠道商充分利用了日常操作任务比较轻的优势，承担了市场分析的工作，通过市场排名的分数推算各组的广告投入资金数，从而确定下一年度自己在四个区的广告投入资金额，确保自己在各区处在前 2 名。通过分析市场需求曲线中各产品的季度需求情况，确定各产品销售的优先级(但事实证明软件给的市场需求曲线并不准确，但总体趋势是正确的)，这都极大地帮助了终端商。另外通过统计销售会议中各组产品的销售数量，分析出各组在各区的开店数量、产品库存情况、主打产品情况甚至生产线情况，这些都能极大地帮助终端商调整各区销售产品的优先级。

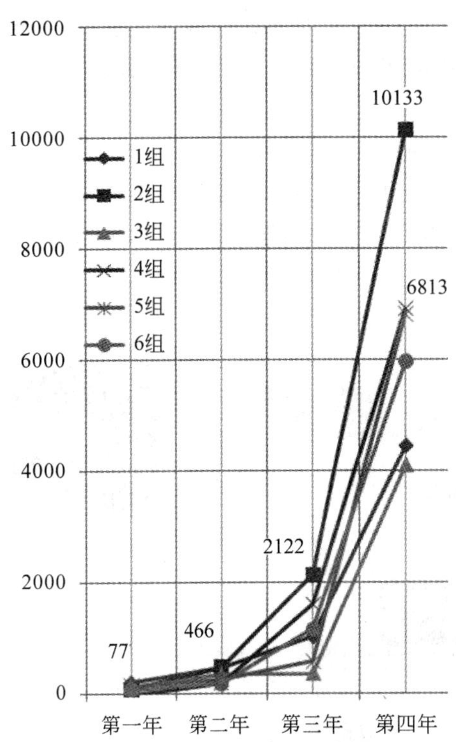

图 3-2　渠道商四年的运营得分

另外渠道商位于制造商和终端商中间，能够很好地协调生产计划和销售计划，并能利用自己充足的贷款金额帮助两头完成资金的拆借，实现资金共享。

通过担任渠道商这个角色，让我感受到了任何一个角色都十分重要，关键是看如何去发挥作用。

图 3-2 所示为渠道商四年的运营得分，不难看出，2 组的渠道商在整个供应链中的作用越来越显著，与其他小组相比，得分优势也十分明显，尤其是第四年。

最后用《丰田生产模式》一书中的一句话概括我对供应链沙盘模拟实验的总体认识：“团队作业高于一切”。

资料来源：丁大鹏．供应链沙盘实验报告及对供应链的理解心得．百度文库 https://wenku.baidu.com/view

本章将对供应链沙盘模拟实验中的物理沙盘标识、生产制造企业、分销渠道企业、终端零售企业的运营规则、市场销售规则及其他规则这六个方面进行详细阐述。

在实验正式开始之前，学生应该熟练掌握上述供应链管理沙盘运营的规则，以便在实验中能够顺利地完成对自己企业的运营操作，在具体的经营决策活动中更好地亲身体验供应链管理的流程，更好地了解团队沟通与协作的必要性。

同时，遵守规则和诚信之间是存在必然联系的。规则作为供大家共同遵守的制度或章程，它是约束人们的行为的，是社会对应然行为的强制抽象。学生在学习规则、掌握规则的基础上，不仅要学会灵活应用规则，更要在实践中严格遵守规则。这也是培养一个合格社会公民的公平和正义价值观的重要一课。

3.1 供应链物理沙盘标识

在供应链物理沙盘上，我们用不同颜色的彩币来代表不同的产品和货币。其中，一个红色币代表一个 P1 产品，一个橙色币代表一个 P2 产品，一个蓝色币代表一个 P3 产品，一个绿色币代表一个 P4 产品。需要说明的是，供应链沙盘对生产企业上游的供应商及其供应的物料进行了简化处理，因此这里的 4 种产品无须多种原料来组合，实验中不用考虑其 BOM(物料清单)结构的问题。

此外，供应链沙盘中一个灰色币代表 100 万人民币，系统表示为 1M；一个金色币代表 1000 万人民币，系统表示为 10M；一个白色币代表 10 万人民币，系统表示为 0.1M。

供应链沙盘中只有一种生产线标识，为蓝色，有两个生产周期。沙盘中一个蓝色小人代表终端商所开设的一家零售店，一个黄色小人则代表制造商所开设的一家直营店。图 3-3 为 SCM 沙盘标识。

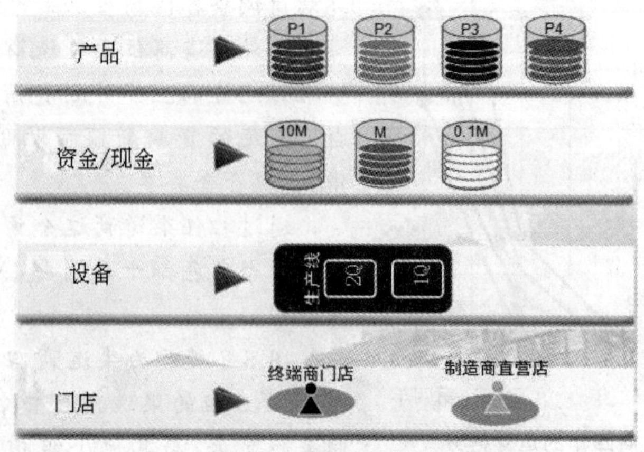

图 3-3　SCM 沙盘标识

3.2　经营规则——制造商

制造商也称为“生产厂商”，指制造产品的企业。制造商以原料或零组件（自制或外购）为工作对象，应用人工或机器设备，经过一定的生产工序，完成产品（Goods）的生产工作。现实中，较有规模或品牌信誉的制造商除了具有产品制造的功能外，通常还从事相关产品的营销（Marketing）、商品流通（Physical Distribution）或进出口业务。

在早期的管理实践与理论中，制造商往往是品牌产品的创造者，一般被认为是渠道的源头和中心。例如，通用电气、通用汽车、索尼、飞利浦这样成功的制造商在各自的分销渠道中占据着举足轻重的位置。今天，以美国苹果公司为代表的高新科技型创新企业已经成为品牌与产品的不断创新者，传统的制造商则往往退居其后，在供应链中承担着产品代工者的职能，如富士康。

3.2.1　厂房管理

制造商在供应链沙盘中的核心任务是向下游提供产品，而要执行产品的生产任务就必须有一定的实施生产经营的活动场所与空间——生产厂房。因此，生产厂房是为生产所建的、专门用来加工、生产产品的固定资产，所以制造商在供应链沙盘经营中面临的首要问题就是拥有厂房，即要做好生产厂房的购买与租赁管理。图 3-4 所示为物理沙盘生产厂房区域。

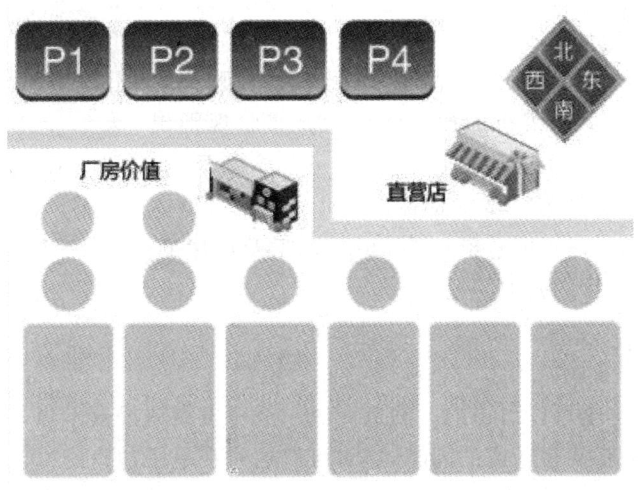

图 3-4　生产厂房区域

在供应链沙盘的运营中，生产制造商每季度均可根据自身企业的发展状况，在“厂房处理”环节进行厂房的购买、租赁、折旧与出售决策，图 3-5 所示为“厂房处理”电子沙盘操作界面。

厂房处理的具体管理规则见表 3-1。

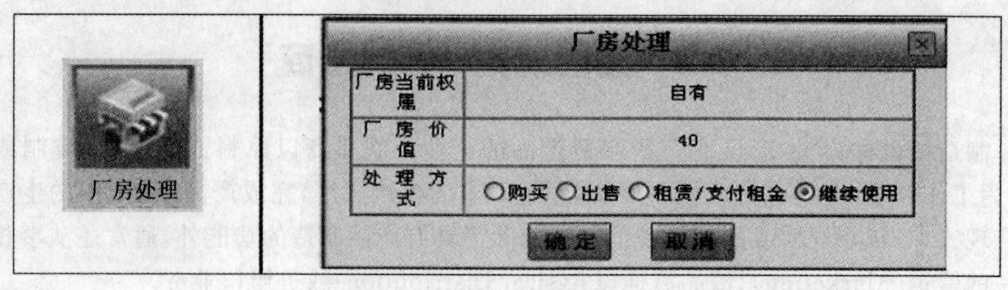

图 3-5 厂房处理

表 3-1 厂房的购买、租赁、折旧与出售

	购买价格	租金	折旧	售价	容量
厂房	40M	3M/季	1M/季	按净值出售得现	6条生产线

厂房管理规则说明如下。

1. 厂房购买

在资金允许的情况下，制造商如果决定购买厂房，则应从现金库中拿出 40M 的现金放置到物理沙盘厂房价值的位置，如图 3-6 所示。制造商购买厂房后，厂房则成为其固定资产的一部分，因此无须为此再交付租金。

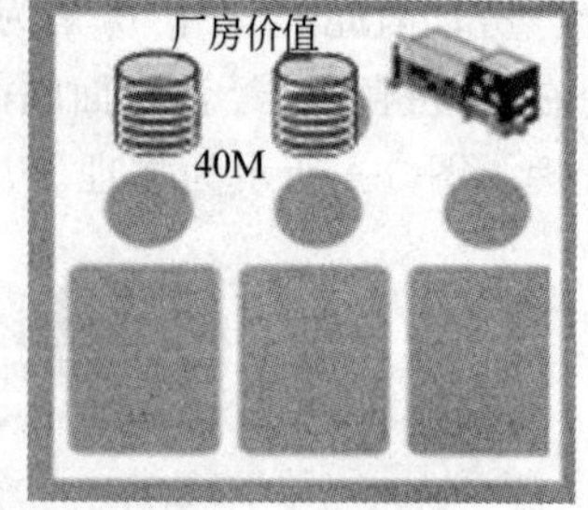

图 3-6 厂房购买

2. 厂房折旧

与现实情况一致，在供应链沙盘实验中，制造商购买厂房成功后，厂房的价值会因折旧而不断减少。实验规则规定，厂房购买的当季不计提折旧，但是从下一个季度开始，生产制造商需每个季度为厂房计提折旧 1M。因为实验一共只有 16 个季度，所以折旧总额度为 16M，远不及厂房的价值 40M，实验中如果不考虑出售，可以不考虑厂房的残值问题。

3. 厂房出售

在实验中，厂房是可以出售的。制造商由于战略发展或经营不当，往往会在企业运营中出现资金周转紧张甚至断流的问题，这时可以通过在电子沙盘的"厂房处理"处选择"出售厂房"，将厂房出售以换取急需的现金，从而把握企业发展的机遇或获得企业生存的机会。

在物理沙盘上，制造商若出售厂房，则应将厂房计提折旧后的净值从"厂房价值"处提出，放置到企业的现金库中，并在流程表中做相应的记录。

制造商一旦选择出售厂房，则从当季开始系统自动默认该企业开始租赁厂房，即当季便开始支付厂房的租金，租金为 3M/季度。

3.2.2 仓库管理

在供应链管理沙盘中，制造商的另一大固定资产是“产品仓库”，对于产品仓库的管理是任何制造型企业都必须高度重视的环节。产品在生产线上经过相应工序的加工，最终完工下线，并分类归库管理，即 P1 产品进入 P1 产品仓库中储存，P2 产品进入 P2 产品仓库中储存，P3、P4 以此类推。图 3-7 所示为物理沙盘制造商产品仓库。

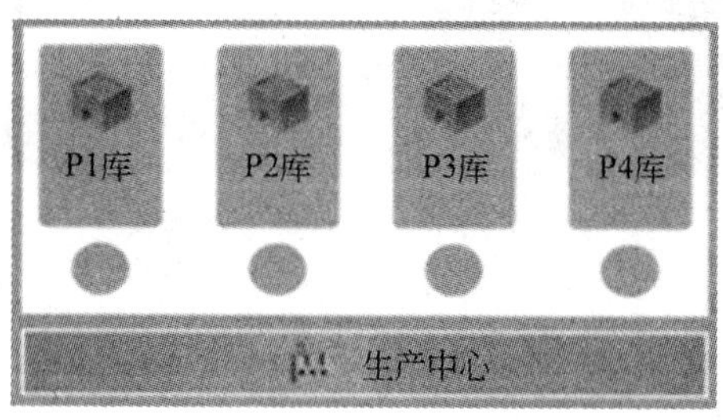

图 3-7 制造商产品仓库

在实验中，生产制造商每季度均可根据自身企业的发展状况，在“仓库处理”环节进行仓库的购买、租赁、折旧与出售决策，图 3-8 所示为“仓库处理”电子沙盘操作界面。

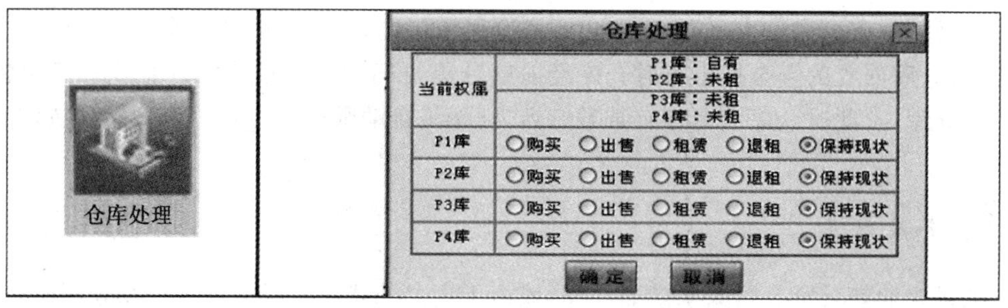

图 3-8 “仓库处理”电子沙盘操作界面

制造商对于仓库的具体管理规则见表 3-2。

表 3-2 制造商产品仓库管理规则

仓库	购买价格	租金	仓储费	折旧	售价
P1 库	20M	1.5M/季	0.1M/个产品/季	0.5M/季	按净值出售得现
注：P2、P3、P4 库与 P1 库情况一样。					

厂房处理规则说明如下。

1. 仓库购买

在每季度电子沙盘“仓库处理”处，生产制造商可以根据已有的产品种类购买相应的产品仓库，4 种产品仓库的购买价格均为 20M。在物理沙盘上，物流经理应该从企业现金库中提取 20M 现金，然后放置到相应产品仓库的价值处。如图 3-9 所示，一个拥有 P1 产品的制造企业，购买了 P1 产品的仓库。制造企业拥有某产品仓库后，该仓库的使用无须支付仓库租金，但记得要支付当季末该仓库中的库存产品的仓储费。

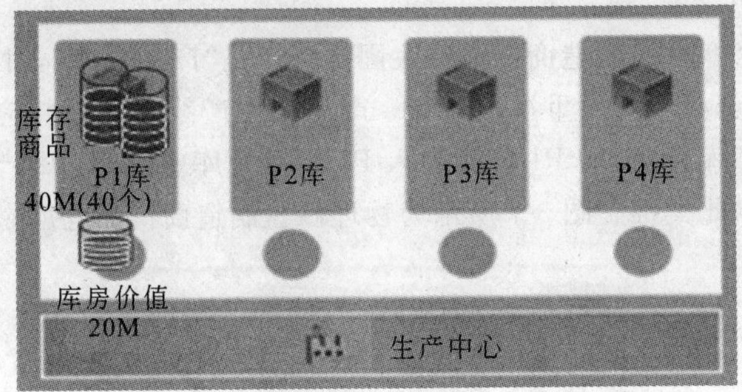

图 3-9　P1 产品仓库库存演示

2. 仓库折旧

与现实情况一致，制造商购买的产品仓库由于自然的风吹雨淋、框架老化等原因存在折旧问题，每个季度要从库房价值中计提折旧费 0.5M，当然当季购买的不计提折旧。

3. 仓库出售

在激烈的市场竞争中，如果企业出现资金紧张问题，可以出售产品仓库以缓解资金压力，出售仓库回收的资金按出售时仓库经前期计提折旧后的净值计算。企业一旦出售了某产品仓库，若此时仓库中尚存有某类产品，则系统自动默认该企业已经开始租赁该产品仓库。

4. 仓库租赁

如果企业缺乏资金购买某产品仓库，或由于资金紧张而将已有的某产品仓库出售了，同时又必须继续使用该产品仓库，则该制造商必须对某产品仓库进行租赁，租赁任意一种产品仓库的费用均为每季度 1.5M。

5. 仓储费用

仓库的租赁费用与仓库的仓储费用不能画等号，前者只是后者的一个组成部分。实际上，每个季度的季末具体某一个产品仓库的存储支出由该仓库的租金和具体产品的储存保管费两部分组成(见制造商仓储费公式)，其中每个产品的仓储费均为 0.1M/季。

制造商仓储费公式：

制造商仓库一个季度的仓储支出＝制造商租赁仓库数量×1.5M＋季末时该仓库所存产品数量×0.1M

注意：计算仓储费用时，只考虑季度末该产品仓库中现存的产品数量，当季期间在该仓库中存放过，但是已经从该仓库中出库以用于出售的产品则不用计算其仓储保管费。例如，图 3-9 所示的该制造商当季季末 P1 产品库中尚存有 40 个 P1 产品，则当季季末需支付的仓储费为 4M(因为 P1 库已经购买，因此不用支付租金)。

3.2.3 生产线管理

对于制造商而言，有了厂房和仓库之后，接下来的工作就是引进生产工作所需的设备——生产线了。在本实验中，生产商的厂房最多可以容纳六条生产线，且生产线只有一种类型，如图 3-10 所示。

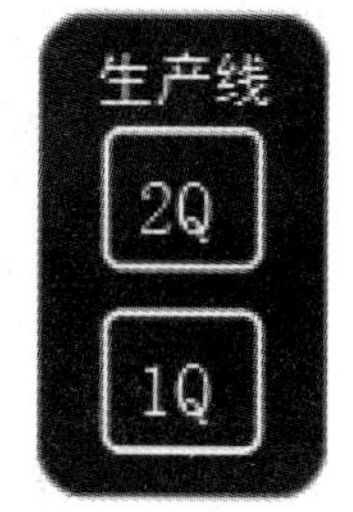

图 3-10 生产线标识牌

在实验中，生产制造商每季度均可根据自身企业的发展需要，在电子沙盘中“购买生产线”处决定是否购买新的生产线，以及购买新生产线的数量，图 3-11 所示为“购买生产线”电子沙盘操作界面。

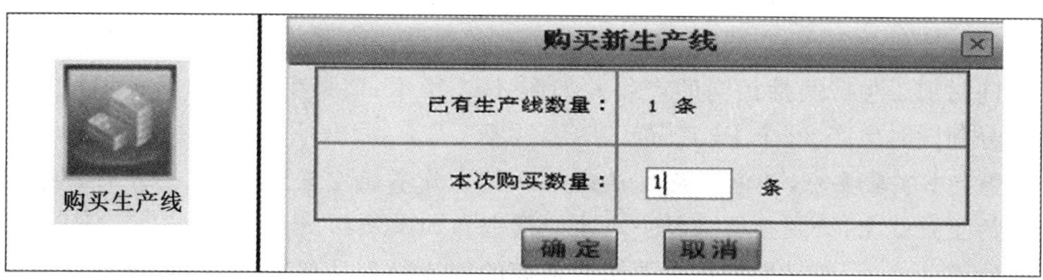

图 3-11 “购买生产线”电子沙盘操作界面

生产制造商对于生产线的具体管理规则见表 3-3。

表 3-3 生产线购买、折旧及相关规则

	购买价格	生产周期	生产批量	维护费	折旧	规定残值
生产线	18M	2Q	20 个/批	4M/年	1M/季	2M

厂房处理规则说明如下。

1. 生产线购买

制造商只能通过购买获得生产线(实验中无法进行租赁操作)，每条生产线的价格为 18M，在物流沙盘上，生产企业的财务经理从现金库中提取 18M 现金放置到厂房中空闲生产线位置上方的生产线价值处，物流经理则从市场(玻璃台或教师)领取生产线标识牌，放置到厂房的该空闲位置，表明生产线已经安装到位，如图 3-12 所示。

注意：

① 生产线购买在流程表的第 14 步发生，生产线获得当期就可以投入生产，即第 15 步即可应用于生产，而无须考虑生产线的安装周期问题。

② 实验中，生产线一旦购买就不能出售。

2. 生产线的生产作业

在本实验中，生产线的生产作业必须遵守“批量生产、流水作业”的原则。也就是说，实验需考虑到生产中的经济批量因素，因此设定每条生产线每次投产必须生产 20 个产品

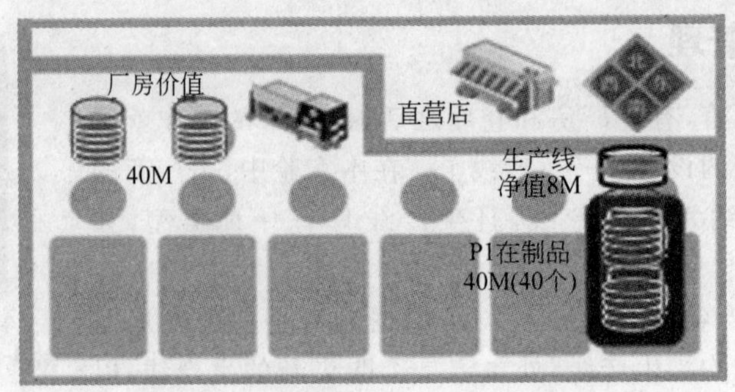

图 3-12　正在进行生产工作的生产线状态

(即假设 P 系列产品的经济生产批量为一批 20 个,生产时是 20 个一批的批量生产,而不是一个一个地单个生产)。同时,实验规定生产过程可以流水作业,即在本实验的生产线上可以同时加工生产两批相同的产品。如图 3-12 所示,该条生产线的第一、第二加工周期正在分别同时生产 20 个 P1 产品。

注意:本实验要求,任意一条生产线一旦投产就不能空置,不能完全停产,即一条已经开工的生产线上,必须至少保持一个生产周期在加工产品。①

在物理沙盘上,产品生产作业要求制造商的物流经理从供应商处(玻璃台或教师处)拿到 20 个某种产品,然后放置到某条生产线的第一个生产周期上;与此同时,若物流经理提取的是 P1 产品,则财务经理应该从现金库中提取 20M,支付给供应商(放到玻璃台或教师处),并在流程表中做相应的记录。

注意:

① P 系列的任何一类产品,都要经过两个生产周期才能完工下线,因此在生产规划时,一定要注意在某一季度上线开工的一批产品,将会在两个季度之后才能下线,即前后需要三个季度的时间(而非两个季度)才能获得一批可以向下游发送的产品。

② 尽管任何一条生产线可以生产任何一种 P 系列产品,但是一条正在生产的生产线上,只能同时生产两个批次的一种产品(即一条生产线上不能同时出现两种不同的产品在生产的情况),如果要转产另一种产品,需要等到生产线上的原有产品完全下线后才能进行。不过,这样的转产将损失该条生产线一个周期的宝贵产能。

3. 生产线转产

转产即指转向生产或经营其他产品,在本实验中仅指转向生产其他种类产品。例如,一条生产线原本正在生产 P1 产品,现在由于市场对 P2 产品的需要剧增,因此制造商决定将这条原本生产 P1 的生产线,转向专门生产 P2。在本实验中,对这一转产过程进行了相应的简化,即不考虑转产的时间周期与成本费用问题,一条生产线可以在原有某产品完全下线完工后,从其第一生产周期开始直接生产另一种产品,既不用承担

① 之所以规定开工了的生产线"不能完全停产",类似于足球运动中的"越位"规则。其很大程度上是为了防止某些竞赛小组在实验的后期,由于面临资金链即将断裂破产的风险,而选择停工拖延战术;这样的规则设定将提高实验竞赛的激烈程度,对于学生而言,统筹管理好整条供应链的生产安排的难度大大提高了。

费用，也无须等待。[①]

3.2.4 产品研发与生产规则

对于制造商而言，在拥有了厂房、产品仓库和生产线之后，接下来就需要考虑企业发展方向与未来市场战略问题了，即应该研发与生产什么样的产品。这样就产生了新产品研发的问题。

新产品的市场研发过程，简单地说，就是明确三个基本问题的过程，即"我是谁?"(新产品的属性)、"我为谁而生"(新产品的目标顾客群)、"为什么买我"(新产品的卖点)。明确了这三个基本问题，也就为企业的新产品开发确定了战略。对于广大企业来说，往往因为自身的资金、规模等条件都有限，所以才更应该集中精力研究目标顾客群的需求。同时以目标顾客群的需求为导向，研发出能够满足他们的需求，可以帮助他们解决实际问题的产品，只有这样才会获得他们的青睐，赢得他们的光顾。

在供应链管理沙盘实验中，参加竞赛的每一条供应链均从事 P 系列产品的生产与销售工作，该系列产品共有 P1、P2、P3、P4 四种产品，其中 P1 产品作为全系列的低端产品为所有参加竞赛的制造商所掌握，而 P2、P3、P4 的研发则将由各企业自行决定。在电子沙盘中每一季度的"产品研发投资"处(见图 3-13)，制造商可根据自己的经营策略决定是否投入资金进行 P2、P3、P4 的研发。

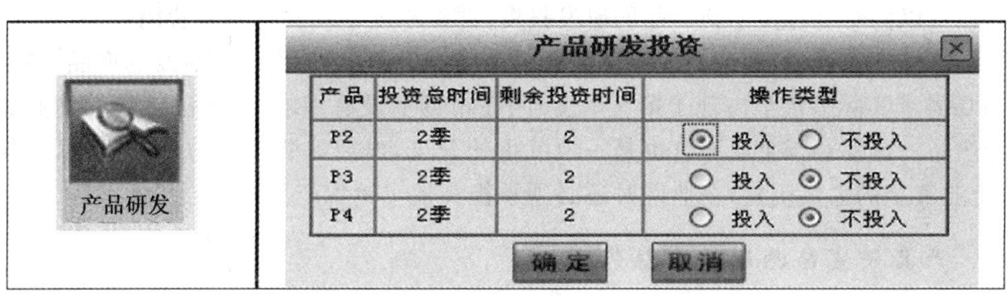

图 3-13 "产品研发投资"电子沙盘操作界面

生产制造商对于产品研发的具体管理规则见表 3-4。

表 3-4 产品研发及生产规则

产品	P1	P2	P3	P4
研发时间	—	2Q	2Q	2Q
研发投资	—	24M	36M	48M
直接生产成本	1M	2M	3M	4M

产品研发规则说明如下。

① 在现实的生产经营活动中，一条生产线如果不具备对某一特定系列产品的柔性制造能力，那么要转产该系列产品中的其他类型产品，则必须进行设施的改造，这一过程不仅需要时间(即转产周期)，还涉及相关的改造费用(即转产成本)。即使该生产线为人工线，若要进行转产，实际上也涉及对原有人员的再培训时间与开支的问题。

1. 产品研发周期及费用

关于 P2、P3、P4 三种产品的研发时长问题，实验规定这三种产品的研发周期均为两个季度。

由于这三种产品基本上由序号从低到高呈现出技术不断递进升级的趋势[①]，所以三种产品的技术难度是逐渐递增的，自然其研发的投入成本也是逐渐递增的(见表 3-4)。

同时，P2、P3、P4 三种产品的研发投资需要分两个季度平均投入，三种产品两个季度的研发周期时长是不能缩短的，即任何一家制造商不能在一个季度中直接投入 36M 资金来研发成功 P3 产品。

若某制造商由于某种原因，如发现自身资金链出现了问题，可以随时中断或中止某新产品的研发，但如果希望继续完成已投入一半资金的研发项目，就必须再花一个季度的时间补齐另一半研发投资以完成项目，并在取得生产资格证后方可开始生产。当然，如果彻底放弃了某一项已经研发了一半的新产品项目，则前期的研发投资是无法收回的。

2. 产品研发的次序

在本实验中，P2、P3、P4 三种产品的研发是不分先后顺序的。实际上，在现实的市场竞争中，跨代研发新产品投入市场竞争的例子比比皆是。而且，若某一个制造商资金实力雄厚，还可以同时进行多个新产品的研发投资，并按季度平均支付研发费用。

当然，在本实验中，制造商应该仔细研究市场需求图，避免出现新研发的产品(特别是 P4，市场需求实际上最早出现于第 9 季度)因在市场上没有需求，而无法销售的尴尬。同时，新产品的研发对于企业而言也是一项沉重的开支，出现无法销售的产品研发，不仅意味着企业资金的大量闲置，企业同时还必须承担其他可销售产品的机会成本。

3. 产品研发的物理沙盘操作

制造商的财务经理将某产品的研发投资资金从现金库中取出，放置到综合费用栏的“研发费用”栏中，并记录在流程表中；连续两个季度后某新产品研发投资完成，物流经理从教师处领取该产品的生产资格标识牌(见图 3-14)，并放置到物流沙盘厂房上方的生产资格标识处，见图 3-15。

图 3-14　P 系列产品生产资格标识牌

① P2 和 P3 是 P1 的成熟升级替代产品，其中 P3 较 P2 性能更加优越；而 P4 则是对于 P2、P3 的创新产品，技术上具有一定的超前性，市场尚在培育中。

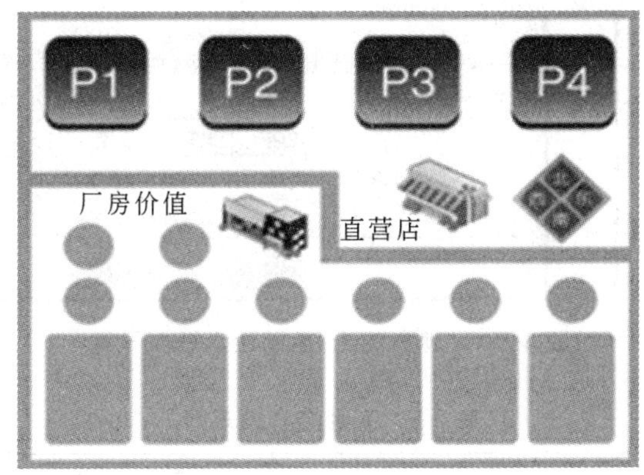

图 3-15 上方 P1、P2、P3、P4 为生产资格标识牌放置处

3.2.5 直营店（旗舰店）建设

一家制造商在拥有了自己的厂房、仓库、生产线并确定了自身的主打产品后，就需要关注主打产品的销售问题了。在本供应链沙盘实验中，制造商所生产的产品除了依靠下游的渠道商及零售商的共同努力来进行产品销售之外，还设计了制造商直接在市场上开设的直营店（见图 3-16），以加强整条供应链的产品销售能力。

直营店，又称直营连锁。在这里指制造商直接经营的销售门店，即由制造商总部直接经营、投资、管理各个零售点的经营形态。在本实验中，生产制造商可以根据市场竞争形态与自身战略需要，在东、南、西、北四个区域市场中选择开设一家有其独立经营和管理的销售门店，见图 3-17。

图 3-16 代表制造商直营店的黄色小人

图 3-17 制造商开设直营店的四个区域市场

若某制造商要在某市场中开设一家直营店，那么它的财务经理应该从现金库中提取 8M 的建店费，放置到物理沙盘“综合费用”栏中的“建店费”栏中，并在流程表中做相应的记录；同时，该企业物流经理则去教师处领取一个黄色小人，放置到需开设直营店的区域市场处，对应于图 3-17 上方的东、南、西、北区域。

在电子沙盘中的每一季度的“建旗舰店”处（见图 3-18），制造商可根据自己的经营策略决定是否投入资金建立一个旗舰店。

制造商开设直营店的规则如表 3-5 所示。

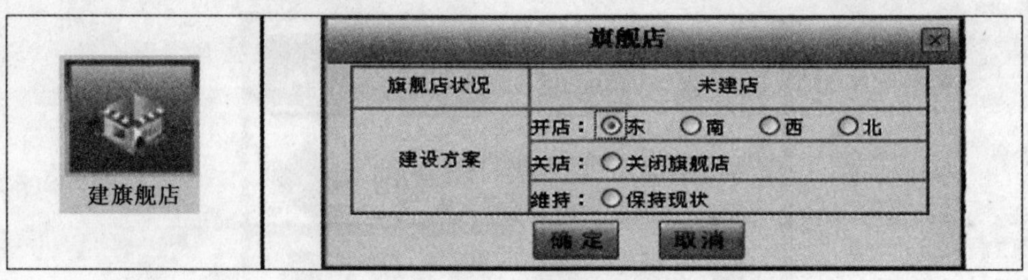

图 3-18 “建旗舰店”电子沙盘操作界面

表 3-5 直营店开设规则

	建店费	店面费	最大产品销售数量
直营店	8M	1M/季	7 个/季

直营店开设规则说明如下。

1. 为什么只能建一家旗舰店

生产制造商在任何季度都可以选择开设直营店，并可以在东、南、西、北四个区域市场中的任意一个市场开设，但是在四年共 16 个季度的经营里，每个制造商只能在任意一个市场中同时拥有一家直营店。这是为什么呢？

前面的讲述中已经谈到，直营店实际上是指制造商直接经营的终端零售门店。应该说，由于是厂家直营直销，所以直营店相对于一般的中间渠道商和终端零售商，其具有较强的价格优势，所以如果制造商的直营店太多，则不但会打垮对手的销售企业，还会先打垮自己的供应链上的下游企业。另外，现代经济的发展越来越强调分工的重要意义，供应链经营管理的本质就是要求上下游企业通过合理外包、保留自身核心优势业务，从而实现共同的市场盈利目标。因此，制造商不能也不应该买椟还珠、舍本逐末、“不务正业”地把企业所有的资源拿去开直营店，而将一个制造商的根本业务——新产品研发及生产弃之不顾。

2. 直营店的管理

开设一家直营店后，制造商需要每一个季度投入 1M 的店面费来维持其运营，可以将此理解为这家直营店开设一个季度中的房租、水电、物业及人工的开支。

3. 直营店的销售

制造商开设直营店的目的是获得一个自己可以全权控制的产品终端销售点，从而促进自身产品的销售。对于整条供应链而言，制造商的直营店的意义在于：建立整条供应链上最快速的销售渠道，可以以最快的速度将新产品投放市场，抢占市场份额，快速回笼资金。系统规定，每一个直营店每一个季度最多只能销售 7 个产品，不限产品类型。

注意：

① 直营店销售产品的市场准入前提是，年初制造商投放了相应产品的直营店销售广

告费，进行了市场宣传。

② 直营店可以在任意季度中销售任意产品，并可以在一季中销售不同产品，但是销售数量最大为7。

③ 鉴于直营店的重要意义，在市场选单操作中，下游的终端商门店要注意“让单”给直营店，因为某一终端店的库存可以通过紧急调货操作供应到其他终端门店中去销售，而直营店一旦错过销售机会，则无法补救。

4. 直营店的关闭与转移

如果某一市场的竞争过于激烈，或是制造商认为整条供应链的市场销售重点在其他高利润区域市场，则该制造商可关闭其在某一市场中开设的直营店，但是关闭时无任何收入补偿①。若关闭该店后，后来又发现应该在此区域市场开设直营店，则制造商必须重新支付建设费用 8M。

当然，如果制造商出于市场战略考虑，希望转移直营店的经营地点，即要在另外的区域开设直营店，则必须先关闭原来的直营店，再在新的区域进行直营店的建设。

3.3 经营规则——渠道商

渠道商是指连接制造商和消费者之间的众多中间企业，包括批发商、经销商、代理商和佣金商等。这里的“渠道”指销售渠道，所以渠道商也指分销商，就是以经营和管理销售渠道为业的商人。

3.3.1 代理资质

供应链沙盘中的代理资质即为销售代理(Selling Agent)，指的是在签订合同的基础上，为委托人销售某些特定产品或全部产品的代理商的资格。有了这一资格，渠道商对商品的价格及其他交易条件才有权处理。现实中，代理商在纺织、木材、某些金属产品、某些食品、服装、设备、汽车等行业中常见，这些行业竞争非常激烈，产品销路对企业的生存至关重要。

在本实验中，渠道商能否获得相关产品的代理资质是其开展一切经营活动的前提与基础。在物理沙盘上，渠道商的代理资质管理区域位于渠道管理中心的上方(见图 3-19)，具体的渠道资质管理规则见表 3-6。

表 3-6 渠道商代理资质规则

产品	P1	P2	P3	P4
代理费/(M/年)	4	4	4	4

渠道代理资质规则说明如下。

① 我们可以认为：一家直营店的 8M 建店费，全部应用在店面的装修上了，当关闭该直营店时装修除了拆除，无法带走或变现，所以 8M 无法得到补偿。

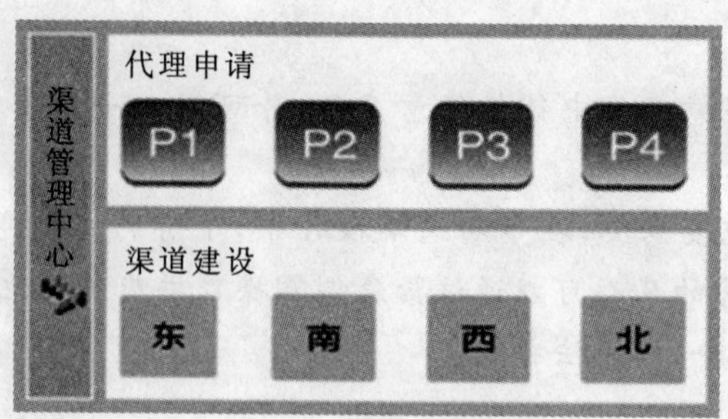

图 3-19　渠道管理中心

在每一年的年初，渠道商可以根据市场需求情况及上游生产商产品研发状况向制造商申请选择当年欲代理经销的 P1、P2、P3 或 P4 产品，代理资格标识如图 3-20 所示。

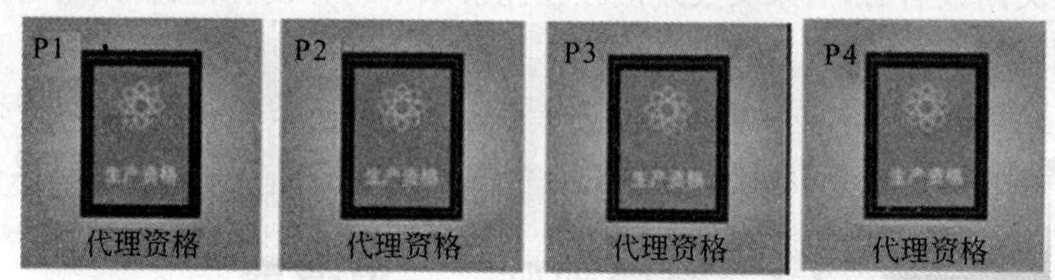

图 3-20　P 系列产品的代理资格标识牌

在物理沙盘上，若渠道商希望申请 P1 的代理资质，则财务经理需从现金库中提取 4M 现金，作为代理费直接支付给制造商；制造商批准渠道商的代理申请，并接收 4M 代理费，随后向渠道商的渠道经理发放 P1 产品的代理资格标识牌（从教师处领取）。渠道经理接过 P1 产品的代理资格标识牌，将其放置在代理资质管理区域的 P1 代理资质处（见图 3-21）。

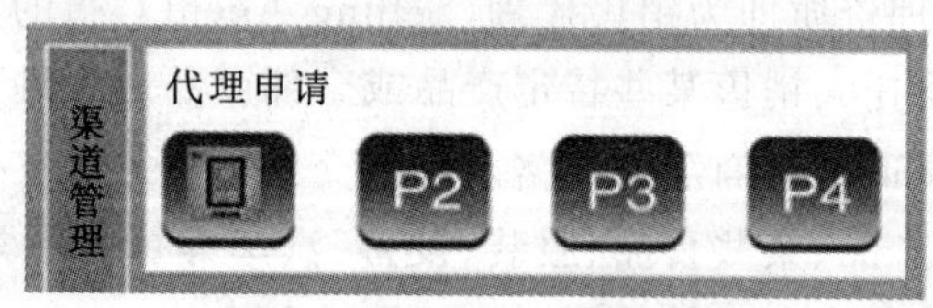

图 3-21　获得 P1 产品代理资质

在电子沙盘中，每年年初渠道商在"代理申请"（见图 3-22）处向制造商提出本年度的产品代理申请，并激活制造商的资质审核节点。

上游制造商通过代理资质审核后，渠道商按制造商通过的代理产品类型，付给制造商产品代理费（见图 3-23），并激活制造端收代理费节点。

注意：

① 产品代理的申请时间是每一年的年初，渠道商应该在每年年初向制造商支付授权代理商品的代理费，而不是在每一季度进行申请；换言之，对于渠道商而言，每一年的经营中只有一次机会确定本年度所代理的产品，一旦错过将无法弥补。

② 渠道商选择的代理产品必须是上游制造商有资质生产的产品。只要上游的制造

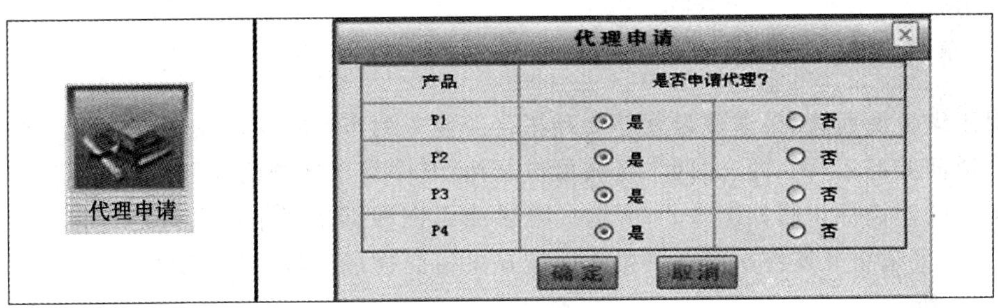

图 3-22 电子沙盘渠道商产品代理资质申请界面

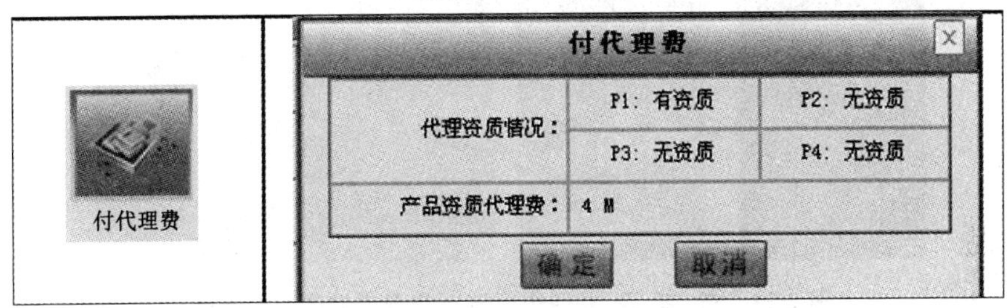

图 3-23 电子沙盘渠道商支付产品代理费界面

商已经研发成功且有生产资质的产品,渠道商均可在某一年中代理。①

③ 代理资质有效期为一年,一年后可以终止代理、变换代理品种或继续代理,变换代理品种和继续代理均需要缴纳代理费。

3.3.2 渠道建设及管理

渠道商在获得了相关产品的代理资质后,并不能高枕无忧,还必须进行渠道建设与渠道管理的工作。

"渠道"是市场营销中的一个专业术语,是指通向消费者方向的各种经销机构。渠道建设,顾名思义,就是建立销售渠道的意思。渠道管理则是渠道商对产品从生产者转移给消费者所必须完成的工作加以组织,目的在于消除产品和服务与使用者之间的距离,在满足消费者需要的同时,也使企业的经营目标得以实现。

渠道商进行渠道建设与管理的相关规则见表 3-7。

表 3-7 渠道建设与渠道管理规则

渠道建设费	渠道维持费	渠道管理费	
2M/区域	1M/区域/季	产品培训	2M
		市场活动	3M
		销售现场支持	0.5M
		资料派发	1M

渠道商的渠道建设及渠道管理规则说明如下。

① 实验的第一年中,P2、P3、P4 在年初尚未研发成功,因而渠道商的代理工作是无法代理上述三类产品的,最快也只能等 P2、P3、P4 在第一年中完成研发后,在第二年的年初再进行代理。

1. 渠道建设

对于渠道商而言，渠道建设就是要开拓自身业务的市场空间。在供应链沙盘模拟中，经销渠道商共有东、南、西、北四个区域可供开拓(其中东部区域已经开拓完成)，四个区域销售渠道的建设标识牌如图 3-24 所示。渠道商可以根据市场情况选择建设经销渠道的位置，并在渠道里开发终端商。其操作区域在渠道商物理沙盘的“渠道管理中心”的下方，如图 3-25 所示。

图 3-24　东、南、西、北四个区域销售渠道的建设标识牌

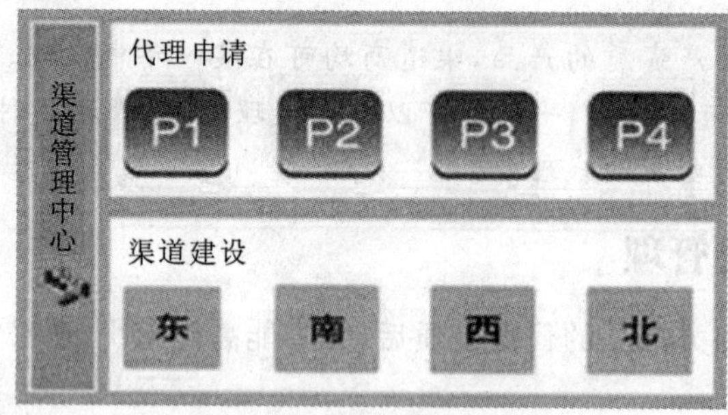

图 3-25　渠道管理中心

假设一家渠道商要开拓东部区域市场，则财务经理应该从现金库中提取 2M 现金，放置到物理沙盘“财务中心”栏的“渠道建设”栏中；随后，渠道经理从教师处领取东部区域市场渠道建设标识牌，并放置到物理沙盘“渠道建设”的“东”处，如图 3-26 所示。

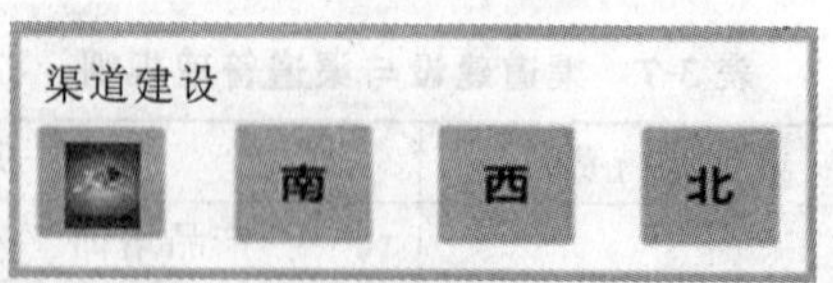

图 3-26　建成东部区域市场渠道

注意：

① 渠道建设属于一次性投入，当季投入，当季开通；

② 渠道商可以同时开拓多条渠道，但是，其开设渠道的决策应该与下游的零售商协调，因为终端零售商的门店只有开设在渠道商已经开拓了的市场中，才能得到货物的配给，以进行正常的市场销售。

③ 渠道可以关闭，但前期投入无法得到补偿。

在电子沙盘中，渠道商若决定在东、南、西、北四个区域上进行开拓或关闭销售渠道操作，要在“渠道建设”处进行，如图 3-27 所示。

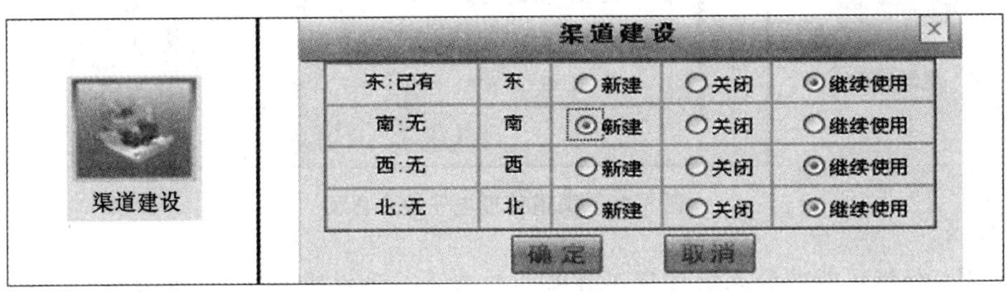

图 3-27　渠道建设电子沙盘操作界面

2. 渠道维持

渠道商开拓了某一区域市场的销售渠道之后，如果要保持自己的企业在这一区域市场的影响力，就必须每一个季度末投入 1M 的费用[①]，用来对这一区域市场销售渠道进行维持。

可以这样理解这个“维持”的概念：例如，一家装修公司投入了 2M 资金，用于在一个新开盘的住宅小区中设置户外广告、分发传单、安排驻守人员等，那么这 2M 的资金就是“渠道建设费”，因为通过这 2M 的投入使得这家装修公司在该小区中有了市场影响力。但是，市场是动态的、大浪淘沙的，这 2M 的资金所带来的效果很快就会失效，因此对于这一装修公司而言，每季度至少要投入 1M 资金，保证该公司在此小区中至少有固定人员驻点或广告宣传等，这样才能至少保持该小区住户对于该公司的基本认知度，则此 1M 资金就是“渠道维持费”。

渠道维持费的交付在物理沙盘上的操作是：财务经理从现金池中提取 1M 放置到“综合费用”栏中的“维持费”处，并在流程表的季末处进行记录；在电子沙盘中，渠道维持费的处理合并在了“渠道建设”中（“渠道建设”中包含是否“继续使用”某渠道的选项，见图 3-27），因此完成“渠道建设”的操作，则渠道维持费将由系统自行完成扣除。

3. 渠道管理

保持渠道的存在后，渠道商就应该好好考虑在现有销售渠道的基础上，应该如何进行市场运作，从而实现该区域销售渠道的高效益，这就是渠道管理活动，项目及开支见表 3-7。我们可以将“渠道管理”理解为企业的节假日营销活动。

每个季度渠道商都可以选择执行对渠道管理有帮助的工作，并支付相应的管理费。这些管理工作的选择会对促进下游终端商的商品零售有很大的帮助（即会增加供应链整体广告的效益值）。在电子沙盘中，渠道商可以在“渠道管理”栏进行相应操作，如图 3-28 所示。

---

① 可以将其类比理解为制造商对于生产线投入的“维护费”。

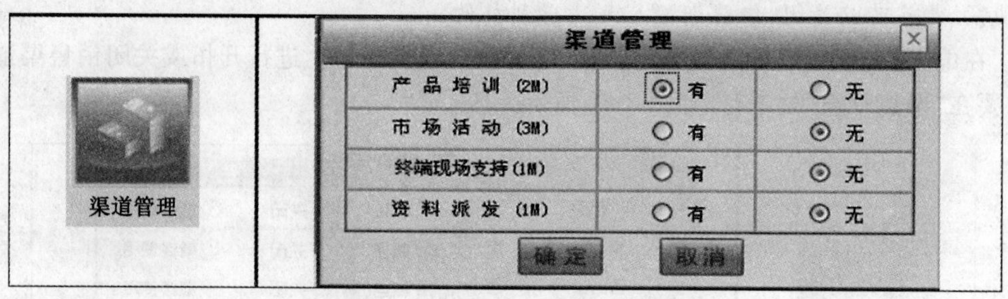

图 3-28 渠道管理电子沙盘界面

说明：如何理解四种渠道管理工作之间的关系？可以将其中的“市场活动”看作其他三种渠道管理活动的集合。也就是说，一次市场活动实际上包含了产品培训、终端现场支持和资料派发三项内容。从名称内涵角度看，产品培训、终端现场支持和资料派发均可以视为市场活动的一种；另外，从成本角度看，一次市场活动就好似其他三项渠道管理工作的集合后的打折版，因为市场活动一次 3M，其他三项一次合计 3.5M，相当于打了八六折。

3.3.3 仓储及运输

在供应链管理中，渠道商的核心任务之一是要迅速、通畅、高效、安全地将终端零售商的订货在指定的时间送到指定的地点，因此，产品的仓储及运输成为渠道商不得不高度重视的核心业务环节。同时，由于渠道商处于上通制造商、下连终端商的中间环节，因此该环节的产品仓储及运输的效率将直接决定整条供应链的物流输送效率。

在供应链管理沙盘中，渠道商与上下游之间的货物接收与配送流程是整个实验中的重点与难点，这里将渠道商流程表中涉及上述上下衔接关系的步骤制作成表 3-8，希望初学者能尽快理解其中的逻辑关系。

表 3-8 渠道商与上下游之间的货物接收与配送流程

步骤排序	名 称	备 注
第 14 步	在途入库/填写货物登记表	渠道商接收上一季度向制造商订购的货物
第 15 步	支付应付款	向制造商支付应付货款
第 16 步	收取应收款	向终端商收取应收货款
第 17 步	产品发货/填写货物登记表	渠道商根据上一季度终端商订购的货物合同向终端商发货
第 18 步	在途商品确认/支付运输费	渠道商确认上一季度向制造商订购的产品，对方已经发货，因此支付运费
第 19 步	确认应付款	确认下一季度应付给制造商的货款
第 20 步	接受订单/填写货物登记表	接受本季度终端商的产品订单
第 21 步	订购下一批商品/填写商品订购单/填写货物登记表	当季向制造商订购下一批商品

注意：“可多订、可少发或不发”原则，即下游企业可以向上游企业签订一个较大产品

数量的订单(如 100 个),但是,当下一季度上游企业发货时,则可以依据自身的具体库存情况来发货,此时如果上游企业库存只有 80 个时,则其最多只能向下游企业发送 80 个产品,而不会受到违约的处罚,极端情况下,甚至可以不发货。

渠道商管理产品仓储及运输的规则见表 3-9。

表 3-9 渠道商产品仓储及运输规则

	购买价	租金	仓储费	折旧	售价
渠道商仓库	20M	1.5M/季	0.1M/个/季	0.5M/季	按净值出售得现

1. 产品入库

和制造商的仓库按产品划分为四类不同,渠道商仓库可以存放所有类型的产品,但是仓库有区域之分,其中 1 号仓库负责向东部和南部两个区域配送货物,2 号仓库负责向西部和北部两个区域配送货物,在渠道商物理沙盘上的仓储配送中心处,如图 3-29 所示。因此,1 号仓库可以称为“东南库”,2 号仓库则可以称为“西北库”。

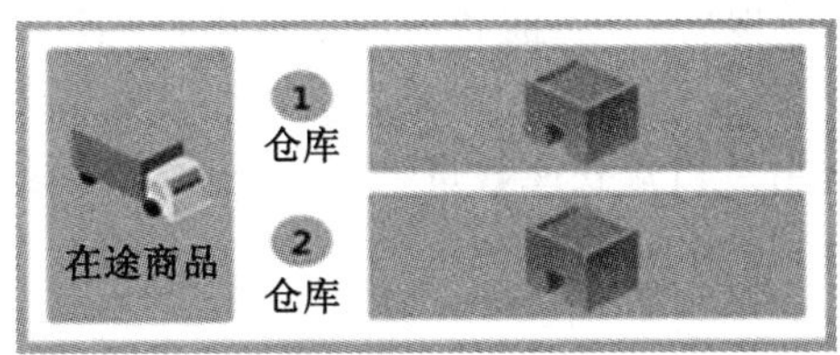

图 3-29 渠道商的仓储配送中心

当渠道商上一季度向上游的制造商所订货物即将入库时,渠道商可自行决定多少数量放入 1 号库、多少数量放入 2 号库。渠道商的渠道经理应该在电子沙盘的“在途入库”处进行相应处理,如图 3-30 所示。

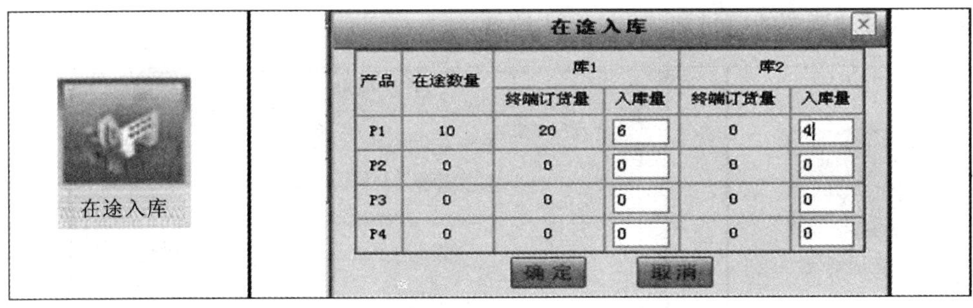

图 3-30 渠道商所订产品在途入库操作界面

2. 仓库管理

对于渠道商而言,仓库的管理首先要解决仓库的产权与使用权问题。渠道商可以直接购买仓库,也可以采用租赁的方式。

若渠道商购买任一仓库,财务经理应该从现金库中提取 20M 资金交给市场(教师处)，并在流程表中做好相应记录。任一仓库被购买后，将面临折旧的问题，每个季度计提0.5M。

若渠道商出于某种原因将仓库出售，则按仓库折旧之后的净值获得资金补偿。

若渠道商决定租赁仓库，则将为所租赁的仓库每个季度支付1.5M的租金。

注意：

① 因为计提仓库的折旧费用在流程表的第23步发生，而购买仓库在流程表的第24步进行，因此仓库购买的当季不提折旧。

② 若仓库中还存有某些产品，此时出售仓库，则系统将默认渠道商开始租赁该仓库。

③ 租赁仓库，可能是卖出仓库时库内仍有货物因而系统自动默认的结果，可能是渠道商资金紧缺无法购买仓库(但又必须使用该库)的结果，也可能是和终端零售商研究后将供应链的整体销售转向该仓库对应区域市场竞争的结果。

3. 仓储费用

每季度的仓储费用，实际上分为两个部分，一部分是仓库本身的租赁成本，另一部分则是季末仓库中所剩产品的保管费用；前者为固定成本，后者为流动成本①。其计算方法见渠道商仓储费用公式：

渠道商一季仓储费用＝租赁仓库数量×1.5M＋季末库存产品数量×0.1M

4. 运输规则

渠道商在供应链上处于上游制造商和下游终端商之间，因此其运输问题既涉及接收上游制造商的配送货物问题，也包括向下游终端商发送货物问题。

渠道商从制造商采购产品的运输费由渠道商在每季度在途商品确认处以现金支付。在物理沙盘上，“在途商品”位于渠道商的仓储配送中心的左侧，如图3-29所示。在电子沙盘中，渠道商的渠道经理应该在“在途确认”处确认制造商发来的产品在途，同时支付运输费，确认对制造商的应付款，如图3-31所示。

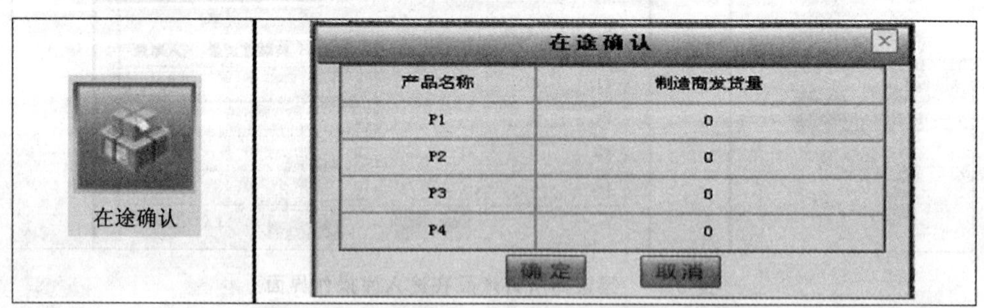

图3-31 渠道商电子沙盘“在途确认”操作界面

注意：假设某一季度渠道商向上游制造商订购一批产品，若一切正常，到了下一季度制造商将按订单发货，则该批货物处于在途状态，此时渠道商需要支付该批货物的运输费

---

① 与制造商的仓库管理一样，季度末如果没有库存，则渠道商无须支付产品库存费用。

用;到了再下一个季度,这批在途的商品才能进入渠道商的仓库,此时渠道商才向制造商支付全部货款。总之,一批货物从下订单到最后进入渠道商的仓库需要经历三个季度。

另一方面,渠道商根据下游终端商的要求进行相关产品配送,运输数量为每批 20 个(不区分产品),运费按批量支付,不足批量的按批量计算,运输费率为 1M/批,运输周期为 1 季。

3.4　经营规则——终端零售商

终端零售商(Retailer)是指将商品直接销售给最终消费者的经销商。相对于生产者和渠道商,终端零售商处于供应链的商品流通的最终阶段。终端零售商的基本任务是直接为最终消费者服务,它的职能包括购、销、调、存、加工、拆零、分包、广告宣传、提供销售服务等。它是联系生产企业、渠道商与消费者的桥梁,在供应链中担负着"价值实现"的关键职能。

3.4.1　门店建设与管理

终端零售商在整条供应链中是距离消费者最近的环节,它的核心职能是将整条供应链所生产出来的产品成功地销售给消费者,从而在保证自身生存与发展的前提下,实现整条供应链的价值。同时,由于终端零售商与消费者的关系最紧密,获取市场的信息最直接、真实与准确,因此,在供应链管理中上游的制造商与渠道商在制定发展战略时,一定要与终端商协商、保持共识。

终端零售商的上述作用与意义均承载于它所开设的终端销售门店,开设门店的位置在终端商的物理沙盘中营销中心处(见图 3-32)。其门店建设与管理规则见表 3-10。

图 3-32　终端零售商物理沙盘门店建设位置

表 3-10　终端零售商门店建设与管理规则

项目	建店费	店面费	最大产品销售数量
终端门店	5M/店	0.5M/季/店	7 个产品/店/季

在本实验中,终端商的目标市场分为东、南、西、北四个区域,终端商在每一个区域市场中都可以开设最多四家门店(门店标识如图 3-33 所示)。开设一家新门店需投资 5M 作为建店费,当期投入,当期即可建成。同时,每季度末终端商需要为已建成的门店支付店面管理费,每店每季度 0.5M。

例如,若某家终端商要在东部区域开设两家门店,则财务经理需从现金库中提取

10M 资金放置到物理沙盘上“综合费用”栏的“建店费”栏中，同时销售经理从教师处领取 1 个代表门店的小蓝人放置到营销中心的东部区域市场处，如图 3-34 所示。

图 3-33　终端零售商门店标识

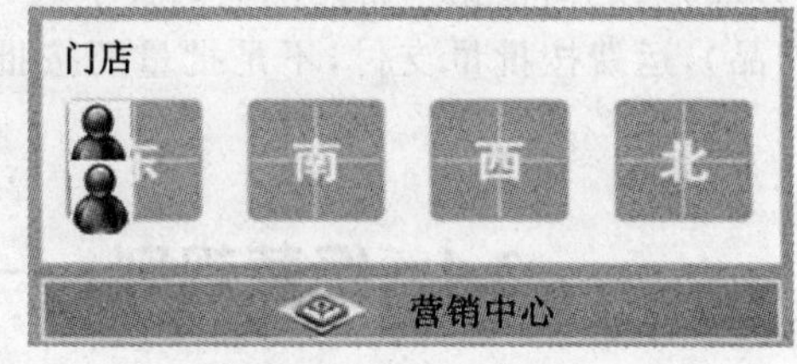

图 3-34　终端商在东部市场开设两家门店

在电子沙盘中，若某家终端商要在某区开设一家门店，则销售经理应该在“开店关店”处进行相应操作，如图 3-35 所示。

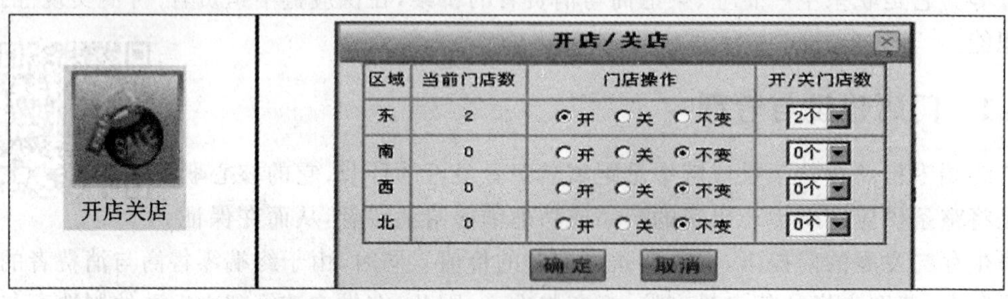

图 3-35　终端商电子沙盘“开店关店”操作界面

终端商门店建设与管理规则说明如下。

1. 建店地点选择

终端商可以在总代理已开拓的区域上投资建店，每个区域最多可以建四家门店。换言之，在上游渠道商未开拓的渠道，终端商是不应该开设门店的，因为渠道商无法为该区域的门店配送产品。

2. 支付店面费

终端商在每季度末要为各家门店支付店面费，这可以理解为一个季度中为了运营该门店，终端商投入的门店租金，水、电、网络开支，店员工资等成本。

3. 关闭门店

终端商可根据实际需要(主要原因：季度结算时资金不足，为避免企业破产而关店，以节省店面管理费)关闭原有门店，但建店费不予退还。建店费可以理解为租下门店后的装修开支，一旦决定关店，则装修只能废弃，所以建店费无法得到补偿。

注意：关闭门店在操作流程表的第 16 步，而季末支付门店管理费则是在操作流程表的第 19 步，因此当季关闭的门店，无须支付当季的门店管理费。

4. 门店销售限额

终端商每个店面每季度最多销售产品的数量不超过 7 个(特殊情况除外)。这 7 个销售限额是不区分产品的,换言之,并不是说 P 系列的产品在一家门店中可以分别销售 7 个,而是一共只能销售 7 个。当然,对于终端商而言,只要上游渠道商有产品的代理资质,均可以销售,但是每家门店的销量一般情况下被限制在 7 个以内(含 7 个)。

同时,“销售上限”的存在意味着整条供应链的季度销售量是有“天花板”的,当竞赛进入中后期,终端商每多销售一个低端的 P1 产品,意味着可以销售的其他高级产品就少一个,整条供应链的利润也就相应减少了。例如,原本可以销售一个价格为 18M 的 P4,结果却买了一个价格为 5M 的 P1,则整条供应链实际的机会成本损失为 13M。但是,由于存在市场竞争,有时候放弃了 P1 的销售机会,可能面临着其他高级产品无法销售出去,所以终端商必须对所销售的产品种类进行相应的判断与取舍。

5. 门店无须折旧

由于开设门店的门面是租用的,因此门店折旧的问题由房东承担,终端零售商不用考虑这一问题。

3.4.2 仓储管理

在供应链管理沙盘实验中,终端零售商被默认为一家资金实力弱小的小公司,凭借与上游渠道商的良好合作关系,从渠道商处专门引进并销售 P 系列产品。在一定程度上可以将其理解为在路边租下一个小门面、开设小店的微型经营单位。因此,在整个实验的规则设置中根据终端商这一状态,特别设定几条针对性的规则,其一就是终端商不能购买仓库,只能租用,即考虑到其资金实力实在有限的情况。①

终端商可以在东、南、西、北四个区域市场中租赁仓库,其物理沙盘区域如图 3-36 所示,前提是和其销售门店的方位布局一致。这四个仓库与渠道商的仓库一样,可以存储 P 系列所有产品。

在实验的电子沙盘中,终端商的销售经理在“订购商品”栏中选择向渠道商订购下一季度的产品时,要确定订购的品种、数量与送货的地点(见图 3-37),系统将默认终端商选择的渠道商送货地点,即终端商随后租赁的仓库位置。

接下来一个季度,渠道商按终端商要求发出货物,这时终端商要进行“在途确认”操作,如图 3-38 所示,终端商确认渠道商的发货数量的同时,也确认了发货的入库方位。

再接下来的一个季度中,终端商要对渠道商发来的在途产品货物进行入库操作,即“在途入库”处理,如图 3-39 所示。此时货物终于进入终端商所指定的仓库中,系统开始自行确定终端商已经租赁了该处仓库,并将在每个季末自行扣除相应的租赁费用。

---

① 另外两条特别设定的规则为:a. 终端商因资金实力有限,在银行融资困难,无法进行长期贷款;b. 开设门店的门面只能租用。相对于制造商开设直营店的业务多元化,终端商是专职销售的单位,在实验中只能租用门面而无法买下,体现了其实力单薄的定位。

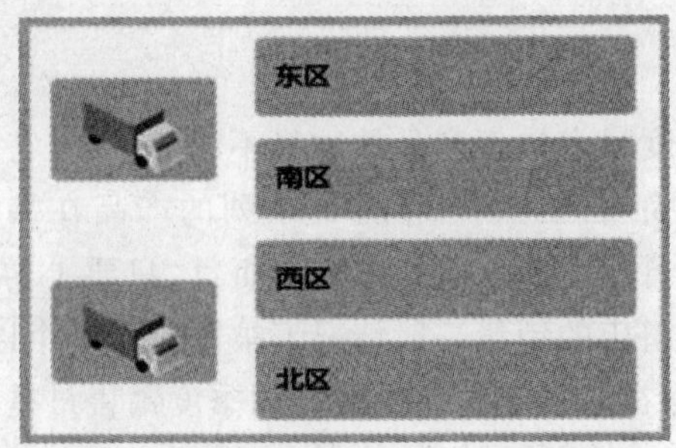

图 3-36　渠道商物理沙盘中仓库租赁盘面

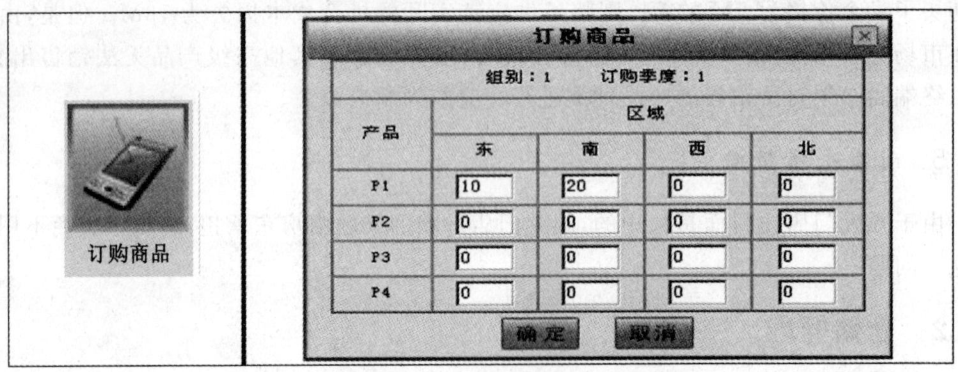

图 3-37　终端商电子沙盘“订购商品”操作界面

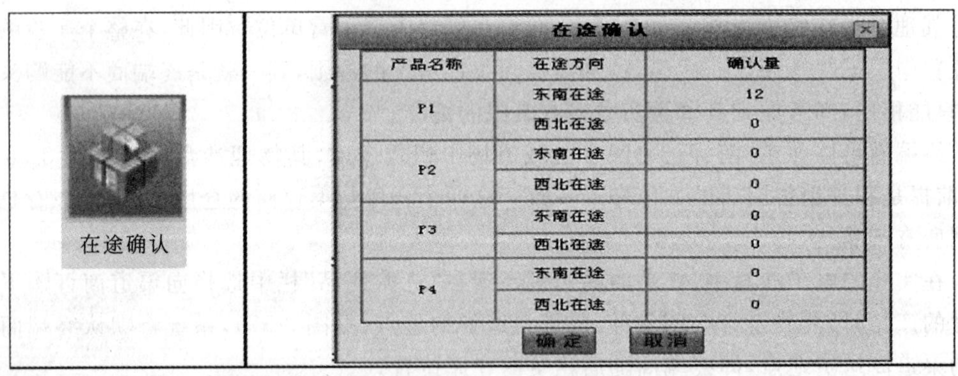

图 3-38　终端商电子沙盘“在途确认”操作界面

终端商仓库建设与管理的规则见表 3-11。

表 3-11　终端商仓库建设与管理规则

终端商仓库	租金	仓储费	运输费
东、南、西、北	1.5M/季	0.1M/个/季	0.5M/批

终端商仓库建设与管理的规则说明如下。

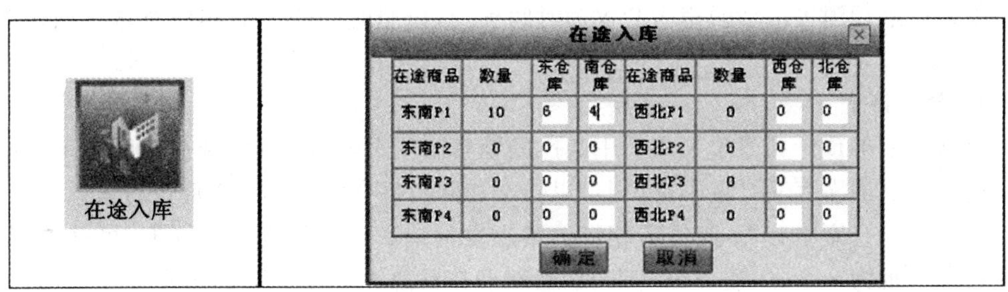

图 3-39　终端商电子沙盘“在途入库”操作界面

1. 仓库货物配送

终端商可以在开店的区域内租赁仓库，为该区域的门店供货。共有东、西、南、北四个仓库可供选择，不同的仓库服务于不同的区域门店，不能跨区域向其他区域的门店供货。

2. 仓储费用计算

终端商每季的仓储费用由仓库租金与库存产品保管费两部分组成，具体计算方法见终端商季度仓储费公式：

每季终端商仓储费用＝租赁仓库数量×1.5M＋仓储产品数量×0.1M

3.4.3　运输管理

终端零售商是供应链的最后一环，作为与消费者直接接触的终端“毛细血管”，他的物流运输情况直接决定整条供应链的生存状态。因此，保证正常货物运输的高效与通畅，同时又能及时应对市场的突发需求状况成为终端零售商的重要使命。

1. 常规货物配送

终端零售商从渠道商采购产品的运输费由零售商在每季度在途商品确认处以现金支付。运输数量为每批 6 个(不区分产品)，运费按批量支付，不足批量的按批量计算，运输费率为 0.5M/批。整个终端零售商货物运输的电子沙盘的操作流程，可以参见3.4.2 仓储管理小节中关于“仓库租赁费用”产生的过程记叙。

值得注意的是，终端零售商向渠道商订购产品，渠道商从其 1、2 号仓库发货，其中 1 号库发出的货物将配送到终端商的东、南仓库处，而 2 号库发出的货物将配送到终端商的西、北仓库处。最终货物如何在东、南、西、北四个仓库间分配，完全取决于终端零售商自身的决策。

2. 零售终端商的紧急订货、紧急调货、常规调货

除了上述常规的货物运输工作外，由于市场需求瞬息万变，终端商在进行产品销售时往往会遇到某地市场需求火爆、该市场的仓库库存却不足的情况。面对这种情况，终端商可以采取常规调货、紧急调货、紧急订货三种方法来加以应对。

下面以进行销售活动的销售会议为时间标识，按照时间的先后顺序对这三项措施进行讲解。

1）紧急订货

终端商如果预计到当季某市场中某产品销售将十分旺盛，而自身在该区域市场的仓库中的某产品的库存又严重不足，则可以在季初开销售会议前向渠道商进行紧急订货。

若渠道商仓库中有货，则进行相应的紧急发货。紧急订货无运输周期，可马上到库。紧急订货每批为 3 个，运输费为 1M/批，运输费在紧急订货时以现金支付。

在终端商的电子沙盘中，终端商的销售经理在开始会议之前可以向渠道商申请紧急订货，①在“紧急订货”栏处进行相应操作，如图 3-40 所示。

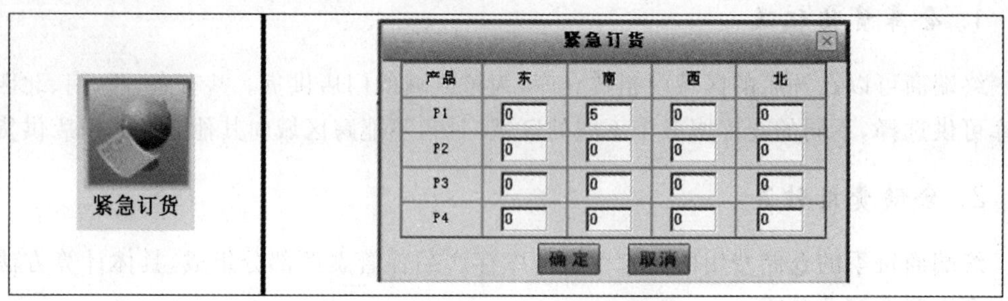

图 3-40　终端商电子沙盘“紧急订货”操作界面

2）紧急调货

如果错过了紧急订货的时机，则终端商还可以在进行销售会议期间对自身的各仓库间的存货进行紧急调货。紧急调货每批 3 个，运输费为 0.5M/批。

在终端商的电子沙盘中，各组终端商②的销售经理可以紧急调货，其操作界面如图 3-41 和图 3-42 所示。

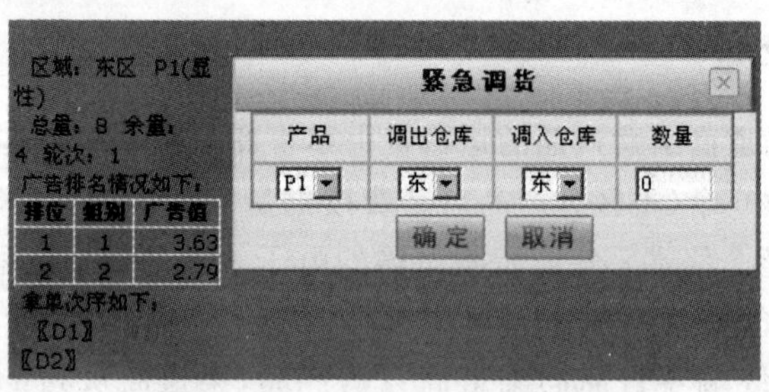

图 3-41　第 1 组制造商紧急调货界面

3）常规调货

销售会议结束后，在每季运行过程中，终端商可以根据不同区域市场的需求预测与其库存状态决定对仓库中的产品进行正常相互调库。常规调库时每批 6 个，运输费为

① 紧急订货失败的典型原因：终端商向渠道商紧急订货发往西部和北部区域的货物，渠道商在其 2 号仓库中没有库存，导致订货失败，无法发货。

② 实际上，各组制造商若有直营店进行销售，也可以进行紧急订货操作。

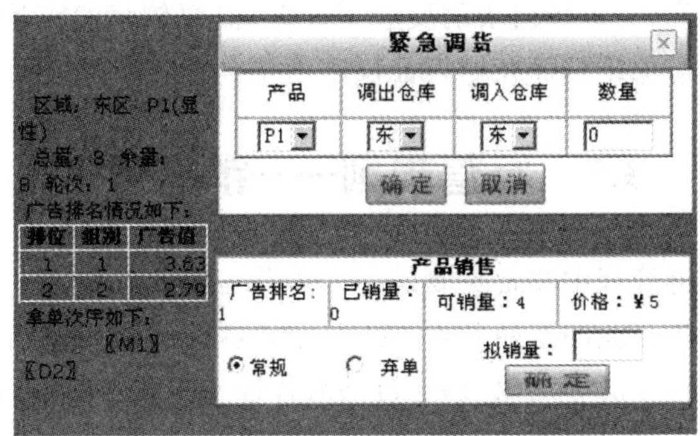

图 3-42　第 1 组终端零售商紧急调货界面

0.5M/批。

3. 零售终端商常规调货、紧急调货、紧急订货的解析

(1) 从时间顺序来看，以销售会议为节点来排序，分别为紧急订货、紧急调货和常规调货。

(2) 从业务性质来看，常规调货与紧急调货属于终端商企业内部物流管理问题；常规调货、紧急调货和紧急订货均发生了终端商与外协单位的市场交易行为，其中紧急调货是和运输公司的市场交易行为，而紧急订货则既发生了和运输公司的市场交易行为，又产生了供应链内部关联企业间的市场合作交易行为。

(3) 常规调货、紧急调货、紧急订货为什么一个比一个贵？

常规调货对于终端商而言，没有时间的压力，所以只需向运输公司支付正常的物流费用即可，每批 6 个，运输费 0.5M/批。

但是，紧急调货处于销售会议中，终端商对于货物到货的时间要求非常紧急①，终端商说服运输公司加班的代价就只能是提高运费，所以紧急调货费用为每批 3 个，0.5M/批。

最后，紧急订货这一处理方式，对于终端商而言不但需要求助运输公司，还需要求助上游的渠道商；同时，由于紧急调货还可能遇到终端商自身全系统缺货的可能性——即对于某种产品无货可调，因此只有紧急订货才有可能避免这种情况②。因此，考虑到求助的对象更多，又能很大程度上避免终端商自身全系统缺货的问题，所以紧急订货比紧急调货成本自然更高，运输费用为每批 3 个，1M/批。

(4) 分析三项调货措施，优劣如下。

常规调货成本低，但是对市场需求的反应较慢，需要极强的市场需求预测作支撑。

紧急调货成本居中，对市场的反应最准确，但是可能遭遇终端商全系统缺货的问题，从而错失市场机遇。

---

① 实际上，除了市场需求急迫之外，操作电子沙盘时，系统每次留给学生选单的时间是有限的，第 1 组为 25 秒，第 2 组开始为 20 秒。

② 前提是上游的渠道商有终端商急需的某种产品的存货。

紧急订货成本最高，对市场需求的反应不确定，需要较强的市场需求预测作支撑；优点是可以很大程度上避免终端商在销售会议中出现全系统缺货的问题。

3.5 经营规则——销售管理

销售管理是供应链管理中非常重要的一个工作环节。制造商、渠道商和终端商的市场营销工作必须与生产企业的产品开发、生产、销售、财务等工作环节相协调。只有这样，供应链的整体经营目标才能够达成，供应链的总体经营策略才能够有效地贯彻落实。

销售管理工作是在供应链整体的经营目标、战略经营计划的总体战略之下，根据对经营环境的分析结果，对市场进行细分，选定希望进入的目标市场，然后据此制订市场营销计划和营销组合，并且推动计划的落实和对执行计划的过程进行监督控制、评估、检讨和修订的过程。

3.5.1 市场预测

古语云：凡事预则立，不预则废。销售管理的第一个核心环节就是“市场预测”。市场预测是人们运用科学的方法，对影响市场供求变化的诸因素进行调查研究，分析和预见其发展趋势，掌握市场供求变化的规律，为经营决策提供可靠的依据。

1. 市场预测图

供应链沙盘实验中，在开始实验运营之前，各个参赛小组可收到一份 P 系列产品的市场预测图，如图 3-43 所示。

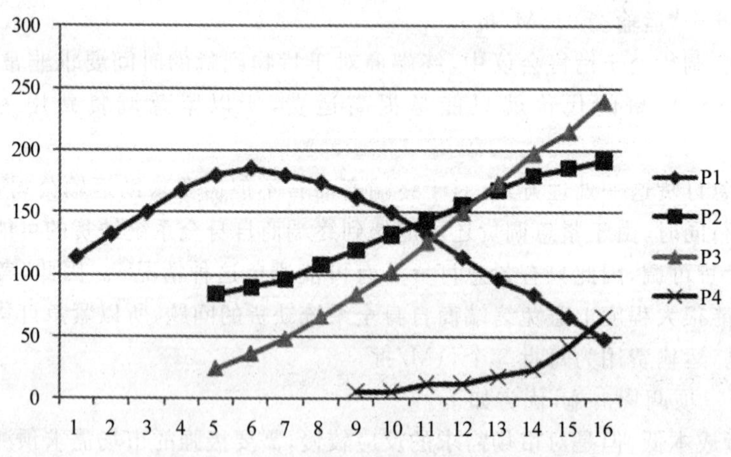

图 3-43 供应链沙盘模拟竞赛市场预测图

如图 3-43 所示，纵轴坐标代表产品的需求量，单位为个；横轴代表时间，单位为季度，因为实验可以进行四年，所以此图列出了 16 个季度；此外，四条不同的曲线分别代表了 P 系列中 P1、P2、P3、P4 四种产品在四年的经营过程中每个季度在整个市场上的相应市场需求量的走势。

在实验中，拥有产品销售权力的制造商和终端商在每次销售会议开始前，必须认真研读该市场需求图，从而有针对性地制定本企业及本供应链的市场销售策略。

2. P 系列产品市场需求偏好

配合图 3-43，对实验中的市场需求偏好还要做以下几项设定。

（1）P1 可以看作按键式直板手机。从全年的角度来说，人们对于 P1 的需求呈现明显的周期性偏好——即各区域人们对 P1 产品的喜好程度比较平均，但是在不同的季度需求量会有不同。东、南、西、北四个区域对 P1 产品的需求峰值将分别在 1Q、2Q、3Q、4Q 出现。

（2）P2 可以看作智能手机，P3 则可以看作平板电脑，两者都是 P1 的升级替代产品。当 P2、P3 产品开始在市面上出现后，会有相当一部分客户转而购买新的产品，因此 P2、P3 的市场需求量增速很快（P3 又要快于 P2）。同时，P1 由于受到 P2、P3 的冲击，市场需求量将迅速下降。当然，作为市场上一种廉价的供应品，P1 也可以继续拥有一部分购买力较低的客户。

（3）P2、P3 两种产品的市场需求则呈现出明显的地域偏好。东部与南部区域的客户对 P2 产品的喜好程度大过西部与北部区域的客户；而西部和北部区域的客户则对 P3 产品的喜好程度更大。

（4）P4 是一种新型概念产品，如智能眼镜或智能手表等。其价格高昂，市场对其尚处于观望期，需求不太大，但是在后期会有明显增加，且增速较快。各地对此新产品的偏好也较平均。

（5）学生应该高度注意对于市场预测图的研读，一是要注意高级产品的市场需求出现的时间节点；二是要学会计算市场上总体产品的需求量，该需求量的 1/6 就是市场参与者的理论平均市场份额；三是要学会计算市场上总体产品的销售额，该额度的 1/6 就是各个企业理论平均市场销售额，从而预测企业与供应链的总体季度销售收入，进而制定相应的广告、市场、研发等战略，做好与之匹配的资金预算。

3. 两个问题说明

（1）市场预测图准吗

市场预测图中所列的市场需求情况只是一个参考值，实际实验中的需求量会根据参赛企业的数量情况由系统自行配置，参赛小组可以在电子沙盘中的“市场预测”栏中看到。

（2）市场预测图到底有多准

实际上，不管是在沙盘模拟中，还是在现实的市场竞争中，绝对准确的市场预测都是不存在的。此外，市场预测图只能提供某一种产品在某一个季度在整个市场中的大致全部需求量，并没有将市场需求量精确到具体的东、南、西、北四个市场中某一个市场的情况。

例如，根据图 3-43 可以大致推出在第 1 年第 1 季度，市场上对 P1 产品的总体需求量为 110 个；但是无法具体了解到东、南、西、北四个市场的具体需求分布状况。当然，根据上文“P 系列产品市场需求偏好”设定可以推导出在这个季度中，东部区域市场对于 P1 的需求最强烈。所以，如果假设在第1年第1季度东、南、西、北四个市场对于P1的需求量分别为：40、30、20、20，则属于合理假设。

注意：上述说明并不是强调对于某一季度某一具体市场的某种产品的需求量的预测只能靠“猜测”。实际上，在比赛中有些组的同学参加过一两个季度的销售会议后，很快就会发现市场订单的一些发单“规律”，进而对市场订单做进一步精确的推导。

① 市场需求强的区域对某一产品的需求量到底比其他市场强多少。假设第1年第1季度，东、南、西、北四个市场对于P1的真正需求量分别为：40、30、20、20，则需求强的区域的需求量大概占总需求量的36%(40/110=36.4%)。

② 若能推导出第1年第1季度东部市场对于P1的需求量为40个，再根据参赛队伍数量(如6个组)，以及拿单规则，就可以大致推导出某企业选单的轮次与轮数了。

③ 能确定某季度某市场上对于某种产品的拿单轮次与轮数，基本上就可以精确计算企业自身的实际市场需求量了。

3.5.2 需求量的定义

在现代西方经济学中，需求量和需求是两个不同的概念。需求是消费者在某种商品的价格恒定情况下，受经济因素影响而引起能够购买的某种商品的间接数量。需求量则是消费者在不同的价格下所希望购买的同种商品的数量。在本实验中，P系列产品的价格是恒定的，因此本小节其实讨论的是“需求”的问题，而且我们把每季、每个区域、每个产品的需求量都分为“显性需求”和“隐性需求”两类。

简单地说，“显性需求”就是市场预测图(见图3-43)中所显示的需求，这种市场需求的数量十分稳定，几乎不会变化。相对应的“隐性需求”则是由于商家的促销方案所临时激活的消费者需求，具有很强的随机性和突发性，因此市场预测图中是无法显示的。

可以通过一个例子来理解。

例如，圣诞即将来临，李同学希望能在家里和朋友们开一个欢快的圣诞节Party，因此她提前几天去超市采购食品，其中她打算购买两瓶5L的瓶装橙汁。当她到达超市时，发现超市为了刺激圣诞节的销量，对5L的瓶装橙汁进行了买3送1的促销活动。受这一促销活动的影响，李同学临时决定购买3瓶5L的瓶装橙汁，因为她认为圣诞节只需消耗两瓶橙汁，而剩下的两瓶则可以留待元旦时再招待亲朋好友。于是李同学调整了原来的采购计划，通过参加买3送1的活动，买了4瓶5L的瓶装橙汁高高兴兴地回家了。

在上述案例中，李同学原来的两瓶5L橙汁属于显性需求，这一需求是了解市场的人(即了解李同学的活动安排)可以预测的；而商家买3送1的促销策略，导致李同学最后买了3瓶橙汁，这超出原计划的、额外付账的1瓶橙汁则属于隐性需求，它是由于商家促销而临时产生的需求。

在本实验中，销售会议中对于某一季度、某一市场中某一产品的销售，都会分为两个阶段来进行，首先是显性需求的一般销售，如果竞赛中有小组采取了促销方案，则系统会按对应的“增量百分比”激活市场中隐性需求的数量，接着才是隐性需求的销售，但是只有采取了促销方案的小组才有资格参与隐性需求数量的竞争。相反，如果没有任何小组采取“促销方案”，则只会有显性需求的数量供大家竞争。

3.5.3 促销方案的选择对隐性需求的影响

销售促进(Sales Promotion)简称促销,是指营销者向消费者传递有关本企业及产品的各种信息,说服或吸引消费者购买其产品,以达到扩大销售的目的。

在供应链沙盘实验中,只有终端零售商可以采取促销手段,[①]而促销的目的就是在拿到显性市场需求的基础上,通过激发市场的隐性需求进一步扩大市场需求量,以增加企业的整体销售业绩。这里给各组终端商提供了四种促销手段,供其选择应用,见表 3-12。

表 3-12 终端零售商促销措施

<table>
<tr><th>编号</th><th>促销方案名称</th><th>对销售的影响</th><th>对隐性需求的影响</th><th>备注</th></tr>
<tr><td>1</td><td>直接打八折</td><td>该产品的销售单价以原价的 80%计算</td><td>隐性需求增加 25%</td><td></td></tr>
<tr><td>2</td><td>原产品买 3 送 1</td><td>该产品销售时按原价每销售 3 个产品,必须以 0 价格再销售 1 个产品</td><td>隐性需求增加 25%(注:以 0 价格再销售的 1 个产品不算入需求量的占用,下同)</td><td rowspan="3">采取这种促销政策时,在特殊情况下可以突破原有的数量限制</td></tr>
<tr><td>3</td><td>买 3 个 P2 送 1 个 P1</td><td>每按原价销售 3 个 P2,必须以 0 价格再销售 1 个 P1</td><td>P2 的隐性需求增加 20%,同期同区域的 P1 的隐性需求减少 5%</td></tr>
<tr><td>4</td><td>买 3 个 P3 送 1 个 P1</td><td>每按原价销售 3 个 P3,必须以 0 价格再销售 1 个 P1</td><td>P3 的隐性需求增加 20%,同期同区域的 P1 的隐性需求减少 5%</td></tr>
</table>

某终端零售商如果希望采取促销策略,则其营销经理应该通过全组研讨,最后确定促销方案,并在促销方案表中填写本组的具体促销方案,见表 3-13。由该表可知,促销方案的实施是分地区、分产品的;同时,某一企业在某季度某市场中能对某一种产品采取一种促销措施。

表 3-13 终端零售商促销方案

<table>
<tr><th rowspan="2">年份</th><th rowspan="2">区域</th><th colspan="4">第 1 季度</th><th colspan="4">第 2 季度</th><th colspan="4">第 3 季度</th><th colspan="4">第 4 季度</th></tr>
<tr><th>P1</th><th>P2</th><th>P3</th><th>P4</th><th>P1</th><th>P2</th><th>P3</th><th>P4</th><th>P1</th><th>P2</th><th>P3</th><th>P4</th><th>P1</th><th>P2</th><th>P3</th><th>P4</th></tr>
<tr><td rowspan="4">1</td><td>东</td><td></td><td></td><td></td><td></td><td></td><td></td><td></td><td></td><td></td><td></td><td></td><td></td><td></td><td></td><td></td><td></td></tr>
<tr><td>南</td><td></td><td></td><td></td><td></td><td></td><td></td><td></td><td></td><td></td><td></td><td></td><td></td><td></td><td></td><td></td><td></td></tr>
<tr><td>西</td><td></td><td></td><td></td><td></td><td></td><td></td><td></td><td></td><td></td><td></td><td></td><td></td><td></td><td></td><td></td><td></td></tr>
<tr><td>北</td><td></td><td></td><td></td><td></td><td></td><td></td><td></td><td></td><td></td><td></td><td></td><td></td><td></td><td></td><td></td><td></td></tr>
<tr><td rowspan="4">2</td><td>东</td><td></td><td></td><td></td><td></td><td></td><td></td><td></td><td></td><td></td><td></td><td></td><td></td><td></td><td></td><td></td><td></td></tr>
<tr><td>南</td><td></td><td></td><td></td><td></td><td></td><td></td><td></td><td></td><td></td><td></td><td></td><td></td><td></td><td></td><td></td><td></td></tr>
<tr><td>西</td><td></td><td></td><td></td><td></td><td></td><td></td><td></td><td></td><td></td><td></td><td></td><td></td><td></td><td></td><td></td><td></td></tr>
<tr><td>北</td><td></td><td></td><td></td><td></td><td></td><td></td><td></td><td></td><td></td><td></td><td></td><td></td><td></td><td></td><td></td><td></td></tr>
</table>

① 本实验中,终端商的促销与制造商的直营店经营无关,制造商的直营店本身也不进行促销。

续表

年份	区域	第1季度				第2季度				第3季度				第4季度			
		P1	P2	P3	P4	P1	P2	P3	P4	P1	P2	P3	P4	P1	P2	P3	P4
3	东																
	南																
	西																
	北																
4	东																
	南																
	西																
	北																

在电子沙盘中，终端商在“提交促销方案”栏中选择产品的促销策略，如图 3-44 所示。做了促销方案的组才能够激活该产品在该区域的市场隐性需求，并参与随后的隐性需求的市场销售会议。

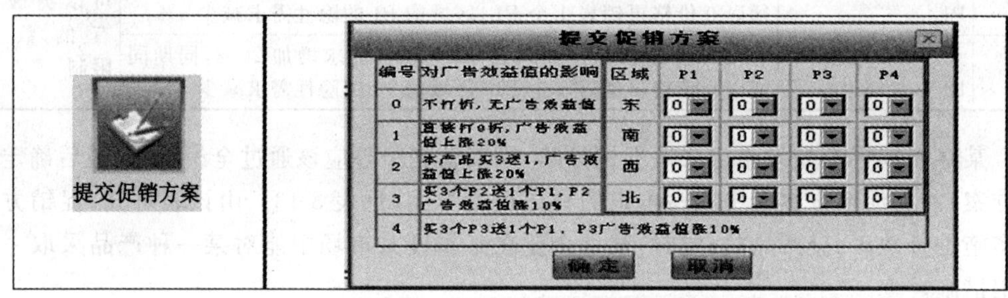

图 3-44　终端商电子沙盘“提交促销方案”操作盘面

促销方案规则说明如下。

1. 隐性需求增加量的原则

隐性需求增加量的基本原则是：隐性需求不能无限增长。实际上，本实验中其增长的上限被限定为同一市场中同一产品的显性需求的 50%。例如，某季度东部区域市场中对 P2 产品的显性需求为 100 个，则各组终端商通过各种促销手段所能临时激发的隐性需求量，最多为 50 个。

隐性需求不能无限增长，原因在于我们假定消费者总体来讲是经济学意义上的理性的经济人，原本的购买需求（即显性需求）就是理性的，所以隐性需求的增量首先就不应该超过原有显性需求量。其次，人与人的偏好存在差异，有的人喜欢直接打八折，有的人则喜欢买 3 送 1，还有的人对促销完全没兴趣，因此促销绝对不是万能的。

2. 隐性需求增加量的计算

某一产品在某季度某区域市场中的隐性需求增量的计算基数，是当季该市场对该产品的显性需求的数量。

根据表 3-12 可知，直接打八折可以增加该产品 25%的隐性需求，原产品买 3 送 1 可以增加该产品 25%的隐性需求，买 3 个 P2 送 1 个 P1 可以增加 P2 25%的隐性需求，买 3 个 P3 送 1 个 P1 可以增加 P3 25%的隐性需求。

注意：

① 在某季度某区域市场中，若不同企业对某产品采取了同样的促销措施，则促销手段所激发的隐性需求增量不能累加。例如，在某季度某区域市场中，A 和 B 两家企业均对 P3 采取了直接打八折的促销方式，则市场中激发的隐性需求的幅度仍为 25%。

② 在某季度某区域市场中，若不同企业对某产品采取了不同的促销措施，则这些促销手段所激发的隐性需求增量可以累加，但上限为 50%。例如，在某季度某区域市场中，A 企业对 P3 采取了直接打八折的促销方式，B 企业对 P3 采取了买 3 送 1 的促销方式，而 C 企业则对 P3 采取了 3 个 P3 送 1 个 P1 的促销方式，则市场中激发的隐性需求的幅度为 50%，而非三项促销措施自身对隐性需求增幅的简单累加的 70%。

③ 买 3 个 P2 送 1 个 P1 和买 3 个 P3 送 1 个 P1 这两种促销措施在增加各自的隐性需求 25%的同时，由于把 P1 产品作为添头，所以将打击市场上对于 P1 产品的隐性需求，均使其下降 5%。

3. 隐性需求增加量的分配

我们知道，只有在某季度某市场对某产品进行了促销的终端商才有资格参加销售会议中隐性需求的竞单，但这并不意味着这些进行了促销的终端商可以均分被激发的隐性需求，而是按一定的选单规则来进行竞单操作，下面将对此进行阐述。

3.5.4 每季度的销售竞单流程

每个季度的季初，各组参加销售会议的销售竞争时，各组将分别按各区域、各产品中每个小组的广告效益实际值的排名先后进行顺序销售。具体而言，每季度系统都是依照东、南、西、北的空间顺序，及 P1、P2、P3、P4 的品类顺序进行市场派单，即东区 P1、东区 P2、东区 P3、东区 P4；然后西区 P1、西区 P2、西区 P3、西区 P4……以此类推。

一般情况下，在每一轮的销售过程中，广告效益实际值排名在第 1 名和第 2 名的小组可以销售 4 个产品；[①]排名在第 3 名到倒数第 2 名的小组可以销售 3 个产品；排名在最后一名的小组可以销售 2 个产品。如果一轮销售行为结束后，市场上还有多的需求量，则继续按照广告效益实际值排名进行下一轮的销售行为。

例如：若东部区域的 P2 产品显性需求量为 20 个，A～F 组的广告效益实际值分别排名第 1～6 名，则第一轮销售时，A、B 组各销售 4 个产品，C、D、E 组各销售 3 个产品，F 组销售 2 个产品。第一轮结束后总共销售了 19 个产品，还余下 1 个需求量，则 A 组可以再次销售 1 个产品。

这样最后的销售数量是：A 组 5 个，B 组 4 个，C、D、E 组各 3 个，F 组 2 个。

注意：轮到某个小组进行销售时，该小组可以选择较少的销售数量(如排名第 2 的小

① 当市场总需求量小于 10 时，第 2 名的组只能获得到 3 个需求量订单的交付权。

组有权利销售 4 个产品，但由于自身库存所限或其他原因，该小组可以只销售 3 个产品等），也可以直接放弃选择权。

3.5.5 促销对产品销售的影响

显然，促销对于各组终端商的产品销售有着巨大的影响，除了能直接增加销售量以外，还有以下几种潜在影响与作用。

1. 市场竞争中的排挤作用

由于显性需求的销售和隐性需求的销售是分别进行的。每一个区域的每一个产品，都是先进行显性需求的销售，再进行隐性需求的销售。因此，如果有的小组没有采取促销方案，则市场上被激发的隐性需求将不对其开放。

2. 促销对显性需求销售的影响

在实验中，虽然显性需求和隐性需求的销售是分开进行的，但是某终端商如果在某市场对某产品采取了某种促销方案，则该终端商在进行显性需求交易时，仍然要按照其选择的促销方案进行产品销售。可以通过一个例子来解释这个现象。

例如，李同学去超市购买鸡蛋，计划买 100 个。她到了超市后，发现超市对鸡蛋打八折促销出售。她被该折扣所吸引，最后决定以八折的价格买 125 个鸡蛋（打八折可以激发 25％的隐性需求）。

在这个例子中，超市并没有因为李同学原计划要买 100 个鸡蛋（显性需求），而对李同学所采购的 125 个鸡蛋中的 100 个按原价销售，而因为另外 25 个鸡蛋是促销激发的隐性需求而按照八折的价格出售。原因就在于：现实中，商家是无法分辨消费者的显性需求和隐性需求的。因此，一旦终端商决定采用某种促销手段，则这一优惠措施就对市场中的所有有效需求（无论显性还是隐性）有效。

3. 买 3 送 1 促销时，对系统销售限制量的突破

四种促销中，若终端商采用了促销方案 2、3、4 时，则可能会突破原来的 7 个产品的销售限制。可能情况如下。

（1）若轮到某企业销售时，市场的总需求还余下 1 个或 2 个的量，但该企业选择了买 3 送 1 的促销方案，此时可以突破需求余量的限制，在此轮中卖出 3 个产品。

仍然以 3.5.4 中的例子为例。

对 P2 产品，B 组和 C 组采取了促销方案 1，D 组采取了促销方案 3，则隐性需求的增量百分比为 45％，即隐性需求被激活的数量为：

$$20(\text{显性需求数量})\times 45\%=9$$

则 B 组可销售 4 个产品（以 80％的价格），C 组可以销售 3 个产品（以 80％的价格），还余下 2 个隐性需求量，D 组选择的方案是买 3 个 P2 送 1 个 P1，则采取向上取整的原则，还是允许 D 组按促销方案 3 进行一次销售。

（2）若轮到某企业销售时，因门店数所限，只能再卖 1 个或 2 个的量，但该企业选择

了买 3 送 1 的促销方案，此时可以突破门店销售余量的限制，在此轮中卖出 3 个产品。

(3) 若某企业在某市场的某产品上的广告效益值排名最后，则每轮只能销售 2 个产品。但该企业选择了买 3 送 1 的促销方案，因而每轮可销售 3 个产品。

注意：在后两种情况下，因促销而多销售的数量也要占用需求总量，但送的那 1 个产品不占用需求总量。

4. 四种促销方案的评价

(1) “直接八折销售”这种促销方案的优点：第一，适用面广，P 系列产品均可采用；第二，消费者易于接受，隐性需求激发力度大，达到 25%；第三，对促销产品的库存要求低于“买 3 送 1”；第四，对促销产品广告效益值的提升最大，达到 20%(第“3.6.2 广告效益值的计算——实际值”中将详细介绍，下同)。

缺点：第一，直接损失 20%的利润；第二，不具备攻击性。

(2) “买 3 送 1”这种促销方案的优点：第一，适用面广，P 系列产品均可采用；第二，消费者易于接受，隐性需求激发力度大，达到 25%；第三，除促销 P1 外，无须像“买 3 个 P2 送 1 个 P1”和“买 3 个 P3 送 1 个 P1”那样对 P1 的库存有要求；第四，特殊情况下可以突破销售限额的限制；第五，对促销产品广告效益值的提升最大，达到 20%。

缺点：第一，利润损失最大，达到 25%，相当于打了七五折；第二，和“直接八折销售”一样不具备攻击性；第三，对促销产品的库存要求高于“直接八折销售”。

(3) “买 3 个 P2 送 1 个 P1”和“买 3 个 P3 送 1 个 P1”这两种促销方案的优点：第一，殊情况下可以突破销售限额的限制；第二，采用这两种促销方案，可以对在这一市场中对 P1 进行了促销措施的对手进行打击，因为同期同区域的 P1 的隐性需求将减少 5%；第三，保持住了高附加值的 P2、P3 两种产品的售价；第四，减少了多余的低附加值的 P1 产品的库存，从而降低了库存的成本。

缺点：第一，对于消费者的吸引力不如前两种促销方案，只能激发 20%的隐性需求；第二，自身必须备有 P1 的库存；第三，对促销产品广告效益值的提升不大，仅达到 10%。

注意：促销的方案虽然各有优劣，但是在运用促销方案的时候，终端商一定要小心规避几种“误伤自己”的情况。

① 在采用促销方案 2 时，若促销的产品库存不足 4 个，将不允许再进行销售。

② 采用促销方案 3 或 4 时，若促销的产品不足 3 个，将不允许再进行销售。

③ 采用促销方案 3 或 4 时，若该企业 P1 库存为 0，将不允许再进行销售。

3.6　经营规则——广告投放

在供应链管理沙盘实验中，每一季度季初的销售会议中，各组根据自身在各区域、各产品上的广告效益实际值的排名先后顺序进行销售。因此，每一条供应链的广告投放，及其广告投放所形成的广告效益实际值就是决定其每轮市场选单顺序的唯一指标，所以广告投放所形成的广告效益实际值成为供应链沙盘实验竞赛的核心环节。

在本实验中，广告效益的计算分为基础值和实际值两个阶段。

(1) 根据供应链上三家企业各自投放的广告情况计算出广告效益基础值。

(2) 在广告效益基础值的基础上，再将供应链上三家企业所进行的促销、开店、渠道管理等活动的影响力按一定的权重综合计算，最后得出整条供应链的广告效益实际值。

这说明，广告效益值是以整条供应链为单位计算的。尽管一条供应链上三家企业每年的广告投放行为是各自独立的，但是，他们的行为将共同作用于整条供应链的整体广告效益值。所以，广告的投放与效益高低绝不只是终端零售商一家的广告宣传投入问题，而是整条供应链的共同广告宣传投入与业务管理(如门店开设、渠道管理等)的综合结果，而供应链的总的广告效益值将影响最终的销售排序。

3.6.1 广告效益值的计算——基础值

我们知道，广告效益实际值的计算基础是其基础值，基础值则要根据供应链上三家企业各自投放的广告情况来计算。

广告效益基础值的计算公式：

广告效益基础值＝制造商投放品牌广告费用×对产品的影响值＋
渠道商在该区域投放的广告费用×对产品的影响值＋
终端商在该区域对该产品投放的广告费用×50％＋
终端商在该区域投放的POP广告费用×20％＋
上一年广告效益对本年的递延影响值

从上述公式可以看出，每个小组，制造商、渠道理、终端商都可以分别投放广告，并对广告效益基础值的产生形成影响。所以，我们首先要分别了解制造商、渠道理、终端商各自是如何投放广告的。

1. 制造商的广告投放

制造商投放的广告分为品牌广告和产品广告两种，其物流经理需填写制造商广告提交表，见表3-14。其中，品牌广告将对供应链整体广告效应值起到乘数效应；而产品广告则决定了直营店的产品销售资格(一种产品只需要投1M广告费即可)，但是与供应链的整体广告效应值无关。

表3-14 制造商广告提交表

费用类别	费用明细	第1年	第2年	第3年	第4年
品牌广告	报纸报刊				
	电视媒体				
	网络平台				
产品广告	P1				
	P2				
	P3				
	P4				
	旗舰店位置				

在电子沙盘中，制造商的物流经理在“广告方案”栏中对本年度的广告方案做出选择，如图 3-45 所示。

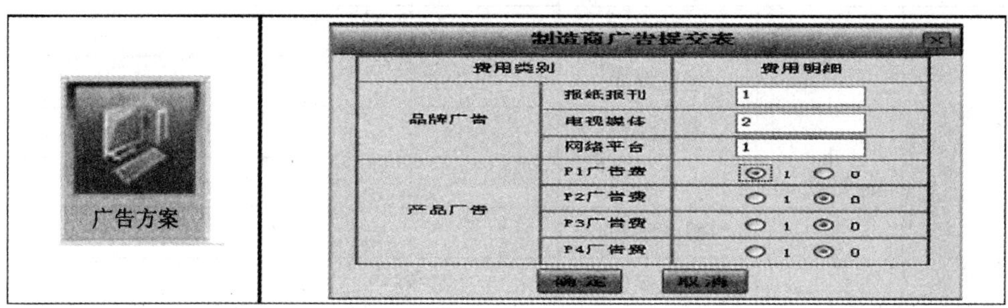

图 3-45 制造商电子沙盘“广告方案”操作界面

根据表 3-14，制造商可以选择报纸报刊、电视、网络等媒体做品牌广告的投放，选择的媒体不同，其品牌对各产品的影响不同(见表 3-15)；制造商如开设旗舰店还应针对需要销售的产品投放相应的产品广告费：1M/每种产品，产品广告费不参与广告效益值的计算。

表 3-15 各种广告方式针对具体产品其广告效益基础值的计算参考表

影响对象	对 P1 产品影响			对 P2 产品影响			对 P3 产品影响			对 P4 产品影响		
	报纸报刊	电视	网络	报纸报刊	电视	网络	报纸报刊	电视	网络	报纸报刊	电视	网络
制造商	20%	15%	10%	15%	15%	15%	10%	15%	20%	15%	10%	20%
渠道商	30%	25%	—	25%	30%	—	30%	25%	—	25%	30%	—

注意：

① 制造商投放的品牌广告是不分产品的。在现实生活中这种例子很多，例如，格力空调的广告就只呈现了“格力：掌握核心科技”这样一句简单的广告宣传语，并未对其旗下的具体某一款空调进行说明和介绍；但是这一广告却帮助人们对格力产生了一种科技保障的信任感，因而促进了其市场销量。

② 制造商投放的产品广告，则是针对其所开设的直营店所销售的产品的。但是，或许是考虑到直营店的存在实际上对整条供应链的销售不利①，因此其广告的投放不计入广告效益值计算。

2. 渠道商的广告投放

渠道商只能投放品牌广告，因此其投放的广告对其代理的所有产品均有影响。渠道商可选择报纸、电视两种媒体投放广告，其广告费区分区域，但不区分产品。渠道商的渠道经理需填写渠道商广告提交表，见表 3-16 所示。

① 前文已经谈到这一问题。制造商的直营店如果开得过多，实际上会将整条供应链的中、下游企业全部淘汰。

表 3-16　渠道商广告提交表

费用类别	费用明细		第 1 年	第 2 年	第 3 年	第 4 年
品牌广告	东	报纸报刊				
		电视媒体				
	南	报纸报刊				
		电视媒体				
	西	报纸报刊				
		电视媒体				
	北	报纸报刊				
		电视媒体				

在电子沙盘中，渠道商的渠道经理在“广告方案”栏中确定本年度的广告方案的投放金额，如图 3-46 所示。

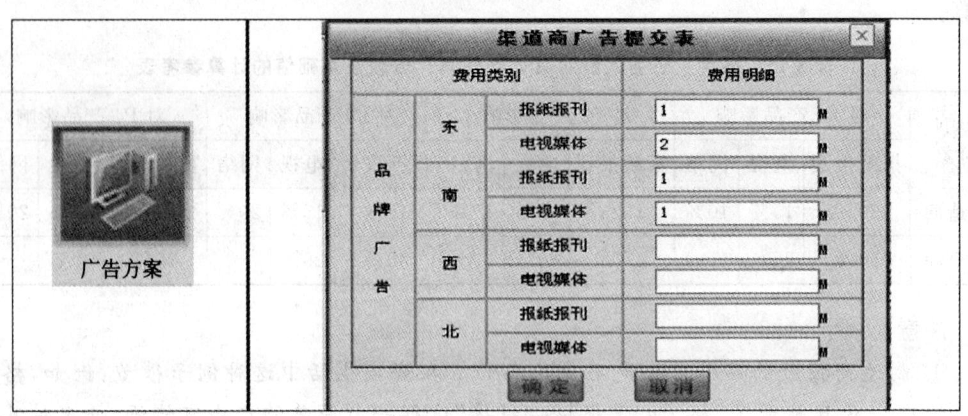

图 3-46　渠道商电子沙盘“广告方案”操作界面

渠道商投放广告对广告效益值计算的影响百分比见表 3-15。

3. 终端商的广告投放

终端商投放的产品广告费既区分区域，又区分产品；终端商还可以打 POP 广告（即门店广告），POP 广告对对应区域的各产品的广告效益值都会产生影响。具体操作则是由终端商的销售经理负责填写终端商广告提交表，见表 3-17。

在电子沙盘中，终端商的营销经理在“广告方案”栏中完成对某个产品在某个区域的广告投放值（见图 3-47），广告投入的多少直接影响该终端的销售排名。

实际上，终端商投放的产品广告既参与了广告效益值的计算，同时又起着获得某种产品销售资格的作用。

表 3-17　终端商广告提交表

费用类别	费用明细		第 1 年	第 2 年	第 3 年	第 4 年
产品广告	东	P1				
		P2				
		P3				
		P4				
		POP				
	南	P1				
		P2				
		P3				
		P4				
		POP				
	西	P1				
		P2				
		P3				
		P4				
		POP				
	北	P1				
		P2				
		P3				
		P4				
		POP				

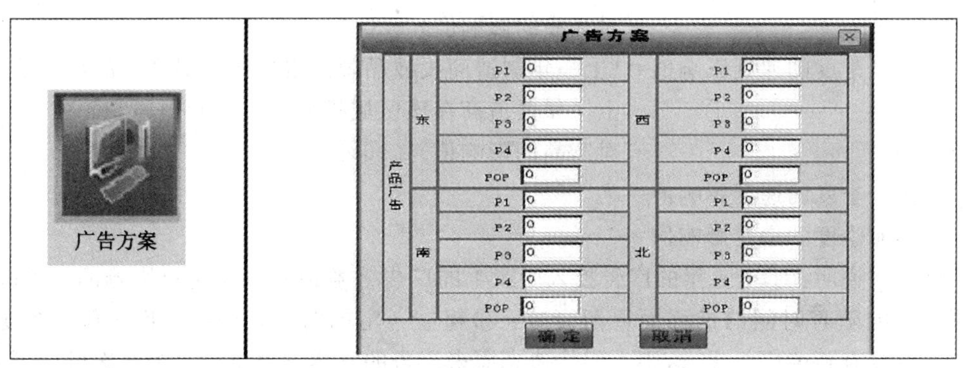

图 3-47　终端商电子沙盘“广告方案”操作界面

4. 解析广告效益基础值计算公式

广告效益基础值计算公式：

广告效益基础值＝制造商投放品牌广告费用×对产品的影响值＋
　　　　渠道商在该区域投放的广告费用×对产品的影响值＋
　　　　终端商在该区域对该产品投放的广告费用×50％＋

终端商在该区域投放的 POP 广告费用×20%+
上一年广告效益对本年的递延影响值

我们以该公式中最后一个加号为节点，可以将该公司一分为二，前半部分“制造商投放品牌广告费用×对产品的影响值+渠道商在该区域投放的广告费用×对产品的影响值+终端商在该区域对该产品投放的广告费用×50%+终端商在该区域投放的 POP 广告费用×20%”和后半部分“上一年广告效益对本年的递延影响值”。

第一，公式的前半部分告诉我们，一条供应链上的三家企业只要投入了广告费，就会对整条供应链的广告效益值产生正向作用。

第二，公式的前半部分还清楚地表明，终端商的广告投放权重明显大于制造商和渠道商的重要性。一是终端商的产品广告费的权重为 50%，远高于制造商和渠道商品牌广告的影响力的最高值 30%；二是终端商的 POP 店面广告还单独参加权重计算。在现实生活中，终端商对于产品的销售也的确起到极大的影响力，毕竟任何消费型产品在不依赖电商的情况下，最终要依靠具体的店面中具体的销售人员一个一个、一件一件地卖给消费者。

第三，公式的后半部分涉及了一个很重要的问题，即以往投资做的广告对今天的销售还有影响吗？回答是肯定的。不难想象，在生活中总有一些早些年的经典广告还时常对现在人们的消费产生促进作用。例如，可口可乐、百事可乐、肯德基、麦当劳几十年、甚至近百年的广告宣传，早已融入了我们的生活。

那么，怎样计算“上一年广告效益对本年的递延影响值”呢？见上一年广告效益对本年的递延影响值的计算公式：

本年 1 季度的递延影响值=(上一年制造商投放品牌广告费用×对产品的影响值 +
上一年渠道商在该区域投放的广告费用×
对产品的影响值)×20%

本年 2 季度的递延影响值=(上一年制造商投放品牌广告费用×对产品的影响值 +
上一年渠道商在该区域投放的广告费用×
对产品的影响值)×10%

本年 3 季度的递延影响值=0

本年 4 季度的递延影响值=0

该公式说明：①上一年的广告投入所产生的广告效益值对今年是有影响的；②这种递延的影响随着时间的推移而逐渐衰减；③超过一定的时限(如第 2 年的第 3 季度之后)，如果没有新的广告投入，则人们将遗忘原来广告的宣传。这也就是为什么可口可乐、百事可乐、肯德基、麦当劳尽管已经如此著名，还要时时刻刻地利用各种媒体大做广告了。

第四，由于广告效益基础值计算公式的后半部分只涉及上一年制造商和渠道商的影响力，这说明企业的品牌广告从长期来看效果要好于产品广告，因为产品总是日新月异的，而品牌却可以历久弥新。

同时，如果说广告效益基础值计算公式的前半部分比较倾向于终端商的重要性，那么该公式后半部分则明显强调了制造商和渠道商的权重，因此保持了公式整体的平衡性。

5. 广告效益基础值计算案例

现在用一个例子来说明广告效益基础值的计算。假设 A 小组在第 1 年和第 2 年的广告投放情况如表 3-18 所示。

表 3-18 A 小组第 1 年和第 2 年的广告投放情况

	广告投放			第 1 年	第 2 年	P1 产品影响值	效益值
制造商	品牌广告	报纸报刊		1	1	20%	0.2
		网络平台		1	1	10%	0.1
	产品广告	P1		1	1	—	—
渠道商	品牌广告	东	报纸报刊	1	1	30%	0.3
终端商	产品广告	东	P1	1	1	50%	0.5
	POP 广告	东		1	1	20%	0.2

则根据广告效益基础值计算公式可知，A 小组在第 2 年第 1 季度的广告效益基础值为：

东部区域 P1 产品广告效益基础值＝制造商 0.3＋总渠道商 0.3＋终端商 0.7＋递延 0.12＝1.42①

3.6.2 广告效益值的计算——实际值

实际上，在销售会议中最终决定企业销售排序的指标是整条供应链的“广告效益实际值”，该值的计算方法参见广告效益实际值计算公式：

广告效益实际值＝广告效益基础值×(1＋促销方案影响百分比＋渠道管理影响百分比＋终端管理影响百分比)

由该公式可见，在纯粹靠资金投入打广告得来的广告效益基础值之外，终端商和渠道商的一些企业内部管理行为也同样会对整条供应链的广告效益值产生重大影响，尽管这些管理行为也需要资金的投入。

1. 终端商企业管理行为对广告效益值的影响

终端商对广告效益值有影响的管理活动是其所采取的促销方案，其促销方案对广告效益值的影响百分比，如表 3-19 所示。

表 3-19 终端商促销对广告效益值的影响

编号	促销方案	对广告效益值的影响
1	直接打八折	促销产品广告效益值上涨 20%
2	原产品买 3 送 1	促销产品广告效益值上涨 20%

① 注意：对于广告效应值，系统只会显示小数点后两位数。因此，在实验中确实会出现，明明两个、甚至三个组的广告效应值得分相同，排名却有先有后的情况。实际上，此时系统是按照未显示的小数点后第三位数之后的数值来排序的。

续表

编号	促销方案	对广告效益值的影响
3	买3个P2送1个P1	促销的P2产品广告效益值上涨10%
4	买3个P3送1个P1	促销的P3产品广告效益值上涨10%

说明：

① 为什么促销会影响广告效益值？例如，李小姐平时很喜欢喝可乐，对她而言选择可口可乐和百事可乐并没有什么分别，价格相同，口感也基本一样。当她去买饮料的时候，如果百事可乐正好进行促销，而可口可乐却没有活动，显然她会选择正在进行促销的百事可乐，而非可口可乐。

② 为什么前两种促销对于广告效益值的影响大于后两种？首先，因为直接打八折和买3送1(相当于七五折)这两种方式，对于消费者而言比较简单明了，而且实惠。例如，对于有买车经验的人而言，无论4S店以何种方式来搭送赠品，都不如直接减现金来得实在。其次，买3个P2或P3送1个P1，这两种促销方式中搭售的P1，就如同一些4S店售车时搭送的低劣赠品一样，很可能对消费者而言不仅没什么用，甚至引起反感。

2. 渠道管理行为对广告效益值的影响

前面已经阐述过，渠道商在每个季度都可以根据市场竞争情况采取相应的渠道管理工作，而这些工作实际上对于整条供应链的广告效益值均会产生影响，如表3-20所示。

表3-20 渠道管理对广告效益值的影响

项目名称	所需费用/M	影响/%
产品培训	2	6
市场活动	3	10
销售现场支持	0.5	2
资料派发	1	4

表3-20中市场活动的影响力之所以最大，首先是由于其投入的资金量最大，其次前文也说明过，市场活动实际上就相当于其他三项渠道管理活动的八六折版。实际上，市场活动对广告效益值的影响恰好相当于另外三种渠道管理活动影响力之和的八三折版(10/12＝0.83)。

3. 终端商管理对广告效益值的影响

终端商在各区域开设门店，每开设一个新门店，所在区域的各产品的广告效益值上涨2%。这种情况在生活中也比比皆是，例如肯德基和麦当劳这两家西式连锁快餐店，其城市中众多门店的存在，本身就是影响力非凡的广告。

4. 计算案例

下面仍然使用表3-18的A小组案例。

由于，A小组在第1季度竞单时，在东部地区，P1产品选择了促销方案一(直接打八折)，并且 A 小组在东部地区有 3 家门店。

所以，根据广告效益实际值计算公式可以得出，A 小组的广告效益实际值为：

东部区域 P1 产品广告效益实际值＝广告效益基础值×(1＋20％＋2％×3)

＝1.42×1.26≈1.79

5. 广告效益实际值计算公式的解析

第一，再次突显终端商的重要性。如果说广告效益基础值计算公式对于终端商的重要性和渠道商、制造商的贡献之间做出了平衡性的安排，那么广告效益实际值计算公式显然再次强调了终端商对于广告效益值的压倒性贡献度。首先，公式中新增的三项影响因素中有两项(促销方案影响百分比、终端管理影响百分比)来源于终端商的工作；其次，从影响力的数值上看，终端商的促销工作的影响值(1＋促销方案影响百分比)至少达到120％，而渠道商的渠道管理影响百分比最高仅 10％。

第二，广告效益不等于投钱打广告。由于，广告效益基础值是由纯粹的打广告资金投入计算得来的，这会给人一种错觉：认为企业的广告效益值就是靠投钱、请明星做广告获得的。然而，实际上一条供应链的产品在市场上的真实知名度与美誉度，除了广告活动的影响之外，其企业自身的内部管理与经营活动一样十分关键。正如广告效益实际值计算公式所表明的一样，终端商的促销方案、渠道商的渠道管理以及终端商的门店数量都会对供应链销售的产品的市场知名度与美誉度产生影响。

6. 一年之中，广告排名为什么会有变化?

虽然，每年广告的投放只有一次机会，但是这并不意味着一年中每一季度的广告效应值固定不变。这里主要有以下两个方面的原因。

第一，企业管理差异。不同企业每个季度采取的渠道管理措施不同，有的甚至没有采取渠道管理，因此没有获得相应的效益乘数效果；不同企业每个季度新开的终端门店的位置与数量不同，也会导致相应广告效益值的季度变化与差异；不同企业每一个季度在终端所选择的产品促销策略不同，有的甚至没有采取促销措施，因而没有得到相应的广告效益值乘数效果。

第二，上年度的制造商品牌广告与渠道商渠道广告效益值的递减作用，会导致企业相关广告效益值的衰退。

3.7 其他经营规则

3.7.1 结算规则

在供应链沙盘实验中，一条供应链的上下游三家企业之间存在着产品销售与购买的结算关系。

1. 渠道商与制造商

首先，渠道商与制造商在每年年初要签订代理合同(见图 3-48)，并签订预购合同，承诺当年的最低包销数量，如图 3-49 所示。

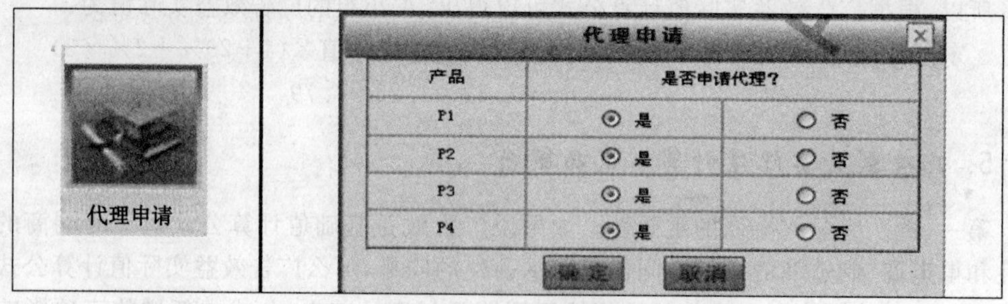

图 3-48　渠道商电子沙盘“代理申请”操作界面

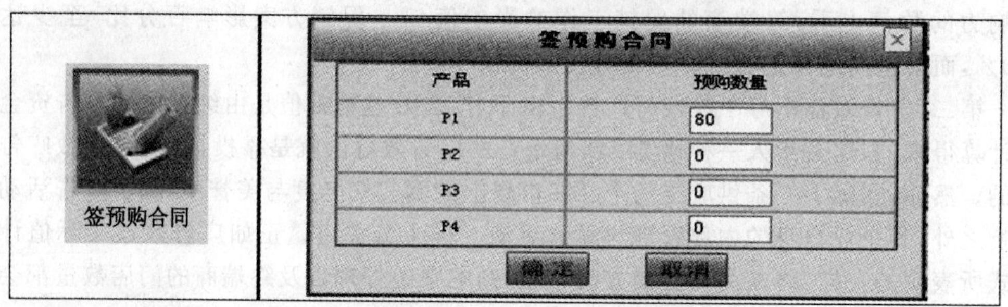

图 3-49　渠道商电子沙盘“签预购合同”操作界面

其次，渠道商可自行决定每季度的采购数量，并向制造商下达采购订单，如图 3-50 所示。

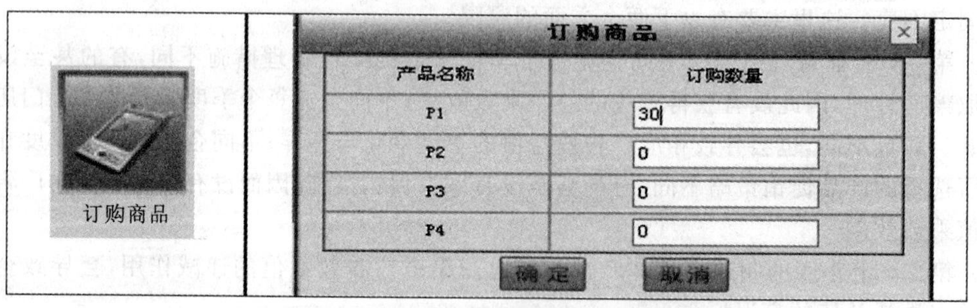

图 3-50　渠道商电子沙盘“订购商品”操作界面

2. 零售终端商与渠道商

零售终端商可自行决定每季度的采购数量，并向渠道商下达采购订单，图 3-51 表示终端商向渠道商订购下一季度的产品，输入的数量需要渠道商的确认。

3. 结算价格

在一条供应链上，三家企业之间的产品销售与购买的结算价格如表 3-21 所示。

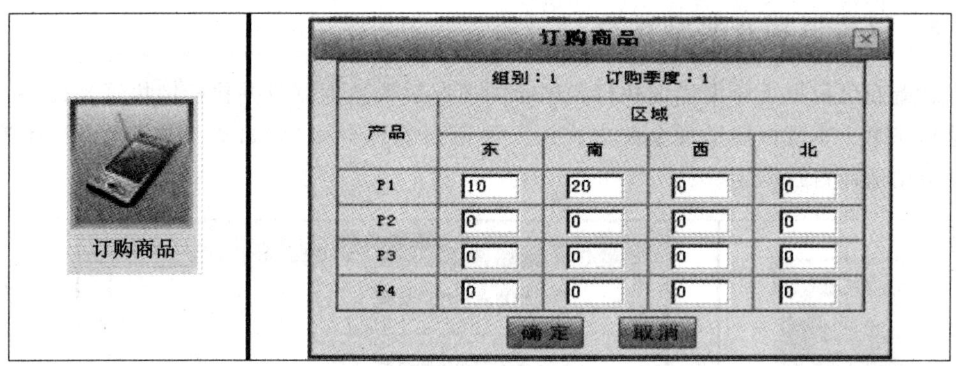

图 3-51　终端商电子沙盘“订购商品”操作界面

表 3-21　结算价格

产品	制造与渠道结算	渠道与终端结算	市场基准价
P1	2M	3M	5M
P2	4M	6M	8M
P3	6M	9M	12M
P4	8M	12M	18M

4. 价格波动

此外，教师可在系统中“运行开关”栏自行调整是否开放价格波动，如图 3-52 所示。

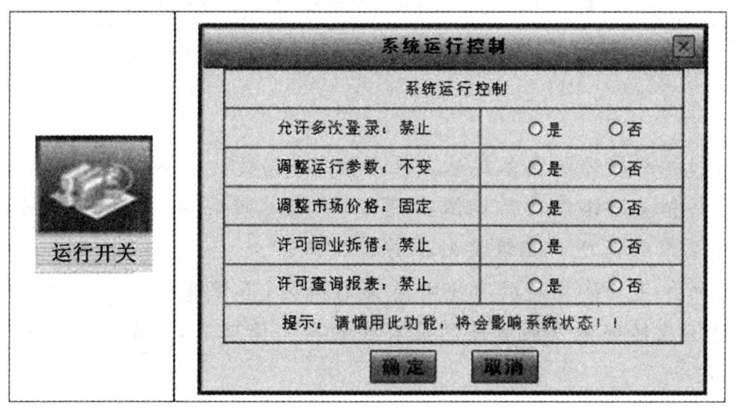

图 3-52　教师端电子沙盘“运行开关”操作界面

若教师选择了开放价格波动，则实验中产品的市场实际价格会根据市场供需关系的变化而有波动，每两个季度调整一次价格。具体的波动办法是：

$x = \sum$ 单产品前两个季度销售前库存量 / $\sum$ 单产品前两个季度市场需求量

最终市场的价格会根据 x 的值不同进行相应的自动调整，上升或下降 5%～10%。

注意：此处的市场需求量包括促销方案激活出来的隐性需求，库存量仅指零售终端商处的数量。

3.7.2 销售返利及奖励终端

制造商可根据上年渠道商执行预销合同情况对渠道商制订并执行销售返利计划。销售返利在第 1 季度以赠送现金的方式加入渠道商的现金账户，如图 3-53 所示，具体返利金额由制造商自行确定。

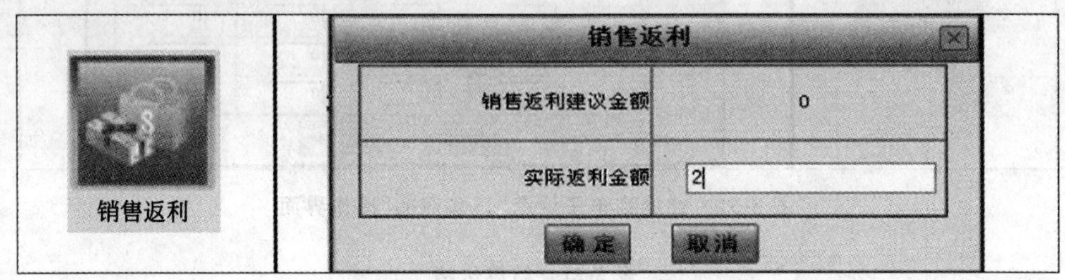

图 3-53　制造商电子沙盘“销售返利”操作界面

同理，渠道商在每年第 1 季度可以根据终端商上年的表现情况给予奖励，如图 3-54 所示，奖金直接用现金方式支付给终端商，具体奖励金额由渠道商自行确定。

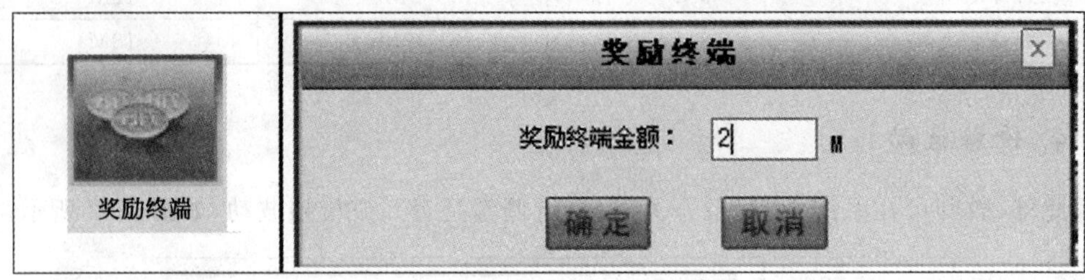

图 3-54　渠道商电子沙盘“奖励终端”操作界面

说明：

① 销售返利和奖励终端商只能从上至下进行，在实验中不能自下而上操作返利；

② 销售返利和奖励终端商只能依次进行，不能越级实施，即不能由制造商奖励终端商，更不能由终端零售商逆向越级奖励上游制造商；

③ 销售返利和奖励终端是具有重要意义的措施，不但有利于巩固供应链中的合作管理，而且既是对供应链整体发展失衡的最有效的再平衡工具，又是供应链整体战略调整的有力协调措施之一。

3.7.3 融资

在供应链沙盘实验中，当企业发展缺乏资金时或是企业面临资金链断裂的生产危机时，可以为企业提供长期贷款、短期贷款和其他贷款（即高利贷）三种融资途径。

1. 三种融资途径

长期贷款、短期贷款和其他贷款三种融资途径的具体实施规则，如表 3-22 所示。

表 3-22 三种融资途径规则

融资途径	贷款时机	贷款时限	贷款限额	年利率
长期贷款	每年年初	2～4 年	上年所有者权益的两倍	10%(每年年初付息)
短期贷款	每季度初	1 年	上年所有者权益的两倍	5%(利随本清)
其他贷款	任何时间	1 年	每季贷款最多不超过 40M	20%(利随本清)

说明：

① 在实验中，生产商与渠道商可以采用上述三种融资渠道，但是终端商则只能采用短期贷款和其他贷款(3.4.2 仓储管理小节中已有解释)，无法采用长期贷款来进行融资。

② 贷款需以整数进行。其中，长期贷款与短期贷款金额必须为 20 的倍数，其他贷款金额则必须为 10 的倍数。

2. 同行业拆借

在实验中，如果教师在“运行开关”栏中开通了“同行业拆借”，如图 3-52 所示，则参赛的每一条供应链都可以在自己的三家企业间进行资金借贷业务的操作，即实现了供应链的资金全流通。

以某家渠道商为例，若该渠道商经营遇到困难、现金短缺时，可以打开“同业拆借-借”栏，向同一供应链的制造商或终端商进行现金拆借，如图 3-55 所示。

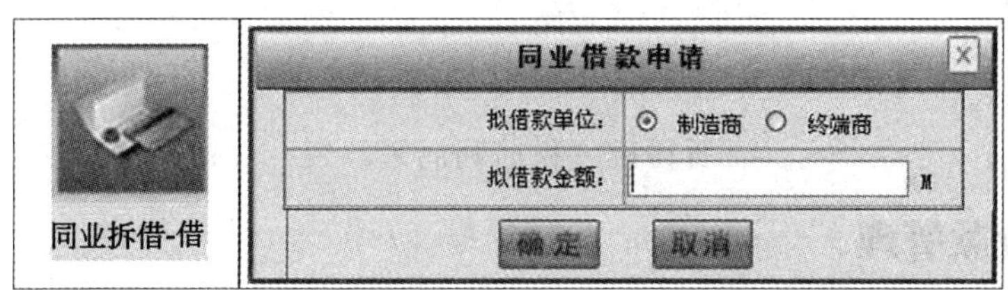

图 3-55 渠道商电子沙盘“同业拆借-借”操作界面

若同一供应链上的制造商或终端商向该渠道商发来借款申请，则该渠道商的渠道经理应该在“同业拆借-审”栏中予以审核，给予借款或不借款的决定，如图 3-56 所示。

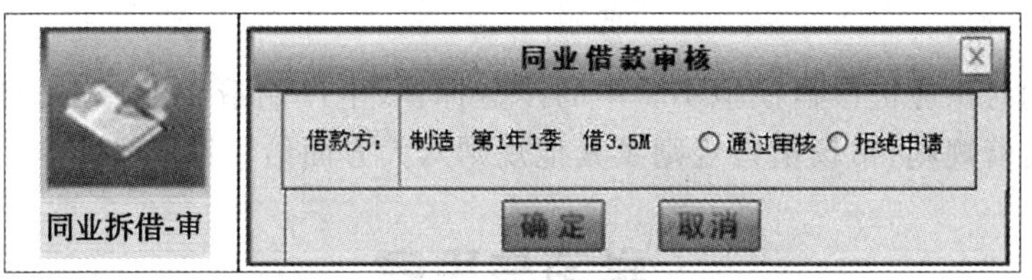

图 3-56 渠道商电子沙盘“同业拆借-审”操作界面

若该渠道商按照原先商议的时间归还向制造商或终端商的借款，则渠道经理应该在“同业拆借-还”栏中进行相关操作，如图 3-57 所示。

注意：

① 时间上，同行业拆借只能在每季度未结束前进行。

② 一条供应链上三家企业之间借贷的时限、金额及利率可以自行商议。

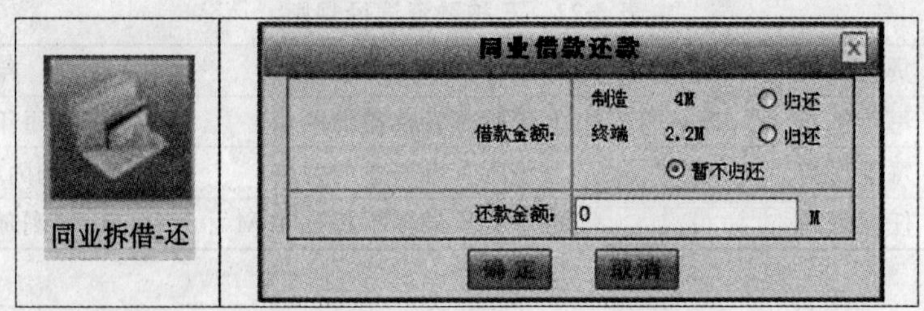

图 3-57 渠道商电子沙盘“同业拆借-还”操作界面

3.7.4 行政管理费

制造商每季度末支付行政管理费 5M。

总代理每季度末支付行政管理费 5M。

终端商无须支付行政管理费。

3.7.5 信息费

基础信息查询费 2M，可查询竞争对手的产品研发情况和门店情况。

全面信息查询费 4M，可多查询竞争对手的库存商品情况和生产线及上线产品情况。

3.7.6 税金

所得税公式：

$$所得税=税前利润\times 25\%$$

3.7.7 应收款管理

下游对上游的应付账款可以展期支付，展期时间为 1 个季度，无利息。即下游的应付账款到期时，可以只支付部分金额，余下部分留待下个季度再支付。

本章小结

本章我们对供应链沙盘模拟实验中的沙盘标识、生产制造企业、分销渠道企业、终端零售企业的运营规则、市场销售规则及其他规则六大方面给予详解。

学习与思考

(1) 请熟记供应链沙盘的基础竞赛规则。

(2) 在记忆供应链沙盘的基础竞赛规则过程中，请仔细体会相关规则的设定意义。

(3) 在记忆供应链沙盘的基础竞赛规则过程中，请仔细体会一些规则之间的逻辑关系。

第4章 供应链沙盘经营流程详解

当供应链管理沙盘模拟开始，首先教师将带领学员摆放实验初始盘面，并要求学员熟悉物理沙盘及其道具，随后教师将对照企业经营流程表(包含制造商、渠道商和终端商各一份)向学员详细讲授供应链管理沙盘的运营流程。当学员了解了供应链上三家企业的基本经营流程后，教师可以开始带领学员进行初始引导季度的企业经营了。

4.1 供应链企业初始经营沙盘物理盘面

在供应链管理沙盘模拟初始引导季度经营开始时，教师应该先按照以下沙盘盘面数据，带领学生在物理沙盘上摆好本企业的初始季度盘面。

4.1.1 制造商

现金：73M。

应收账款：20M(用一张纸条，在其上面写上20M，放在盘面的应收账款处的空桶里)。

库存商品：30个P1(价值30M)。

生产线：一条(生产线净值为9M)。

生产资质：P1产品生产资格证。

在制品：40个P1(在生产线上的第一周期与第二周期分别放置20个P1，一共价值40M)。

长期贷款：60M(在长期贷款的第三年处放置两个空桶表示贷款了40M，在第四年处放置一个空桶表示贷款20M)。

制造商总体初始盘面如图4-1所示。

4.1.2 渠道商

现金：6.5M。

应收账款：30M(用一张纸条，在其上面写上30M，放在盘面的应收账款处的空桶里)。

库存商品：10个P1(价值20M)。

在途商品：10个P1(价值20M)。

应付账款：20M(用一张纸条，在其上面写上20M，放在盘面的应付账款处的空桶里)。

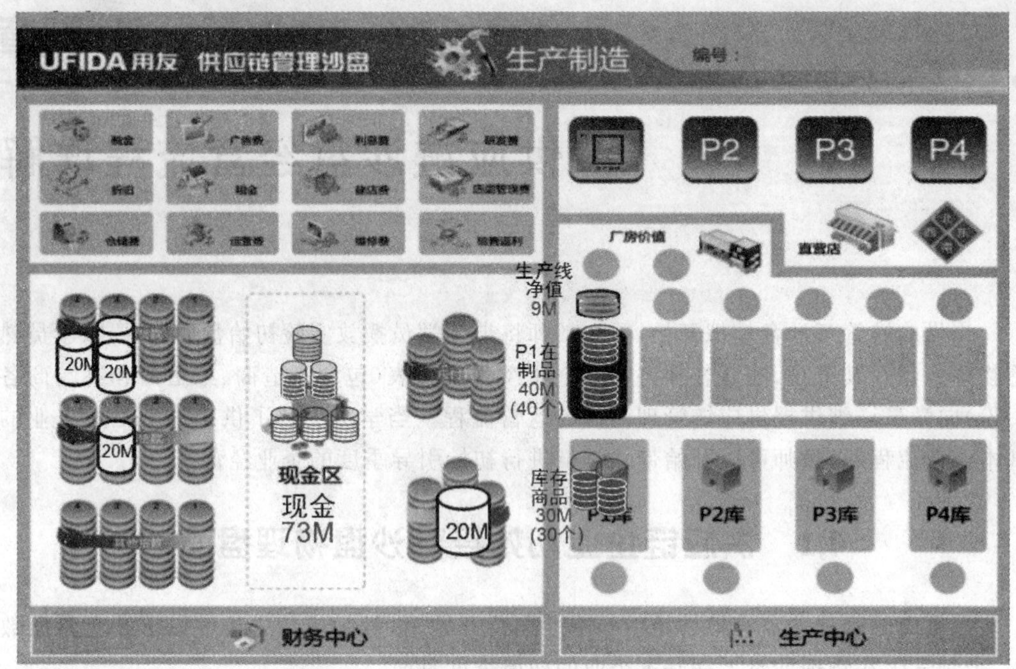

图 4-1 制造商初始季度物理沙盘盘面

代理资质：P1 代理资格证。

渠道资格：东区渠道资格证。

渠道商总体初始盘面如图 4-2 所示。

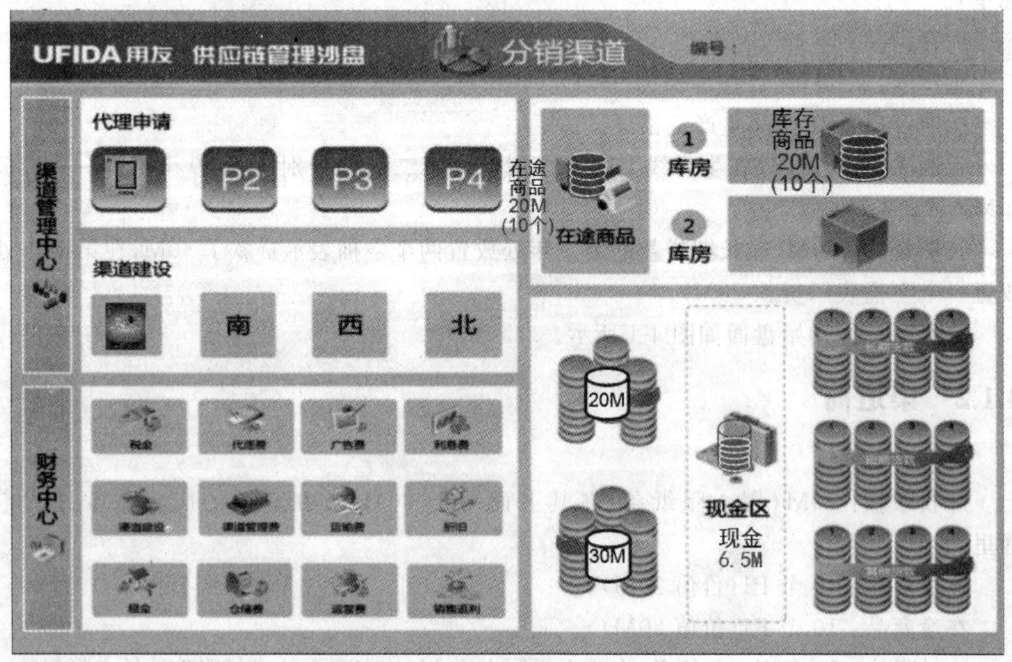

图 4-2 渠道商初始季度物理沙盘盘面

4.1.3　终端商

现金：21.5M。

库存商品：7 个 P1(价值 21M)。

在途商品：10 个 P1(价值 30M)。

应付账款：30M(用一张纸条，在其上面写上 30M，放在盘面的应付账款处的空桶里)。

门店：东区 2 个门店(蓝色小人两个)。

终端商总体初始盘面如图 4-3 所示。

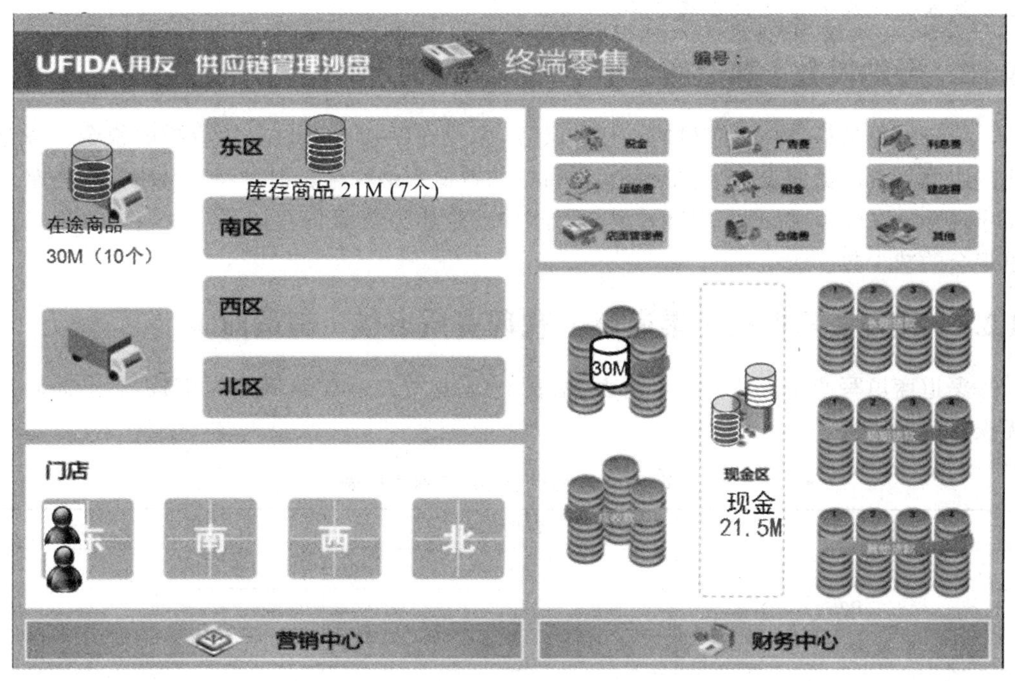

图 4-3　终端商初始季度物理沙盘盘面

4.2　供应链企业年初运营流程详解

年初的各项工作是企业经营的关键点，需要在分析现状和预测未来的基础上谋划全年的经营策略。

4.2.1　产销年度会/制定全年规划（制造商、渠道商、终端商）

各条供应链的制造商、渠道商与终端商需要在一起商讨本年度的整体规划，这是模拟经营的第一步。

1. 产销年度会

一条供应链上的三家企业，需要在新的一年经营之前照看年度的产销会议，根据目前的竞争状况、未来的需求状况等共同预测未来的销量，并以此来制订企业的综合计划。

2. 制定全年规划

在年度产销协调会后，各企业应该根据整条供应链的共同规划和预计销量情况等对自身企业进行新年度的全面规划。

注意：产销年度会和制定全年规划应该要求学员在课前先做好反复且缜密的协商，而不是在课上花十分钟就草草了事。

4.2.2 缴纳税金（制造商、渠道商、终端商）

依法纳税是每个企业应尽的责任和义务，企业在年初应支付上年应缴的税金。各企业按照上年资产负债表中“应缴税金”项目中的数值缴纳税金。财务经理从现金库中拿出相应现金放在沙盘“综合费用”的“税金”处，并在企业经营流程登记表中对应的表格里记录现金的减少数。

4.2.3 代理资质申请（渠道商）/代理资质审核（制造商）

渠道商填写产品代理资质申请表(见表 4-1)，填好之后交给制造商审核，制造商确认无误后签字审核。

表 4-1　产品代理资质申请审核表

产品	资质申请	审核意见
P1	( )	
P2	( )	
P3	( )	
P4	( )	

4.2.4 支付代理费（渠道商）/收取代理费（制造商）

渠道商的财务经理根据本企业当年代理产品的情况向上游制造商支付相应的产品销售代理费。

以初始年情况为例，由于各供应链中渠道商均代理了上游制造商的 P1 产品，因此渠道商的财务经理应该从现金库中拿出 4M 的代理费交给制造商，并在其流程登记表中对应的表格里记录现金减少 4M；同时拿出一个空桶，其中放入一张写有 4M 字样的纸条，放到“综合费用”的“代理费”处，表示代理费已交。

制造商的财务经理收到相应的代理费后放入其现金库，并在流程表中的对应表格处登记代理资质发放的收入。

4.2.5 签订全年预购合同（渠道商）/签订全年预销合同（制造商）

制造商和渠道商共同商议并签订当年的代理产品预销合同，合同签订后制造商的物流经理与渠道商的渠道经理分别在流程表对应表格中打√确认，如表 4-2 所示。

表 4-2 第×年渠道商预销合同

P1 产品		P2 产品		P3 产品		P4 产品	
预销量		预销量		预销量		预销量	
销售返利：							

4.2.6 提交广告方案/支付广告费（制造商、渠道商、终端商）

各供应链的制造商、渠道商、终端商在广告费用提交表中分别填写各自的广告费用（见表 4-3～表 4-5），各企业的财务经理取出相应的现金放入沙盘“综合费用”的“广告费”处，并在流程表中对应的表格里记录现金的减少数量。

表 4-3 制造商广告提交表

费用类别	费用明细	第 1 年	第 2 年	第 3 年	第 4 年
品牌广告	报纸报刊				
	电视媒体				
	网络平台				
产品广告	P1				
	P2				
	P3				
	P4				
	旗舰店位置				

表 4-4 渠道商广告提交表

费用类别	费用明细		第 1 年	第 2 年	第 3 年	第 4 年
品牌广告	东	报纸报刊				
		电视媒体				
	南	报纸报刊				
		电视媒体				
	西	报纸报刊				
		电视媒体				
	北	报纸报刊				
		电视媒体				

表 4-5　终端商广告提交表

费用类别	费用明细		第 1 年	第 2 年	第 3 年	第 4 年
品牌广告	东	P1				
		P2				
		P3				
		P4				
		POP				
	南	P1				
		P2				
		P3				
		P4				
		POP				
	西	P1				
		P2				
		P3				
		P4				
		POP				
	北	P1				
		P2				
		P3				
		P4				
		POP				

4.2.7　更新长期贷款/还本付息/申请长期贷款（制造商、渠道商）

按照本实验的规则，终端商无长期贷款资格，所以只有制造商和渠道商可以进行长期贷款的操作。

长期贷款只能在年初进行，其余时间企业若要融资或筹集流动资金，则只能采取短期贷款、其他贷款或贴现等方式。

操作说明如下。

(1) 更新长期贷款：制造商和渠道商的财务经理将长期贷款的空桶依次往前推一格，表示距离还款时期接近；如果代表长期贷款的空桶推进了现金库，则表示该贷款已经到期，应该归还本金。

(2) 偿还本金：长期贷款的利息是每年支付一次，财务经理应该按照 10%的利息支付长期贷款的当年利息——从现金库中拿出利息放在沙盘“综合费用”里的“财务费用”处；归还本金的操作，则是由财务经理拿出与借款本金数量相等的现金到交易处（一般为教师处），完成长期贷款的本金偿还。

(3) 申请长期贷款：如企业需要申请长期贷款，则到交易处（一般为教师处）借款，交易处（即教师）审查企业借款数量符合规则，则予以长期贷款的发放；企业借入长期贷款后，应该放置一个空桶在沙盘“长期贷款”的第四账期处，并在空桶中放置一张写有该借款数量信息的纸条，并将相应数量的现金放在现金库中。

(4) 记录：完成长期贷款的沙盘盘面操作后，财务经理应该在流程表中的相应表格里记录偿还的本金、支付的利息、借入长贷的现金增加额等信息。

4.3 供应链企业日常运营流程详解

企业制订新年度计划后，就可以按照运营规则和工作计划进行每个季度的经营了。在供应链管理沙盘中企业的日常运营也是按照一定的经营流程来进行的。

4.3.1 季初现金盘点（制造商、渠道商、终端商）

每一季的季初，供应链的各企业财务经理应该对现金状况实施盘点，即对沙盘盘面上的现金进行逐一清点，确定盘面上的实际数量，然后将其与流程记录表上的上一季记录余额进行核对。如果盘点金额与账面数据一致，则将结果准确无误地填写在新一季的流程清单上。

4.3.2 期初库存盘点/填写货物登记表（制造商、渠道商、终端商）

制造商的物流经理、渠道商的渠道经理、终端商的营销经理采用实地盘点法对沙盘盘面的库存进行盘点，将库存数量填写在货物登记表的期初库存处。

4.3.3 提交促销方案（终端商）

终端商的营销经理应该根据自身企业的情况决定是否进行促销，提交当季的促销方案表(见表 4-6)，并在经营流程表中的相应表格处作记录。

表 4-6 终端商促销方案表

年份	区域	第 1 季度				第 2 季度				第 3 季度				第 4 季度			
		P1	P2	P3	P4	P1	P2	P3	P4	P1	P2	P3	P4	P1	P2	P3	P4
1	东																
	南																
	西																
	北																
2	东																
	南																
	西																
	北																
3	东																
	南																
	西																
	北																

续表

年份	区域	第 1 季度				第 2 季度				第 3 季度				第 4 季度			
		P1	P2	P3	P4	P1	P2	P3	P4	P1	P2	P3	P4	P1	P2	P3	P4
4	东																
	南																
	西																
	北																

4.3.4 销售商品/收入确认/填写货物登记表/填写销售登记表（终端商、制造商）

销售会议开始，各终端商和开设了旗舰店的制造商将通过参加销售会议来销售产品。操作说明如下。

(1) 销售商品：各终端商之间、开设了旗舰店的各生产商之间按照本季度广告效益值排名先后及相关销售规则依次进行产品销售。

(2) 收入确认：销售结束后，营销经理拿着所销售的产品数量到交易处（即教师处）兑换相应的现金，并将现金放入企业现金库中。

(3) 填写货物登记表：完成产品销售后，终端商的营销经理应该在终端货物登记表中“销售出库”项目栏里填写相应的当季销售数量（见表 4-7）；若制造商也有产品销售，则其应该在制造商货物登记表中“直销出货量”栏内填写当季销售的产品数量（见表 4-8）。

表 4-7　终端商第×年货物登记表

第 1 年		初始季度	第 1 季度				第 2 季度				第 3 季度				第 4 季度			
		东	东	南	西	北	东	南	西	北	东	南	西	北	东	南	西	北
P1	期初库存																	
	销售出库																	
	到货数量																	
	订货数量																	
	调拨数量																	
P2	期初库存																	
	销售出库																	
	到货数量																	
	订货数量																	
	调拨数量																	
P3	期初库存																	
	销售出库																	
	到货数量																	
	订货数量																	
	调拨数量																	

续表

第 1 年		初始季度	第 1 季度				第 2 季度				第 3 季度				第 4 季度			
		东	东	南	西	北	东	南	西	北	东	南	西	北	东	南	西	北
P4	期初库存																	
	销售出库																	
	到货数量																	
	订货数量																	
	调拨数量																	

表 4-8　制造商货物登记表

		第 1 年						第 2 年				
		预销量	初始季度	第 1 季度	第 2 季度	第 3 季度	第 4 季度	预销量	第 1 季度	第 2 季度	第 3 季度	第 4 季度
P1	期初库存											
	产品入库量											
	直销出库量											
	分销发货量											
	接到订单量											
P2	期初库存											
	产品入库量											
	直销出库量											
	分销发货量											
	接到订单量											
P3	期初库存											
	产品入库量											
	直销出库量											
	分销发货量											
	接到订单量											
P4	期初库存											
	产品入库量											
	直销出库量											
	分销发货量											
	接到订单量											

(4) 填写销售登记表：终端商的营销经理将各区域的各产品销售数量填写在终端商当季销售情况登记表的“数量”栏内(见表 4-9)，并填写是否采取促销，计算并填写相应的销售额、直接成本、销售毛利情况。

(5) 记录：在流程记录表中记录销售取得的现金数额和销售数量。

表 4-9　终端商销售情况登记表(第 1 年第 2 季度)

第 2 季度:																
*区域	东				南				西				北			
产品	P1	P2	P3	P4	P1	P2	P3	P4	P1	P2	P3	P4	P1	P2	P3	P4
数量																
*促销																
销售额																
成本																
毛利																

4.3.5　更新短期贷款/还本付息/申请短期贷款(制造商、渠道商、终端商)

每条供应链上的所有企业均可申请短期贷款,各个企业的财务经理应该根据企业未来的资金需求,确定是否介入短期贷款,以及借入多少金额的短期贷款。短期贷款只能在季初进行,其余时间要进行融资或筹集流动资金,则只能采用高利贷或贴现等其他方式进行。

操作说明如下。

(1) 更新短期贷款:各个企业的财务经理将沙盘上代表短期贷款的空桶依次向前推一格,表示还款期限更接近了。如果空桶已经推入了现金库中,则表示该贷款已经到期,应该立刻还本付息。

(2) 还本付息:短期贷款是一次性还本付息的,不需要贷款企业每一季度都偿还利息。对于到期的短期贷款,企业的财务经理应该从现金库中拿出相应利息放置到沙盘"综合费用"的"财务费用"处,同时,从现金库中拿出短期贷款本金数额相等数额的资金到交易处(即教师处)进行偿还。

(3) 申请短期贷款:如企业需要申请短贷,则到交易处(一般为教师处)借款。若交易处(即教师)审查企业借款数量符合规则,则予以短期贷款的发放;企业借入短期贷款后,应该放置一个空桶在沙盘"短期贷款"的第四账期处,并在空桶中放置一张写有该借款数量信息的纸条,并将相应数量的现金放在现金库中。

(4) 记录:完成短期贷款的沙盘盘面操作后,财务经理应该在流程表中的相应表格里记录偿还的本金、支付的利息、借入短期贷款的现金增加额等信息。

4.3.6　渠道管理(渠道商)

各个供应链中的渠道商可以在每一季的操作中自主选择相关的渠道管理活动(见表 4-10),以促进终端商的商品销售工作。因此,渠道商的渠道经理应该从现金库中取出相应的现金,放到沙盘"综合费用"的"渠道管理费"处,同时在流程登记表中记录减少的现金额。

表 4-10 渠道管理项目

渠道管理项目	费用
产品培训	2M
市场活动	3M
销售现场支持	0.5M
资料派发	1M

4.3.7 渠道建设（渠道商）

渠道商的渠道经理应该根据市场需求情况、竞争状况和终端商的开店计划决定本季度是否要开拓新的区域市场。如确定要开拓新的区域市场，则渠道商的财务经理应从现金库中取出相应数量的现金（2M/每区域），放到沙盘“综合费用”的“渠道建设”处，同时在流程表上记录企业现金减少数额。

四个区域销售渠道的建设标识牌如图 4-4 所示。渠道商可以根据市场情况选择建设经销渠道，并在渠道里开发终端商。其操作区域在渠道商物理沙盘的“渠道管理中心”的下方，如图 4-5 所示。

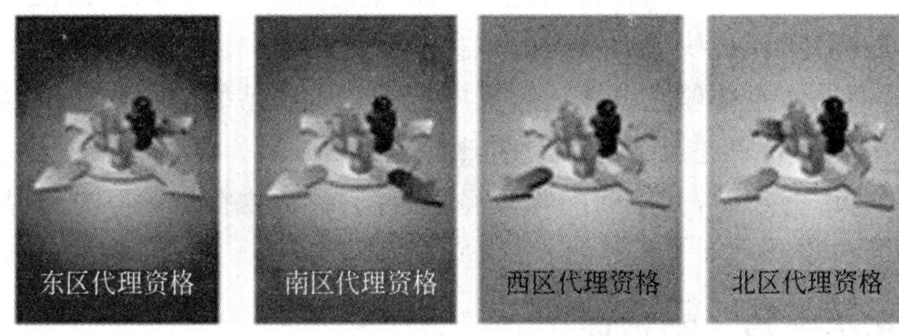

图 4-4 东、南、西、北四个区域销售渠道的建设标识牌

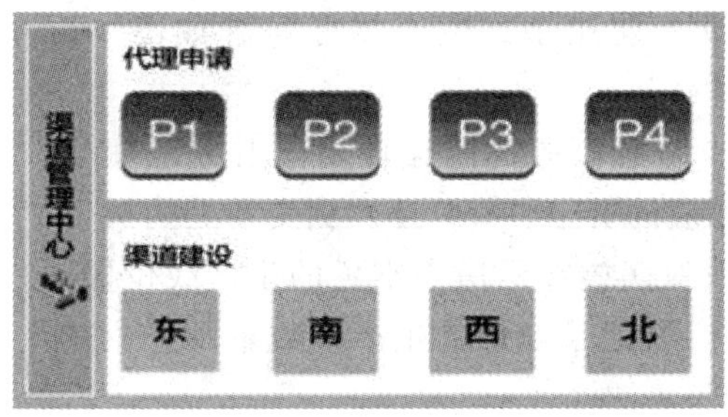

图 4-5 渠道管理中心

4.3.8 在途商品入库（渠道商、终端商）

渠道商的渠道经理、终端商的营销经理将沙盘盘面上在途的商品放到对应的仓库中，并分别在货物登记表中“到货数量栏”处填写相应的数量。

4.3.9 支付应付款（渠道商、终端商）/收取应收款（制造商、渠道商）

当上游制造商发来的在途货物入库后，下游渠道商的财务经理应该按照应付款的金额从现金库中拿出现金支付给制造商，并在流程表中登记现金减少的金额，同时将沙盘中应付款空桶及其中的信息纸条移除。

当上游渠道商发来的在途货物入库后，终端商的财务经理应该按照应付款的金额从现金库中拿出现金支付给渠道商，并在流程表中登记现金减少的金额，同时将沙盘中应付款空桶及其中的信息纸条移除。

上游的制造商的财务经理在收到渠道商支付的应收款后，则将现金放入现金库中，并在流程表中记录现金的增加额，同时将沙盘上应收款处的空桶及其中的信息纸条移除。

上游的渠道商的财务经理在收到终端商支付的应收款后，则将现金放入现金库中，并在流程表中记录现金的增加额，同时将沙盘上应收款处的空桶及其中的信息纸条移除。

4.3.10 更新产品生产/填写货物登记表（制造商）

制造商的物流经理将生产线上的在制品向生产线的下一生产周期推动一格。如果产品原本就在生产线的第二生产周期，则将该产品从生产线上移下，表明其已经完成生产并下线，随后将该产品放置到沙盘上对应的该类产品成品库中。

同时，制造商的物流经理应该在流程表中记录完工产品的型号与数量，如果产品仅是从生产线的第一生产周期进入了第二周期，则在表格中打√，表示完成当季的生产工作。此外，对于完工入库的产品，制造商的物流经理应该在“货物登记表”中“产品入库量”栏中填写入库的产品数量。

4.3.11 购买生产线（制造商）

企业要想提高产能，应通过购买新的生产线来实现，生产线获得的当季就可以投入使用了。生产线标识牌如图 4-6 所示。

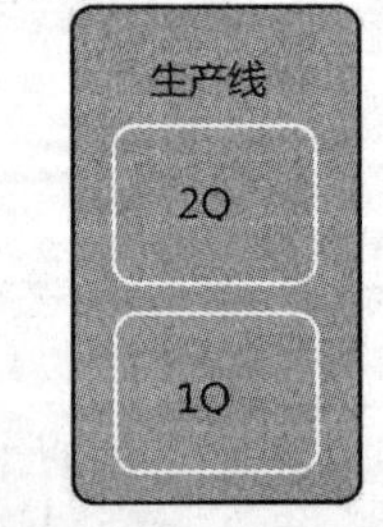

图 4-6 生产线标识牌

如需要新购生产线，制造商的物流经理要向财务经理申请，并从现金库中提取相应的资金(18M/条)，到交易处购买生产线，随后将生产线标识牌摆放在厂房中空置的生产线位置。财务经理在流程表中对应处记录增加的生产线数量及企业减少的现金情况。

4.3.12 支付生产成本/开始下一批生产（制造商）

制造商的物流经理向财务经理申请，并从现金库中提取相应的原材料采购资金，到交易处购买生产所需的原材料物料。由于本实验不设物流仓储环节，所以物流经理在拿回原材料后，直接将其放置到生产线空置的第一生产周期上，以保证生产线的流水生产作业不间断。同时，财务经理在流程表中对应处记录减少的现金数额与上线的产品数量。

4.3.13　新产品研发（制造商）

企业要想在激烈竞争的市场中脱颖而出，必须不断研发新产品。在本实验中，制造商想要研发新产品，必须投入相应的研发费用，新产品研发完成后，企业在下季度才可以投入生产。

制造商的物流经理从财务经理处申请领取研发所需资金，从现金库中提出后放置在沙盘“产品研发”对应位置放置的空桶内，并按规则连续投放研发费用，直至研发完成。当新产品研发完成后，物流经理从交易处领取相应产品的生产资格标识牌（见图 4-7），放置在沙盘的相应位置（见图 4-8）。同时，财务经理在流程表中相应位置记录因产品研发而减少的现金数额。

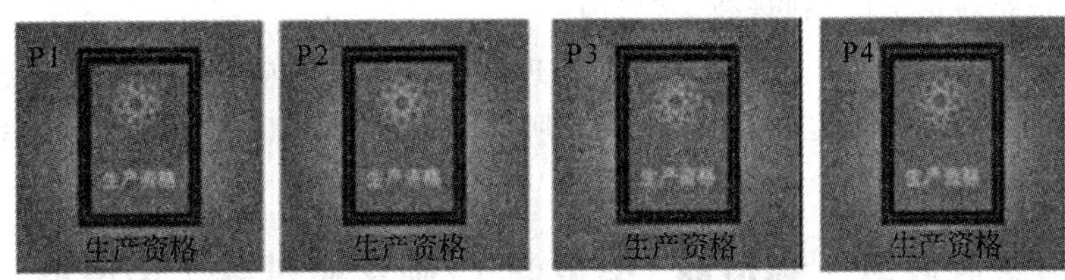

图 4-7　P 系列产品生产资格标识牌

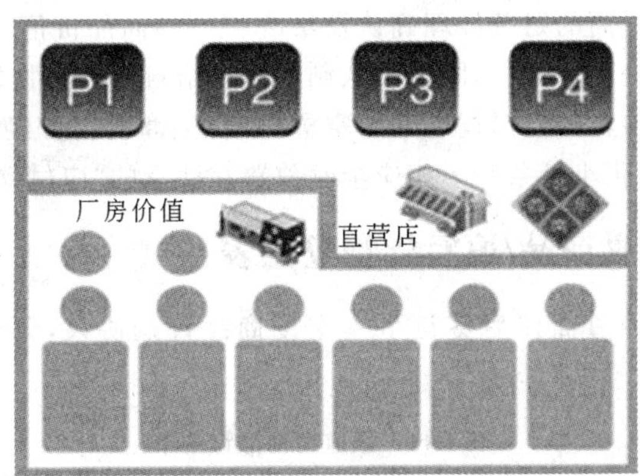

图 4-8　放置生产资格标识处

4.3.14　产品发货（制造商、渠道商）/支付运输费（渠道商、终端商）/填写货物登记表（制造商、渠道商、终端商）

在这一步中，制造商应该根据上一季度自己审批通过的渠道商订货单，向下游的渠道商发货；同理，在这一步中，渠道商也应该根据上一季度自己审批通过的终端商订货单，向下游的终端商发货。

操作说明如下。

(1) 产品发货：在一条供应链中，制造商根据上一季度渠道商的订单情况发货给渠道商，制造商的物流经理将相关数量的产品放置到渠道商沙盘的“在途”处；渠道商根据上一季度终端商的订单情况发货给终端商，渠道商的渠道经理将相关数量的产品放置到终端商沙盘上对应库房的“在途”处。

(2) 支付运费：本实验中运费均由下游企业承担，因此渠道商的财务经理在确认上游制造商发出产品已经处于“在途”处时，从现金库中提取相应的运输费放入沙盘的“综合费用”中的“运输费”处的空桶中；终端商的财务经理在确认上游渠道商发出商品已经处于“在途”处时，从现金库中提取相应的运输费放入其沙盘的“综合费用”中的“运输费”处的空桶中。

(3) 填写货物登记表：制造商的物流经理将发出的产品按类型将数量情况登记在货物登记表的“分销发货量”栏内；渠道商的渠道经理自收到制造商发出的在途货物后将数量情况登记在货物登记表的“到货数量”栏内，同时将发给终端商的产品数量登记在货物登记表的“发货数量”栏内；终端商的营销经理则应该在收到渠道商发出的在途商品后将数量登记在货物登记表的“到货数量”栏内。

(4) 记录：制造商的物流经理和财务经理在流程表所对应的栏内登记发出产品的数量，渠道商与终端商的财务经理则在流程表所对应的栏目内登记因支付运输费用而减少的现金数额。

4.3.15 确认应收款（制造商、渠道商）/确认应付款（渠道商、终端商）

制造商的财务经理确认发给渠道商的商品价值后，用小纸条写上金额放置在沙盘“应收款”处的空桶内；渠道商的财务经理确认发给终端商的商品价值后，用小纸条写上金额放置在沙盘“应收款”处的空桶内，同时确认制造商发给自己的货物价值，并拿一张小纸条写上相应金额放置在沙盘的“应付款”处的空桶内；终端商的财务经理确认渠道商发给自己的商品价值后，拿一张小纸条写上相应金额放置在沙盘的“应付款”处的空桶内。

4.3.16 订购下一批商品/填写货物登记表

制造商和渠道商经过商议后签订下一季度商品订购协议，渠道商的商品订购单如表 4-11 所示。

表 4-11 渠道商商品订购单

第 1 季度	1 号库		2 号库	
	申请订购量	确认数量	申请订购量	确认数量
P1				
P2				
P3				
P4				
申请：		确认：		

渠道商和终端商经商议后签订下一季度的商品订购协议，终端商的商品订购单如表 4-12 所示。

表 4-12　终端商商品订购单

第1季度	东库		南库		西库		北库	
	订购量	确认量	订购量	确认量	订购量	确认量	订购量	确认量
P1								
P2								
P3								
P4								
申请：			是否紧急订购：				确认：	

制造商的物流经理在货物登记表的“接到订货量”栏目处填写渠道商发来的订购量；渠道商的渠道经理将自己在制造商订购的货物量填写在货物登记表的“订货数量”栏目处，同时将终端商向自己订购的货物量填写在货物登记表的“接到订货量”栏目处；终端商的营销经理则应该将自己向渠道商订货的数量填写在货物登记表的“订货数量”栏目处。

4.3.17　仓库间商品调货/支付运输费（渠道商、终端商）

渠道商和终端商的产品是按照区域进行存放的，因此可能会因为各区域市场的需求量的不同而导致仓库间的调货，并在货物登记表中的“调拨数量”栏目的对应区域填写减少和增加的货物数量。同时财务经理应从现金区中拿出用于调货的运输费放置到沙盘“综合费用”的“运输费用”处，并在流程表中记录调货和现金减少额。

4.3.18　计提折旧（制造商、渠道商）

固定资产在使用过程中会因为损耗而导致价值降低，因此应对固定资产计提折旧，本实验中将供应链中的固定资产折旧问题进行了模型简化，规定：厂房按照 1.5M/季，生产线按照 1M/季，仓库按照 0.6M/季计提折旧。

例如：某制造商拥有厂房一处，内设两条生产线，则经过一季的生产运作之后，该企业的财务经理应该分别从厂房的净值中取出 1×1.5M＝1.5M，从各生产线的净值中提取 2×1M＝2M，放置到沙盘“综合费用”中“折旧”处的空桶里，并在流程表中分别记录折旧 1.5M（厂房）、2M（生产线）的情况。

又例如：某渠道商使用了两处仓库，其中一处仓库为租赁的，另一处仓库为企业购买后所有，则经过一季的企业经营，该企业财务经理应该从企业自身拥有的一处仓库的净值中提取 1×0.6M＝0.6M，放入沙盘“综合费用”中的“折旧”处，并在流程表中分别记录折旧 0.6M（仓库）的情况。

4.3.19　出售厂房/购买并支付厂房价值/租赁并支付厂房租金（制造商）

在这一运营流程中，各制造商可以进行厂房的出售、购买或租赁工作。厂房处理的具体规则如表 4-13 所示。

表 4-13　厂房的购买、租赁、折旧与出售

标的	购买价格	租金	折旧	售价	容量
厂房	40M	3M/季	1M/季	按净值出售得现	6 条生产线

操作说明如下。

(1) 出售厂房：如果制造商要出售厂房，财务经理应该按要出售的生产线的净值直接出售，回收的现金直接放置到现金库中，并在流程表中记录现金增加的数额。

(2) 购买厂房：如果制造商要购买厂房，则财务经理应该从现金库中提取 40M 放置到沙盘厂房价值处，并在流程表中记录现金减少 40M。

(3) 租赁厂房：如果制造商要租赁厂房，则财务经理应该从现金库提取 3M 放置到沙盘“综合费用”中“租赁金”处，并在流程表中记录现金减少 3M。

4.3.20　出售仓库/购买并支付仓库价值/租赁并支付仓库租金（制造商、渠道商、终端商）

在这一运营流程中，供应链上的三家企业可以进行仓库的出售、购买或租赁工作。

操作说明如下。

(1) 出售仓库：供应链中的某企业如果要出售仓库，则该企业的财务经理应该按要出售的仓库的净值直接出售，回收的现金直接放置到现金库中，并在流程表中记录现金增加的数额。

(2) 购买仓库：仓库可以租赁，也可以购买。如果某企业要购买一个仓库，则该企业的财务经理从现金库中提取 20M 资金，放置到沙盘上所购仓库的价值区位置，并在流程表中记录减少的现金数额。

(3) 租赁仓库：如果某企业希望租赁一个仓库一季度，在该企业的财务经理应该从现金库中提取 1.5M 的租金，放置到沙盘“综合费用”中“租金”处，并在流程表中记录减少的现金数额。

(4) 终端零售商只能租赁仓库，不能购买仓库，因此出售仓库更是无从谈起。

4.3.21　开设新店（旗舰店）/支付开店费/关店（制造商、终端商）

在本实验中，制造商在整个经营期间只允许开设一家旗舰店(不得同时开设两家及两家以上的旗舰店)，开店的区域可以是东、南、西、北任意一个区域；因此，制造商要根据自身发展及整个供应链发展需求来决定是否开设旗舰店，以及将旗舰店开设在哪个区域市场。如果某制造商要开设旗舰店，则该企业的财务经理应该从现金库中提取 8M 资金，到交易处换取一个“黄色小人”(代表旗舰店)，并将这个黄色小人放置到沙盘上想开设旗舰店的区域，同时在流程表中记录现金减少 8M，且注明开店区域。

终端商可以在任意的区域建设最多四家零售店，当然终端商的零售店的建设，要注意的一点是开店的区域位置，必须是在上游渠道商开拓了的市场区域中，否则将面临开设了店面，却无法得到商品供给的问题。如果某终端商要在某区域开设两家门店，则该企业的财务经理应该从现金库中提取 2×5M＝10M，随后到交易处换取两个“蓝色小人”，放置

到沙盘上相应的“区域市场”处，并在流程表中记录减少的现金数额，且注明开店的区域。同时该企业的营销经理应该在“门店数量登记表”中做好相应的记录，如表 4-14 所示(制造商与终端商通用)。

表 4-14 企业门店数量登记表

区域	第 1 年				第 2 年				第 3 年				第 4 年			
	1Q	2Q	3Q	4Q	1Q	2Q	3Q	4Q	1Q	2Q	3Q	4Q	1Q	2Q	3Q	4Q
东																
南																
西																
北																

4.3.22 支付仓储费(制造商、渠道商、终端商)

每一季的季末，供应链上的各企业要盘点各自仓库中的库存商品数量，按照 0.1M/个/季的费用来计算仓储费用，随后财务经理应从该企业的现金库中提取相应的现金放置到沙盘“综合费用”中“仓储费”处，并在流程表上记录减少的现金数额。

4.3.23 支付运营费(制造商、渠道商)

每一季的季末，制造商和渠道商都需要支付 5M 的企业运营费。制造商的财务经理从现金库中提取 5M 放置到沙盘“综合费用”中“运营费”处，并在流程表中记录现金减少 5M；渠道商的财务经理从现金库中提取 5M 放置到沙盘“综合费用”中“运营费”处，并在流程表中记录现金减少 5M。

4.3.24 支付店面管理费(制造商、终端商)

如果某制造商开设了旗舰店，则每个季度末需要为此支付 1M 的店面管理费，该企业的财务经理应该从现金库提取 1M 放置到沙盘“综合费用”中“店面费”处，并在流程表中记录现金减少 1M。

终端商在每一季度的季末，按照 0.5M/季/店支付店面管理费。如果某终端商开设了四家门店，则该企业的财务经理在某一季季末的时候，应该从现金库中提取 4×0.5M=2M 放置到沙盘“综合费用”中的“店面费”处，并在流程表中记录现金减少 2M。

4.3.25 支付渠道维持费(渠道商)

每一季的季末，渠道商都应该为其所开拓的市场区域按照 1M/区域/季度支付相应的渠道维持费，以保障所开拓的区域正常运营。例如，某渠道商开拓了东、西两个市场区域，则该企业的财务经理应该在每一季度末从现金库中提取 2M 放置到沙盘“综合费用”中的“渠道管理费”处，并在流程表中记录现金减少 2M。

注意：渠道维持费在进行广告效益值计算时不产生影响。

4.3.26 销售返利

制造商可根据上年代理执行销售合同情况对渠道代理商制订销售返利计划并按计划执行，销售返利以赠送现金的形式加入渠道代理商的现金账户，返利金额由制造商自行确定。渠道代理商对下游的终端商返利方式同上。

4.4 供应链企业年末运营流程详解

日常经营活动结束之后，供应链企业进入了年末运营。这时候，企业应该进行年末账目统计和结转，编制各类企业报表，统计当年的经营成果，对当年的企业经营情况进行分析和总结，并对企业的来年工作提供指导。

4.4.1 支付设备维护费（制造商）

任何设备在使用过程中都会发生磨损，为了保证设备的正常运转，企业需要投入资金对设备进行维护。

在本实验中，只有制造商企业需要对其生产线设施进行维护作业，因此需要对每一条生产线按照 4M/条/年来支付设备维护费。年末，制造商的财务经理应该根据本企业拥有的生产线数量，从现金库中提取相应的资金数额放置在沙盘“综合费用”中的“维修费”处，并在流程表中记录对应的现金减少数额。

4.4.2 年末现金盘点（制造商、渠道商、终端商）

年末，各企业财务经理应该对现金进行盘点，即对沙盘盘面现金库中现金数额进行清点，然后将流程表中记录的余额与其进行核对，如果账实相符，则将清点结果填写在流程表的“年末现金盘点处”。

4.4.3 关账

一年的经营结束后，各个企业要对全年的经营状况及目标实现情况进行核查，就必须通过编制“综合费用明细表”“资产负债表”和“利润表”对企业全年状况进行一次“大盘点”。

这些报表编制完毕，就意味着本年度的经营关账了，所有的经营数据便不能随意更改。此时，企业的财务经理在经营流程表中“关账”栏打√。

1. 综合费用明细表编制

综合费用明细表（见表 4-15）综合反映经营期间企业发生的各种除生产成本、财务成本以外的其他费用。

数据填写完毕后，教师应该收走各企业沙盘上的所有综合费，使企业的数据恢复到初始状态。另外，每年年末渠道商应该将代理资质证还给制造商。

表 4-15　综合费用明细表

综合费用明细表(第　年)　　　　　　　　　　　　　　　　　　单位：M

	运营费	广告费	仓储费	租金	维护费	代理费	渠道建设和维护费	开店费	店面费	运输费	研发费	其他	合计
制造商													
渠道商													
终端商													

2. 利润表的编制

利润表(见表 4-16)是反映企业一定会计期间(如月度、季度、半年度或年度)生产经营成果的会计报表。在一定会计期间,企业的经营成果既可能表现为盈利,也可能表现为亏损,因此,利润表也被称为损益表。它全面揭示了企业在某一特定时期实现的各种收入、发生的各种费用、成本或支出,以及企业实现的利润或发生的亏损情况。

表 4-16　企业经营利润表

项　目	制　造	渠　道	终　端
销售收入			
直接销售收入			
分销销售收入			
销售成本			
销售毛利			
综合费用			
折旧			
支付利息前利润			
财务费用			
其他收入/其他支出			
税前利润			
所得税			
净利润			

利润表中主要项目说明如下。

(1)“销售收入”是指销售商品产品、自制半成品或提供劳务等而收到的货款、劳务价款,反映企业销售产品或提供服务取得的收入总额。制造商如果开设了旗舰店,则旗舰店的销售收入计入“直接销售收入”,而其销售给下游渠道商的收入则应计入“分销销售收入”栏目。

(2)“销售成本”是指已销售产品的生产成本或已提供劳务的劳务成本以及其他销售的业务成本,反映企业本年已销售产品或提供服务的实际成本。制造商按照产品的生产成本计算;渠道商按照与制造商的结算成本计算;终端商按照与渠道商的结算成本计算。

（3）“销售毛利”等于销售收入净额减去销售成本，反映企业销售商品实际的毛利。

（4）“综合费用”反映企业本年发生的综合费用，由“综合费用明细表”的计算数据得来。

（5）“折旧”即固定资产折旧，反映企业当年计提的折旧额，根据当年计提的折旧额填写。

（6）“支付利息前利润”反映企业本年支付利息前的利润，等于销售毛利减去综合费用、折旧额的余额。

（7）“财务费用”反映企业本年度的财务支出，包括各项贷款的利息、贴现产生的贴息等。

（8）“其他收入/其他支出”，反映企业本年度其他业务的收入或支出，如销售返利等。

（9）“税前利润”反映企业本年度经营实现的利润总额，等于支付利息前利润减去财务费用、其他支出，并加上其他收入后的余额。

（10）“所得税”指国家对法人、自然人和其他经济组织在一定时期内的各种所得征收的一类税收。本实验中按照税前利润×25%的数额填写。

（11）“净利润”反映本企业本年度实现的净利润，等于税前利润减去所得税后的余额。

3. 资产负债表

资产负债表（the Balance Sheet）也称财务状况表，表示企业在一定日期（通常为各会计期末）的财务状况（即资产、负债和业主权益的状况）的主要会计报表。资产负债表利用会计平衡原则，将合乎会计原则的资产、负债、股东权益交易科目分为“资产”和“负债及股东权益”两大区块，在经过分录、转账、分类账、试算、调整等会计程序后，以特定日期的静态企业情况为基准，浓缩成一张报表。其报表功用除了企业内部除错、经营方向、防止弊端外，也可让所有阅读者于最短时间内了解企业经营状况。

本实验根据“资产＝负债＋所有者权益”原则，采用以下简化的资产负债表结构（见表 4-17）。

表 4-17　资产负债表

单位：M

项　　目	制造商	渠道商	终端商	项　　目	制造商	渠道商	终端商
流动资产				负债			
现金				短期贷款			
应收账款				长期贷款			
库存商品				应付账款			
在制品				应缴税金			
在途商品				其他借款			
流动资产合计				负债合计			

续表

项　　目	制造商	渠道商	终端商	项　　目	制造商	渠道商	终端商
非流动资产				所有者权益			
厂房				实收资本			
仓库				以前年度未分配利润			
机器设备				当年利润			
非流动资产合计				所有者权益合计			
资产合计				负债和所有者权益合计			

说明如下。

(1) 资产负债表中的资产类项目主要根据沙盘盘面的资产状况通过盘点的实际金额填写。

(2) 负债类项目中的"短期借贷""长期借款""应付账款"根据沙盘上的长期贷款和短期贷款数额填写。

(3)"应交税金"根据企业本年度"利润表"中的"所得税"金额来填写。

(4) 所有者权益的"实收资本",表示企业股东的资本投入。如果本年度股东没有增资,则直接根据上年年末"实收资本"填写;如果发生了增资,例如教师或系统为了挽救某企业破产,而采取了临时注资,则该栏目填写数额为原有实收资本加上本年增资资本之和。

(5) 本年度的"以前年度未分配利润"等于上一年度的"以前年度未分配利润"与上一年度"当年利润"之和。

(6)"当年利润"则根据"利润表"中的"净利润"数额来填写。

4.4.4　总结与协调沟通

一个年度的经营结束后,供应链上的各个企业要对各自当年的经营情况进行分析,分析决策的成功与失误,分析经营的得失,分析计划的执行情况及目标实现情况。

随后,供应链的三家企业应该召开协调沟通会议,针对本年度的相互配合情况和供应链是否有失调问题进行商讨,从而找到协调发展的新思路,使得整条供应链的信息、资金、物流在未来的经营中更加和谐统一,最终实现供应链效益的整体最大化。

4.5　引导季供应链企业运营

在完成供应链企业经营初始盘面摆放并讲解操作流程后,教师就可以开始引导学员进行供应链管理沙盘的初始季运营了。

供应链管理沙盘模拟要求全体参赛小组必须按照各自的企业经营流程表来进行企业的经营流程操作。授课教师则可以按照表 4-18 的运营流程,带领学生进行引导季企业运营流程的操作。

表 4-18 引导季企业运营流程

序号	项目	制造商	渠道商	终端商
1	召开产销年度会/制定全年规划	★	★	★
2	缴纳税金	−1	−1	−1
3	代理申请并支付代理费/收取代理费	−4	−4	
4	签订全年预销/预购合同	×	×	
5	提交广告方案/支付广告费	−1	−1	−1
6	更新长期贷款/还本付息/申请长期贷款	−6+20	+20	
7	季初现金盘点	89	20.5	19.5
8	期初库存盘点/填写货物登记表	30P1	10P1	7P1
9	提交促销方案			×
10	销售商品/收入确认/填写货物登记表/填写销售情况登记表	×		35,−7P1
11	更新短期贷款/还本付息/申请短期贷款	★	★	★
12	支付渠道管理/建设费		−1	
13	在途商品入库/支付应付款/收取应收款/填写货物登记表	+20	10P1,−20+30	10P1,+30
14	更新产品生产/填写货物登记表	20P1		
15	购买新生产线	×		
16	支付生产成本/开始下一批生产	−20,(20P1)		
17	新产品研发	×		
18	产品发货/确定应付款/支付运输费/填写货物登记表	−10P1	−10P1,−1	−1
19	订购下一批商品/填写订单申请表		(40P1)	(20P1)
20	仓库间商品调货/支付运输费		×	×
21	计提折旧	(−1)	×	
22	出售厂房/购买并支付厂房价值/租赁并支付厂房租金	−40		
23	出售仓库/购买并支付仓库价值/租赁并支付仓库租金	−20	−1.5	−1.5
24	开设新店(旗舰店)/支付开店费/关店	×		×
25	支付仓储费	−4	−1	−1
26	支付运营费/支付店面管理费用/支付渠道维持费	−5	−6	−1
27	销售返利	×	×	×
28	支付设备维护费	×		
29	年末现金盘点	20	20	20

4.6 引导季供应链企业运营流程操作详解

4.6.1 年初工作

1. 召开产销年度会/制定全年规划

这一步是各组的制造商、渠道商、终端商制定的全年规划，并填写企业营销策划的方案。引导季不做此项工作。

2. 缴纳税金

缴纳税金是以前欠下的应交税金，现在来支付。请各制造商、渠道商、终端商的财务经理从现金区域取出 1M，放入综合费用的税金处，并在流程表中登记现金减少 1M。

3. 代理资质申请（渠道商）/代理资质审核（制造商）

请渠道商填写代理资质申请表，填好之后交给制造商审核签字。

4. 代理申请并支付代理费（渠道商）/收取代理费（制造商）

请渠道商的财务经理根据代理资质的审核情况及当年要代理的产品情况向制造商支付代理费用，这里我们只代理 P1 产品，支付 4M 的代理费用给制造商，并在流程表中登记现金减少 4M，同时拿一个空桶放入一张写上 4M 的纸条，放到综合费用的代理费处；请制造商的财务经理收到 4M 的代理费用放入现金区，并在流程表中登记现金增加 4M。

5. 签订全年预购合同（渠道商）/签订全年预销合同（制造商）

这一步是制造商和渠道商签订当年渠道商预销合同。引导季不做此项工作。

6. 提交广告方案/支付广告费

请各组的制造商、渠道商、终端商填写广告费用提交表(制造商在报纸报刊处填写 1M，渠道商在东区的报纸报刊处填写 1M，终端商在东区 P1 处填写 1M)，填写完之后交到教师处，请各组的财务经理从现金处取出 1M 放入综合费用的广告费处，并在流程表中登记现金减少 1M。

7. 更新长期贷款/还本付息/申请长期贷款（制造商和渠道商）

请制造商的财务经理将长期贷款的空桶依次往前推一格，并支付长期贷款的利息 6M，将这 6M 的费用放在综合费用的财务费用处，支付完毕后到教师处再贷 4 年期的长期贷款 20M，贷回现金后将其放在长期贷款的 4 年期的空桶中，并在流程表中登记现金减少 6M，增加 20M；渠道商的财务经理也到教师处贷 4 年期的长期贷款 20M，贷回现金后将其放在长期贷款的 4 年期的空桶中，并在流程表中登记现金增加 20M。

4.6.2 季度工作

年初工作结束后，接下来是每一季度的工作。

1. 季初现金盘点

制造商现金 89M；渠道商现金 20.5M；终端商现金 19.5M。

2. 期初库存盘点/填写货物登记表

请制造商在制造商货物登记表的期初库存处填写 30P1；渠道商在渠道商货物登记表的期初库存的 1 库处填写 10P1；终端商在终端商货物登记表的期初库存的东区填写 7P1。

3. 提交促销方案（终端商）

这一步是终端商提交当季度的促销方案。引导季不进行此项工作。

4. 销售商品/收入确认/填写货物登记表/填写销售登记表（终端商）

在引导季，每一条供应链的终端商都销售 7 个 P1，收到现金 35M。请终端商将 7 个 P1 的商品交到教师处，将收到的 35M 取回放入现金处，并在流程登记表中登记现金增加 35M，在销售情况登记表中 P1 对应的数量 7，销售额 35M，成本 21M，毛利 14M，还要在终端商货物登记表的销售出库处填写 7P1。

5. 更新短期贷款/还本付息/申请短期贷款

请制造商的财务经理将短期贷款的空桶向前推一格。

6. 渠道管理（渠道商）

这一步是渠道商选择当季需要做哪些渠道管理的活动。引导季我们假设渠道商决定进行一次资料派发，支付渠道管理费 1M。从现金里取出 1M，放到综合费用区的渠道管理费处。

7. 渠道建设（渠道商）

这一步是渠道商决定是否要开拓新的区域渠道。引导季不进行此项工作。

8. 在途商品入库/填写货物登记表（渠道商和终端商）

渠道商将在途的 10 个 P1 放到 1 库中，并在渠道商货物登记表的到货数量处填写 10P1；终端商将在途的 10 个 P1 放到东库中，并在终端商货物登记表的到货数量处填写 10P1。

9. 支付应付款（渠道商和终端商）/收取应收款（制造商和渠道商）

请终端商支付 30M 的应付款给渠道商，并在流程表中登记现金减少 30M；请渠道商收到终端商支付的应收款 30M 后,支付 20M 的应付款给制造商,并在流程表中登记现金增加 30M,减少 20M;请制造商收到渠道商支付的应收款 20M 后在流程表中登记现金增加 20M。请各组把应收款和应付款的纸从空桶中取走。

10. 更新产品生产/填写货物登记表(制造商)

请制造商将生产线上的产品依次向前推,有 20 个 P1 入库到 P1 库中,并在制造商货物登记表的产品入库量处填写 20P1。

11. 购买生产线(制造商)

如果制造商希望购买新的生产线,可以执行这一步。引导季不进行此项工作。

12. 支付生产成本/开始下一批生产

请制造商从现金区拿 20M 到教师处购买 20 个 P1 产品,把拿回的产品放到生产线的空格处,并在流程表中登记现金减少 20M。

13. 新产品研发(制造商)

如果制造商希望研发新的产品,可以执行这一步。引导季不进行此项工作。

14. 产品发货(制造商和渠道商)/支付运输费(渠道商和终端商)/填写货物登记表(全部)

请制造商将 P1 库中的 10 个 P1 产品发给渠道商,放到渠道商的在途处,并在制造商货物登记表的发货数量处登记 10P1。

渠道商将 1 库中的 10 个 P1 产品发给终端商,放到终端商对应东南库的在途处,在渠道商货物登记表的发货数量处登记 10P1,确认制造商发出的在途商品后,同时渠道商的财务经理需从现金区拿出 1M 支付制造商发货的运输费用,放入综合费用的运输费处,并在流程表中登记现金减少 1M。

终端商收到渠道商发出的在途商品后,同时终端商的财务经理需从现金区拿出 1M 支付渠道商发货的运输费用,放入综合费用的运输费用处,并在流程表中登记现金减少 1M。

15. 确认应收款(制造商和渠道商)/确认应付款(渠道商和终端商)

制造商确认发给渠道商的商品价值 20M,并在纸条上写上 20M 放到应收款处;渠道商确认发给终端商的商品的价值 30M,并在纸条上写上 30M 放到应收款处,同时将写有 20M 的纸条放到应付款处,表示制造商发给自己的货物价值;终端商在纸条上写上 30M 放到应付款处,表示渠道商发给自己的货物价值。

16. 订购下一批商品/填写货物登记表

制造商和渠道商签订商品订购单，订购 40 个 P1，制造商在货物登记表的接到订单量处填写 40P1；渠道商和终端商签订商品订购单订购 20 个 P1，渠道商在货物登记表的接到订货量处填写 20P1。

17. 仓库间商品调货/支付运输费（渠道商和终端商）

引导季不进行此项操作。

18. 计提折旧（制造商和渠道商）

请制造商从生产线净值中取出 1M，放入综合费用的折旧处。

19. 出售厂房/购买并支付厂房价值/租赁并支付厂房租金（制造商）

请制造商的财务经理从现金区取出 40M 购买产房，放到厂房价值区处，并在流程表中登记现金减少 40M。

20. 出售仓库/购买并支付仓库价值/租赁并支付仓库租金

请制造商的财务经理从现金区取出 20M 购买 P1 库，放到 P1 库价值区处，并在流程表中登记现金减少 20M；渠道商的财务经理从现金区取出 1.5M，支付库租金，放到综合费用的租金处，并在流程表中登记现金减少 1.5M；终端商的财务经理从现金区取出 1.5M 支付东库租金，放到综合费用的租金处，并在流程表中登记现金减少 1.5M。

21. 开设新店（旗舰店）/支付开店费/关店（制造商和终端商）

引导季不进行此项工作。

22. 支付仓储费

请制造商的财务经理从现金区取出 4M，放到综合费用的仓储费处，并在流程表中登记现金减少 4M；请渠道商的财务经理从现金区取出 1M，放到综合费用的仓储费处，并在流程表中登记现金减少 1M；请终端商的财务经理从现金区取出 1M，放到综合费用的仓储费处，并在流程表中登记现金减少 1M。

23. 支付运营费（制造商和渠道商）

请制造商的财务经理从现金区取出 5M，放到综合费用的运营费处，并在流程表中登记现金减少 5M；请渠道商的财务经理从现金区取出 5M，放到综合费用的运营费处，并在流程表中登记现金减少 5M。

24. 支付店面管理费用（制造商和终端商）

请终端商的财务经理从现金区取出 1M，放到综合费用的店面费处，并在流程表中登记现金减少 1M。

25. **支付渠道维持费（渠道商）**

请渠道商的财务经理从现金区取出 1M，放到综合费用的渠道管理费处。

注意：渠道维持费在报表中记入渠道管理费，但在进行广告效益值计算时不产生影响。

26. **销售返利**

引导季不进行此项工作。

4.6.3 其他工作

1. **年末工作**

季度工作结束，之后是年末工作。引导季不进行年末工作。

2. **综合费用盘面清零**

每季度运营结束后，各企业财务经理应该收走综合费用栏中的所有费用，使之回到初始状态。

3. **资质返还**

每年年末，各渠道商应该将代理资格证还给制造商，并在来年年初重新进行代理资质申请。

4.7 引导季企业运营完成

引导季企业运营完成后，各组制造商、渠道商和终端商可以通过物理沙盘盘面情况进行检查。同时，对填写好的各项报表进行核查；以此来判断企业的当前状态，进而为来年的企业发展策略提供决策依据。

4.7.1 引导季企业运营完成后的沙盘盘面

引导季企业运营完成后，各组制造商、渠道商和终端商的企业沙盘盘面情况如图 4-9～图 4-11 所示。

4.7.2 供应链初始季经营报表

供应链管理沙盘的初始年经营完成后，各组制造商、渠道商和终端商应该对照物理沙盘盘面，以核查自己所填写的资产负债表，达到账实相符。同时，这样还可以全面了解自己刚接手的供应链企业的真实状况。

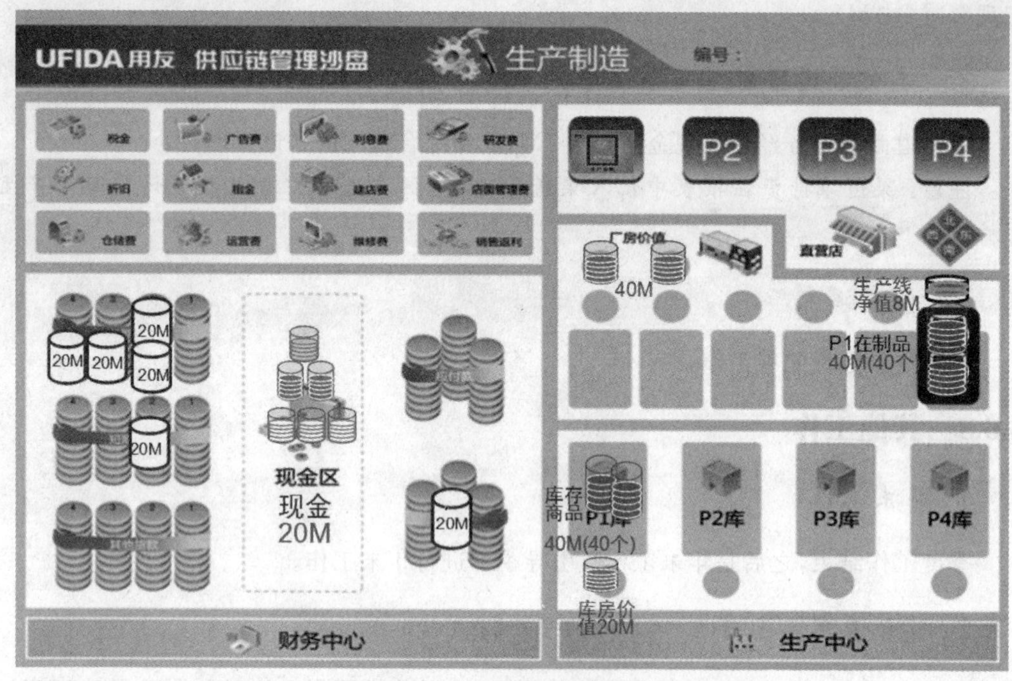

图 4-9 引导季企业运营完成后的制造商企业沙盘盘面

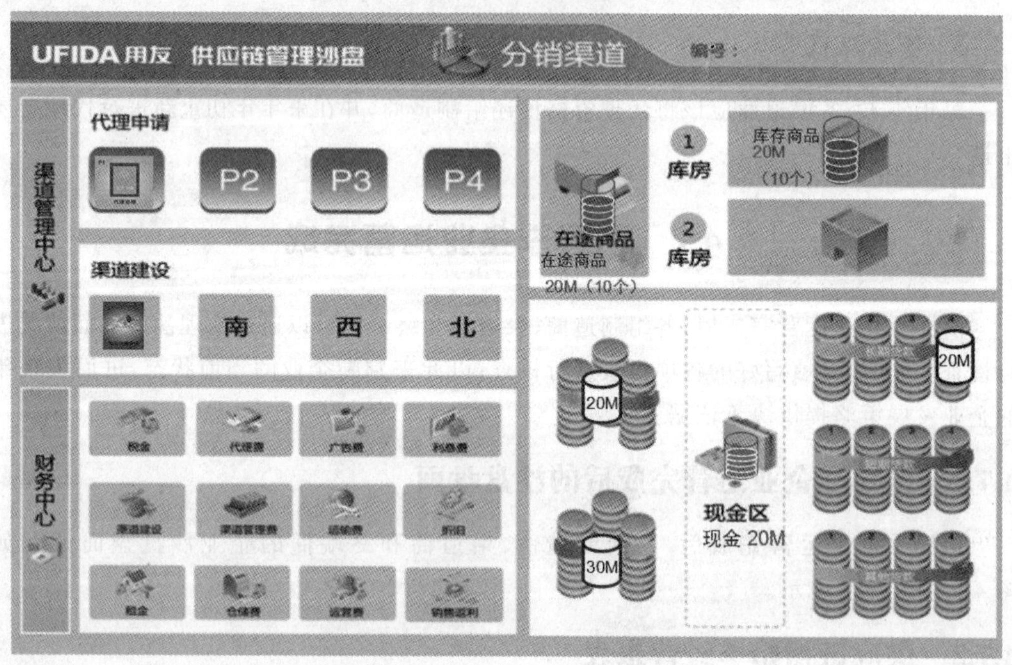

图 4-10 引导季企业运营完成后的渠道商企业沙盘盘面

表 4-19 为初始季度供应链上三家企业完成运营后的资产负债表。

图 4-11 引导季企业运营完成后的终端商企业沙盘盘面

表 4-19 初始季度供应链企业资产负债表 单位：M

流动资产				负债			
项目	制造商	渠道商	终端商	项目	制造商	渠道商	终端商
现金	20	20	20	短期借款	20	0	0
应收账款	20	30	0	长期借款	80	20	0
库存商品	40	20	30	应付账款	0	20	30
在制品	40	0	0	应交税金	1	1	1
在途商品	0	20	30	其他借款	0	0	0
同业借出	0	0	0	同业借入	0	0	0
流动资产合计	120	90	80	负债合计	101	41	31
非流动资产				所有者权益			
项目	制造商	渠道商	终端商	项目	制造商	渠道商	终端商
厂房	40	0	0	实收资本	80	40	40
仓库	20	0	0	以前年度未分配利润	4	6	6
机器设备	8	0	0	当年利润	3	3	3
非流动资产合计	68	0	0	所有者权益合计	87	49	49
资产总计	188	90	80	负债和所有者总计	188	90	80

注意：表 4-19 所示的是供应链上三家企业初始季经营结束之后的资产负债情况，而不是初始年结束后的资产负债情况，因此无法说明表中“以前年度未分配利润”的数据，我们只能将其理解为初始季之前的数据设定。

本章小结

本章首先讲解教师如何带领学员摆放实验初始盘面；然后详解企业经营流程表(包含制造商、渠道商和终端商各一份)的具体运营流程；最后，对初始引导季的企业经营过程给出了详细解说。

学习与思考

请各组学员在课后通过认真而缜密的协商，提前完成产销年度会，并做好第一年的全年规划的制定工作。

第5章

供应链管理电子沙盘运营

学生在完成供应链管理物理沙盘的初始季实验环节后，对于物流沙盘有了基本认识，教师可以要求学生将实验平台由物理沙盘转换到电子沙盘上。学生注册并登录电子沙盘后，面对的企业状态与物理沙盘初始季经营完毕后的状态是一致的。

宝洁公司供应链管理

宝洁公司(Procter & Gamble)，简称P&G，是美国一家日用品生产公司，也是目前全球最大的日用品生产公司。宝洁公司全球雇员近10万人，在全球80多个国家和地区设有工厂及分公司，拥有约300个品牌，畅销160余个国家和地区，每天与全球30亿消费者发生亲密接触。并且在其拥有的品牌中，有23个单个品牌销售额超过10亿美元，有20个单个品牌销售额在5亿～10亿美元。可以说，宝洁公司的发展演绎了辉煌的商业传奇。1998—2000年，宝洁公司通过整合供应链，度过了"中年危机"，并开创"宝玛"模式。而其优秀的供应链管理被各大公司模仿。

1. 采购管理

2005年起，宝洁公司将原有采购人员重组为数个不同的采购池(Spend Pool)，每个采购池负责某一类技术。例如，所有的包装材料人员和采购人员组合在一起，每个人负责一个小的细分市场，但服务于多个产品线，甚至多个地区。"采购池"模式图如图5-1所示。

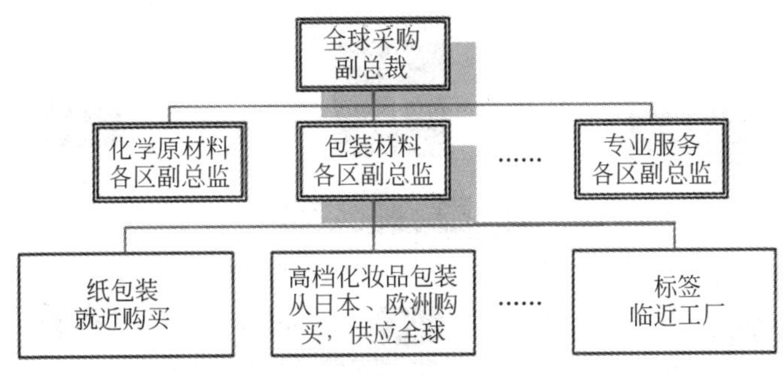

图5-1 "采购池"模式图

这种"采购池"模式重整了采购资源和供应商资源，消除了重叠；加强采购专业化，更有利于创造价值；提高了效率，缩短了采购响应时间。

2. 库存管理

在库存管理方面，宝洁公司寻求合适的供应链，缩短订货至发货的循环周期，削减不必要的安全存货，实现快速流通配送。这里就需要用到一些信息技术方面的工具。宝洁公司采用了模拟供应链的方法来达到这一目的。

首先，模型代表了一个理想的情形，其中的消费者每天都在同样的商店购物，每次购买一瓶洗发水，支付同样的价格。在这个理想世界中，每件事情都有条不紊地发展着，供应链以精确和可预测的方式工作。

然后，在创建了消费者方面没有不稳定状况的理想模型后，开始引入不稳定性，并测量其影响。这被称为"基于事件的模拟器"，这些模型是根据消费者行为的概率分布以及货架的状态来建立的。

宝洁公司的这一举措使得库存量经常保持在合理的水平上，也保证了正常的企业生产、经营需求。同时掌握了库存量动态，适时、适量提出订货，避免超储或缺货；降低了库存总费用。最终达到了控制库存资金占用、加速资金周转的目的。

3. 销售管理

在销售管理方面，宝洁公司逐渐开始向重点零售商直接供货。为了与此相配合，全球销售部门重组也在同时进行。宝洁公司与分销、零售企业的衔接，将与大客户合作的客户业务发展团队中的财务、IT、物流、市场、品类管理与销售等环节的人员综合组成"联合团队"，将"后台部门"推到"前台"直接服务客户、解决问题，以项目管理的方式加强宝洁公司供应链中各个合作伙伴之间的联系，以降低成本、提高效率。

4. "宝玛模式"

宝洁公司供应链管理的成功，不得不提"宝玛模式"。总体来看，"宝玛模式"的发展经历了以下三个主要阶段。

1) ECR：建立持续补货系统

起初，宝洁公司开发并给沃尔玛公司安装了一套"持续补货系统"，如图 5-2 所示，具体形式是：双方通过 EDI(电子数据交换)和卫星通信实现联网，借助于信息系统，宝洁公司能迅速知晓沃尔玛公司物流中心内的纸尿裤的销售量、库存量、价格等数据。这样不仅能使宝洁公司及时制订出符合市场需求的生产和研发计划，同时也能对沃尔玛公司的库

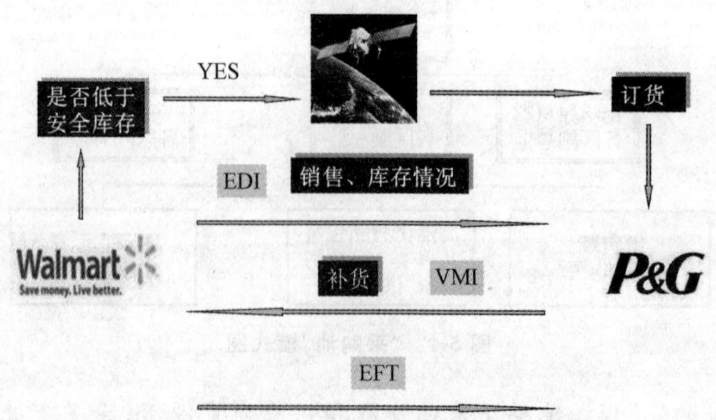

图 5-2 "持续补货系统"(半自动—ECR)示意图

存进行单品管理，做到连续补货，防止滞销商品库存过多，或畅销商品断货。

2）CPFR：协同、规划、预测与补货

在持续补货的基础上，宝洁公司又和沃尔玛公司合力启动了 CPFR（协同、规划、预测与补货）流程，如图 5-3 所示。这是一个有 9 个步骤的流程，它从双方共同的商业计划开始，到市场推广、销售预测、订单预测，再到最后对市场活动的评估总结，构成了一个可持续提高的循环。流程实施的结果是双方的经营成本和库存水平都大大降低。沃尔玛分店中宝洁公司的产品利润增长了 48%，存货接近于零。而宝洁公司在沃尔玛公司的销售收入和利润也增长了 50%以上。宝洁公司与沃尔玛公司的合作，改变了两家企业的营运模式，实现了双赢。与此同时，它们合作的四个理念——CPFR，也演变成供应链管理的标准。

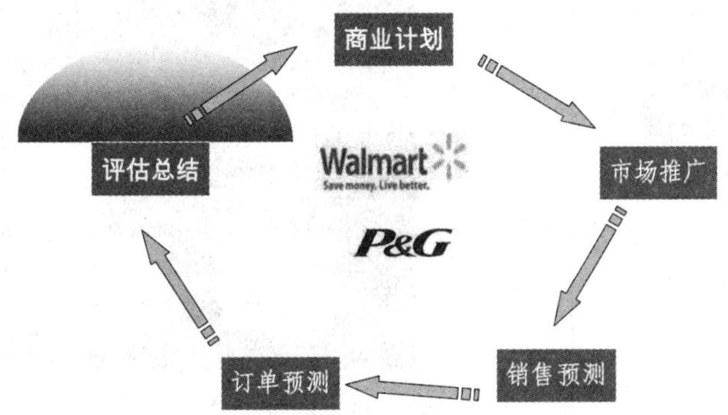

图 5-3　CPFR（协同、规划、预测与补货）流程图

3）进入全方位合作

基于以上成功的尝试，宝洁公司和沃尔玛公司又在信息管理系统、物流仓储体系、客户关系管理、供应链预测与合作体系、零售商联系平台以及人员培训等方面进行了全面、持续、深入而有效的合作。宝洁公司甚至设置了专门的客户业务发展部，以项目管理的方式加强与沃尔玛公司的合作，以求最大限度地降低成本、提高效率。

总而言之，供应链协同管理模式大大降低了整条供应链的运营成本，提高了对顾客需求的反应速度，更好地保持了顾客的忠诚度，为双方带来了丰厚的回报。根据贝恩公司的一项研究，2004 年宝洁公司 514 亿美元的销售额中的 8% 来自沃尔玛公司，而沃尔玛公司 2560 亿美元销售额中就有 3.5% 归功于宝洁公司。

5. 总结

宝洁公司的供应链是当前世界上最高效的供应链，而这得益于宝洁公司高效的采购管理、库存管理、销售管理。当然，其中的采购管理与其多品牌共同发展的企业战略是分不开的。其与沃尔玛公司共同创立的“宝玛模式”，更是成为行业的典范。在经济全球化的今天，企业间的竞争，在一定程度上就是供应链的竞争，宝洁公司优秀的供应链管理必将给其带来更大的收益。

5.1 教师管理端指南

5.1.1 用户管理

1. 查询和更改选手信息

管理端可以通过此功能查询选手信息以及更改选手的相关信息，如图 5-4 所示。

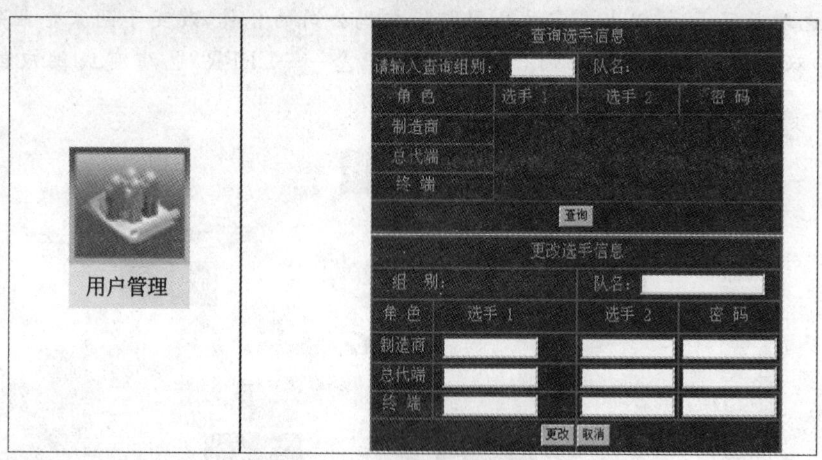

图 5-4 用户管理

操作说明如下。

(1) 单击“用户管理”按钮，弹出“查询选手信息”对话框。

(2) 在文本框中输入所要查询的组号，单击“查询”按钮，可查询出该参赛组的队名，该组供应链各端两位参赛选手的登录名及其登录密码。

(3) 在文本框中输入新的参赛选手名及其登录密码，单击“更改”按钮，可以更改参赛选手的登录名及登录密码。

2. 修改密码

管理端通过此功能可以修改系统管理员的密码，如图 5-5 所示。

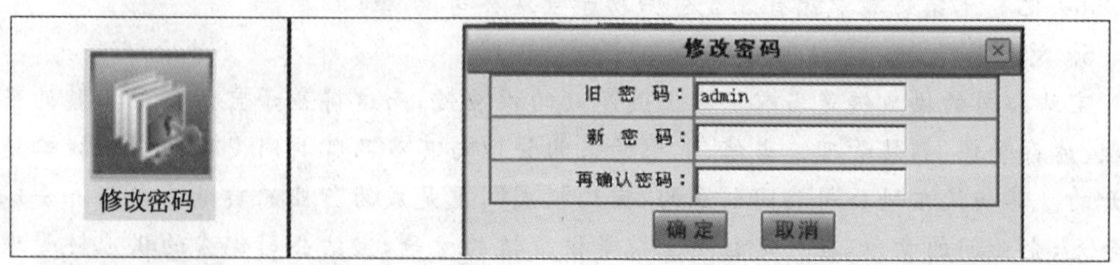

图 5-5 修改密码

操作说明如下。

(1) 单击“修改密码”按钮，弹出“修改密码”对话框。

(2) 输入新密码,并再次输入该密码确认。

(3) 单击"确定"按钮,完成系统管理员密码修改。

3. 登录恢复

管理端对登录出现故障的用户处理,选择指定角色、指定组号后自动恢复,可重新登录,如图 5-6 所示。

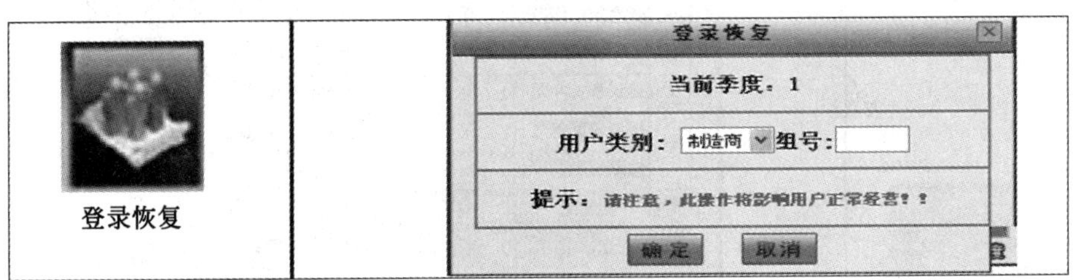

图 5-6　登录恢复

操作说明如下。

(1) 单击"登录恢复"按钮,弹出"登录恢复"对话框。

(2) 选择要恢复的用户类别、组号。

(3) 单击"确定"按钮,完成用户登录恢复。

5.1.2　数据管理

1. 初始化

此节点决定参加此轮沙盘角逐的参赛组数,并将各组状态设置为初始状态,如图 5-7 所示。

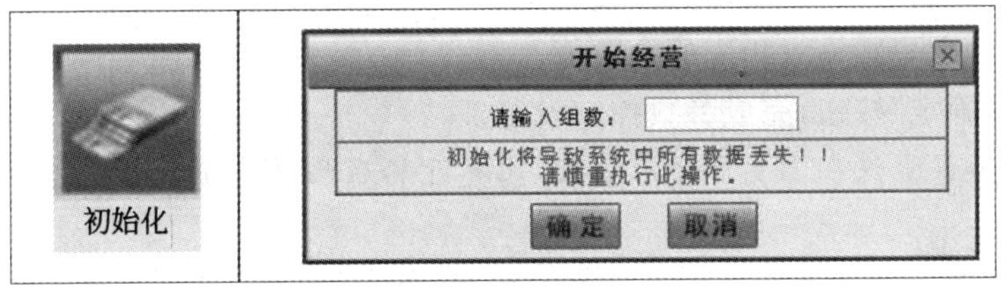

图 5-7　系统初始化

操作说明如下。

(1) 单击"初始化"按钮,弹出"开始经营"对话框。

(2) 输入参赛组数。

(3) 单击"确定"按钮,完成初始化设置。

注意:此操作只能在开始比赛前进行一次。

2. 控制参数

通过此节点系统管理员可以完成基础参数的设置，主要有公共控制参数、制造商参数、总代端参数和终端商参数，如图 5-8 所示。

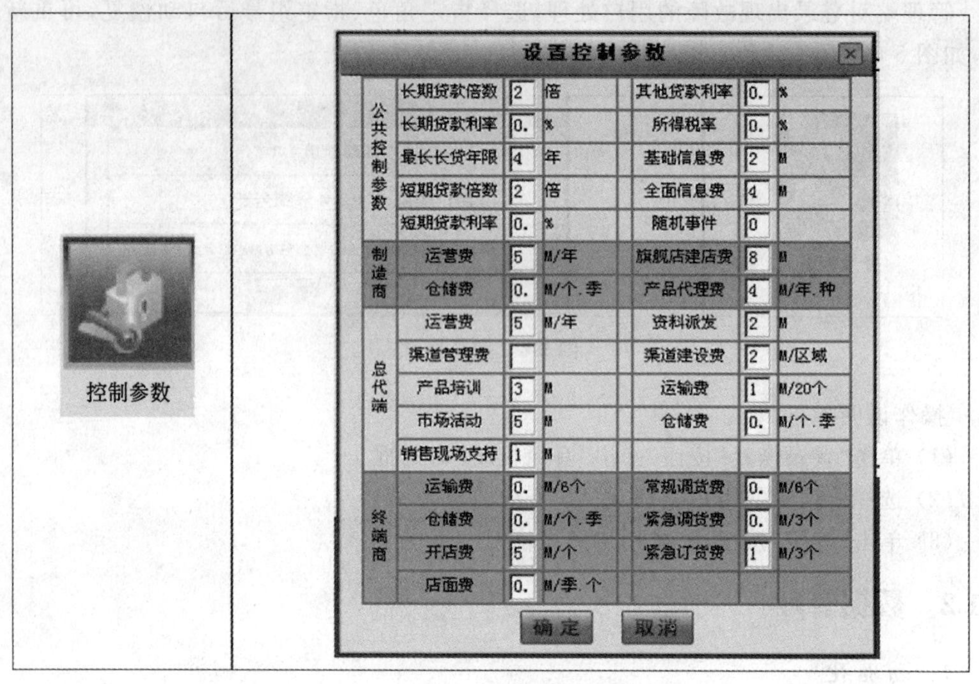

图 5-8 控制参数

操作说明如下。

(1) 单击“控制参数”按钮，弹出“设置控制参数”对话框。

(2) 根据沙盘规则输入相应的参数值。

(3) 单击“确定”按钮，完成参数控制设置。

注意：此项设置仅在比赛开始前可设，比赛开始后此项设置不可变更。

3. 运行开关

当运营过程中服务器出现故障时，通过此功能完成相应的季度恢复，即恢复到故障前的季度值，如图 5-9 所示。

操作说明如下。

(1) 单击“运行开关”按钮，弹出“系统运行控制”对话框。

(2) 在相应的选项中进行“是”或“否”的设置。

(3) 单击“确定”按钮，完成设置。

注意：此功能可在系统运行过程中进行设置，但请慎用，它为即时生效，会影响各端运行状态。

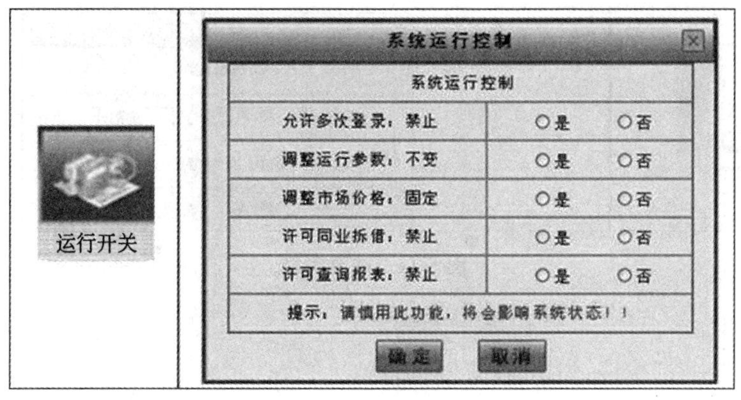

图 5-9　运行开关

4. 数据恢复

当系统出现故障时可以通过数据恢复来排除故障，能够完成整体数据恢复或者单组数据恢复的功能，如图 5-10 所示。

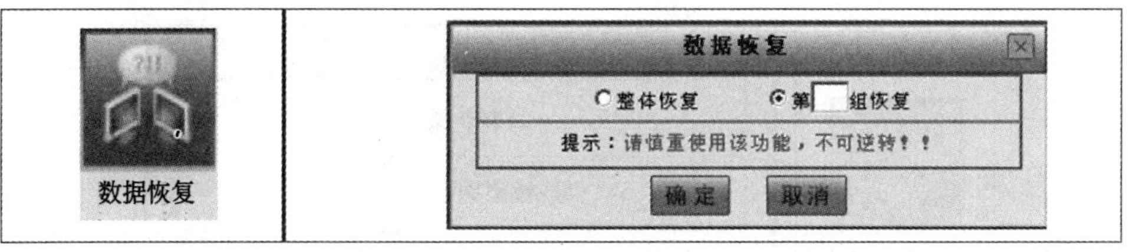

图 5-10　数据恢复

操作说明如下。

(1) 单击“数据恢复”按钮，弹出“数据恢复”对话框。

(2) 整体恢复：将所有小组数据自动恢复到销售会议前或会议后的状态。

(3) 第几组恢复：输入指定的小组号，将当前不能正常操作的小组恢复到默认状态。

(4) 单击“确定”按钮，完成数据的恢复。

注意：

① 系统自动判断当前是何种状态。如果是销售会议前或会议中出故障，则建议将所有小组进行恢复，自动将所有小组恢复到“当季开始”时的状态；如果是销售会议后出故障，则可将出问题的小组恢复到销售会议后的状态。

② 如果当前服务器运行正常，而某小组操作出现异常，只需要让故障用户重新登录即可，管理端不需要使用数据恢复功能。

5. 注资

当某组的制造商、渠道商或者终端商现金短缺，无法再进行下去时，教学版中可以通过注资来增加现金，继续完成比赛，如图 5-11 所示。

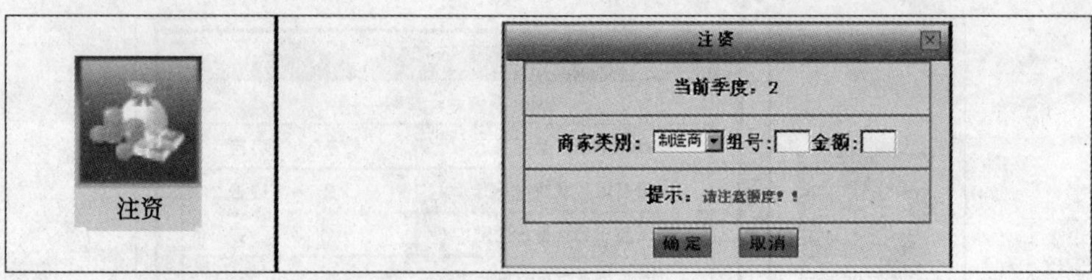

图 5-11　注资管理

操作说明如下。

(1) 单击“注资”按钮，弹出“注资”对话框。

(2) 选择商家类别，输入指定的组号，输入金额。

(3) 单击“确定”按钮，完成注资。

6. 破产处理

在竞赛版中，当某组供应链经营不善，资金难以为继，无法进行下一步经营时，可由管理端启动“破产处理”，让该小组退出经营。不再参与接下来的竞赛，如图 5-12 所示。

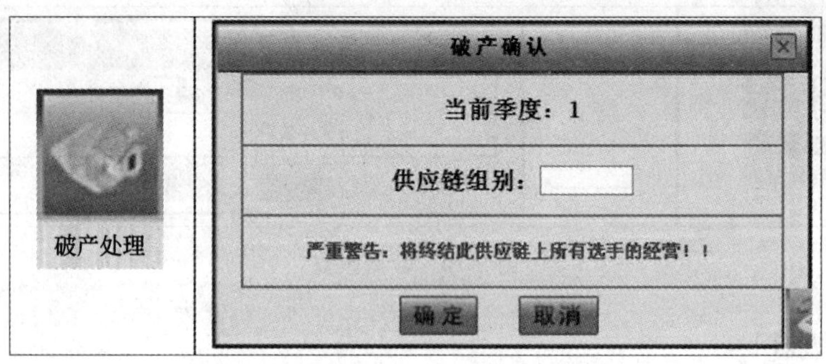

图 5-12　破产处理

操作说明如下。

(1) 单击“破产处理”按钮，弹出“破产确认”对话框。

(2) 输入已破产的供应链组别。

(3) 单击“确定”按钮，完成此操作。

5.1.3　操作管理

1. 比赛开始

表示开启比赛，当初始化结束后开始比赛，此操作会点亮各端当年开始节点，如图 5-13 所示。

操作说明如下。

(1) 单击“比赛开始”按钮，弹出“开始经营”对话框。

(2) 单击“确定”按钮，完成此操作。

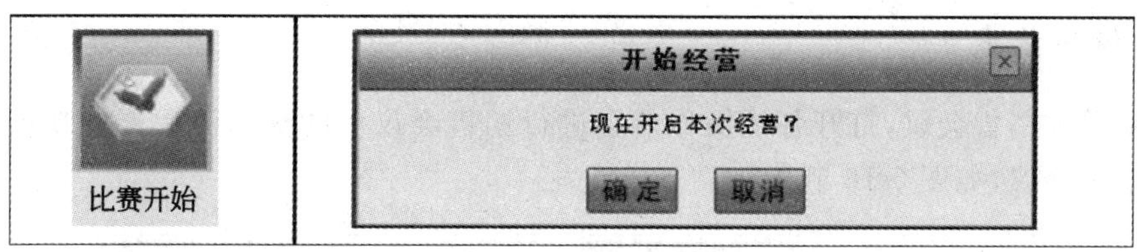

图 5-13　比赛开始

注意：此操作在整个经营过程中只能进行一次。

2. 销售准备

表示管理端准备开始召开销售会议。此操作必须各端均准备好了才能召开销售会议，如果有没有准备好的经营商，对话框就会有相应提示，如图 5-14 所示。

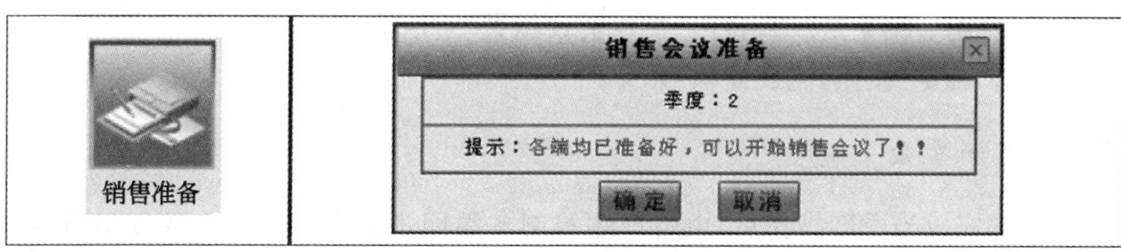

图 5-14　销售准备

操作说明如下。

(1) 单击“销售准备”按钮，弹出“销售会议准备”对话框。

(2) 单击“确定”按钮，即开始进入销售会议。

3. 销售暂停

通过此按钮，管理端可以暂停销售会议，此项操作对系统运行有重大影响，需谨慎操作，如图 5-15 所示。

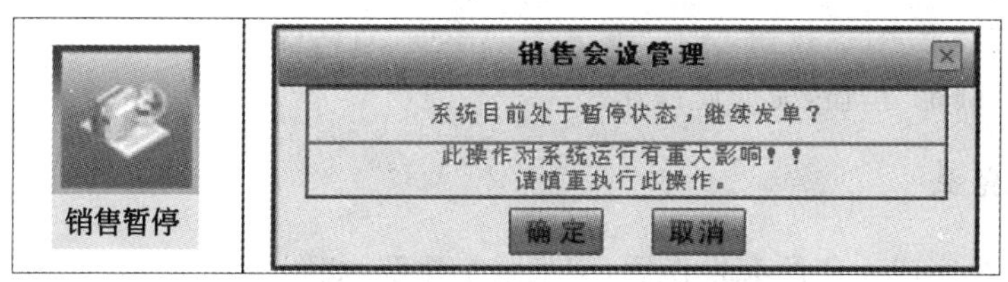

图 5-15　销售会议管理

操作说明如下。

(1) 单击销售暂停按钮，弹出“销售会议管理”对话框。

(2) 单击“确定”按钮，各端销售会议暂停。

4. 销售结束

结束当季销售会议，打开各端操作节点进行销售会议后的操作流程。此功能也可强制结束销售会议，如图 5-16 所示。

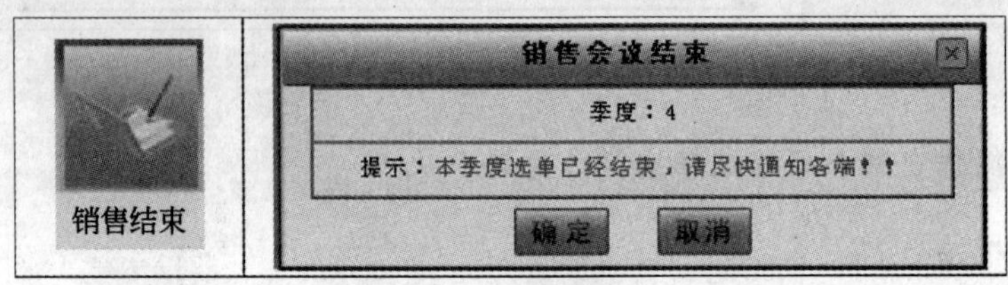

图 5-16　销售结束

操作说明如下。

(1) 单击“销售结束”按钮，弹出“销售会议结束”对话框。

(2) 单击“确定”按钮，完成此操作。

5. 转下一季度

当所有端完成当季度操作后，由管理端控制各端同步进入下一季度继续运营。通过此节点可以自动激活各端下一季度的起始节点，如图 5-17 所示。

图 5-17　转入下一季度

操作说明如下。

(1) 单击“转下季度”按钮，弹出“转入下一季度”对话框。

(2) 单击“确定”按钮，完成此操作。

6. 比赛结束

当所有小组完成 4 年所有操作后，结束整个比赛，如图 5-18 所示。

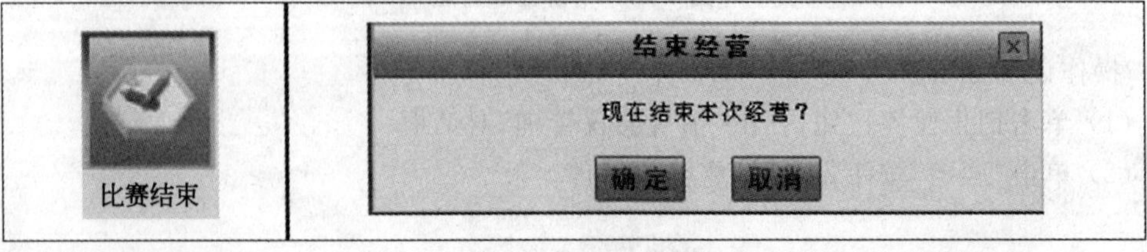

图 5-18　比赛结束

操作说明如下。

(1) 单击“比赛结束”按钮，弹出“结束经营”对话框。

(2) 单击“确定”按钮。

5.1.4 统计分析

1. 排行榜

按照排名规则计算，得到的排名结果如图 5-19～图 5-21 所示。

请选择年度：

图 5-19　选择排名年度

供应链得分情况			
组号	1	季度	4
合并权益	294		
加分项：	加分值	加分项：	加分值
渠道建设加分	15	产能加分	40
市场占有率加分	20	广告加分	20
门店加分	85	资产加分	10.2
研发加分	25	供需放大指数加分	-20
加分合计：	150.2		
供应链得分：	735.8		

图 5-20　供应链得分情况

各厂商得分情况					
制造商		渠道商		终端商	
权益	139.2	权益	87.8	权益	67
加分项：	加分值	加分项：	加分值	加分项：	加分值
研发加分	25	渠道开拓加分	0	渠道加分	20
产能加分	40	渠道管理加分	0	门店加分	40
门店加分	5	代理加分	5	市场占有率加分	20
加分合计：	70	加分合计：	20	加分合计：	80
企业得分：	209.2	企业得分：	107.8	企业得分：	147
供应链得分：	735.8	供应链得分：	735.8	供应链得分：	735.8
企业最终得分：	577.8	企业最终得分：	547.4	企业最终得分：	559.2

图 5-21　各厂商得分情况

操作说明如下。

(1) 单击“排行榜”按钮，弹出新的网页。

(2) 在下拉列表框中选择要查询排名情况的年份,单击“确定”按钮即可查看该年份的经营排名情况。

2. 经营分析

统计并查看所有小组的运营分析数据及图表数据,如图 5-22 所示。

图 5-22　经营分析

操作说明如下。

(1) 单击“经营分析”按钮,弹出新的网页。

(2) 在新的网页上可查看各小组运营分析数据及图表数据。

3. 报表查询

查询报表的对话框,如图 5-23 所示。

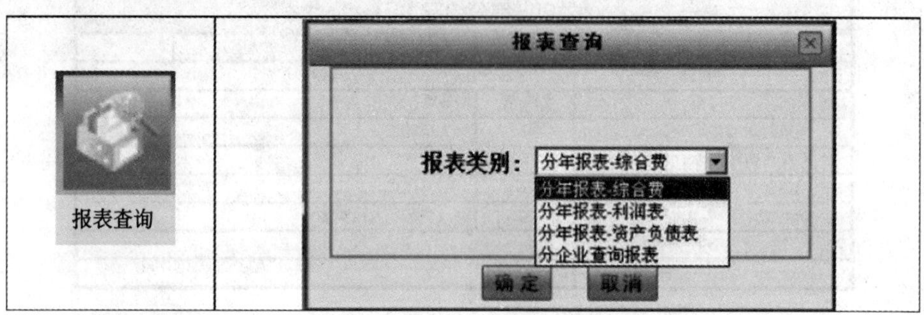

图 5-23　报表查询

操作说明如下。

(1) 单击“报表查询”按钮,弹出“报表查询”对话框。

(2) 在“报表类别”下拉框中选择要查询的报表,单击“确定”按钮,即可在新打开的网页中查看相应年度报表。

5.2　制造商操作指南

5.2.1　年度工作

1. 当年开始

表示制造商开始了当年的经营活动,同时将盘面费用项目清零,如图 5-24 所示。

操作说明如下。

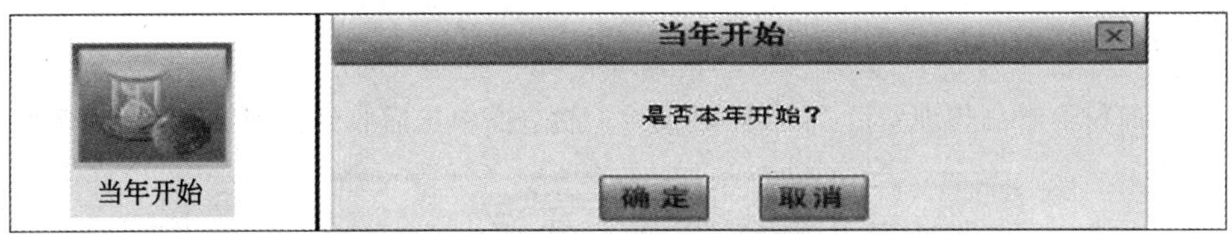

图 5-24 当年开始

(1) 单击“当年开始”按钮，弹出对话框。

(2) 单击“确定”按钮，关闭当前节点，自动激活“缴纳税金”节点。

2. 缴纳税金

显示制造商本年应缴税金，从现金中扣除，如图 5-25 所示。

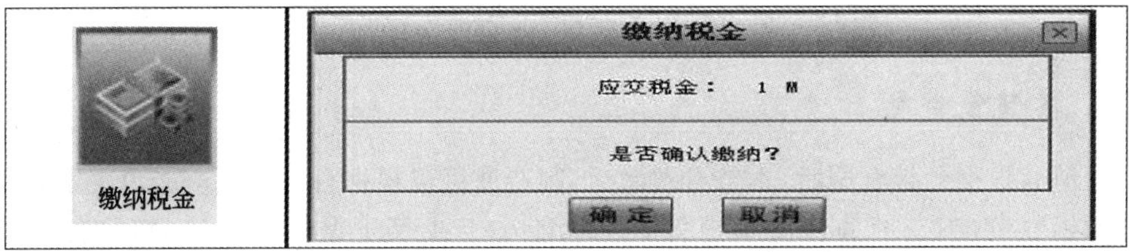

图 5-25 缴纳税金

操作说明如下。

(1) 单击“缴纳税金”按钮，弹出“缴纳税金”对话框。

(2) 单击“确定”按钮，自动扣除本年度应缴税金，现金减少。

3. 资质审核

对渠道商提出的各产品代理申请给予通过审核或不通过审核的决定，如图 5-26 所示。

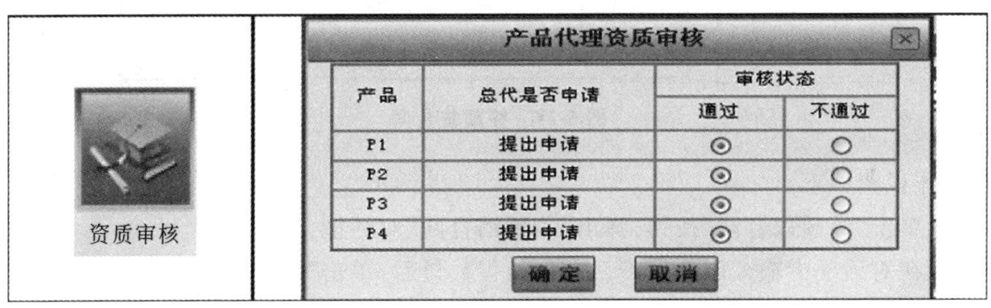

图 5-26 资质审核

操作说明如下。

(1) 单击“资质审核”按钮，弹出“产品代理资质审核”对话框。

(2) 在对话框中对渠道商提出的产品代理申请给予通过或不通过审核的决定后，单击“确定”按钮。

4. 收代理费

渠道商付给产品代理费后，本节点被激活。制造商单击后收到代理费，如图 5-27 所示。

图 5-27　收取代理费

操作说明如下。

(1) 单击“收代理费”按钮，弹出“收取代理费”对话框。

(2) 单击“确定”按钮后，收到产品代理费，盘面现金增加。

5. 签预售合同

渠道商提交预销合同后，本节点被激活，制造商可以根据自己的生产能力决定接受渠道商预销数量，制造商确认的预销售数量只能小于或等于渠道商申请的预销数量，如图 5-28 所示。

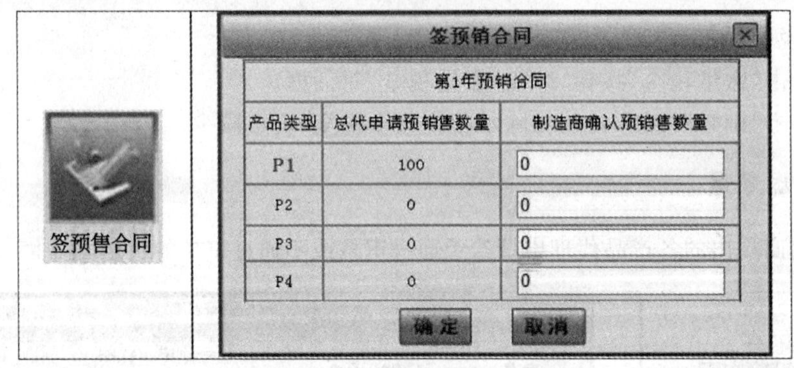

图 5-28　签预售合同

操作说明如下。

(1) 单击“签预售合同”按钮，弹出“签预销合同”对话框。

(2) 在对话框中输入制造商确认的预销售数量后，单击“确定”按钮。

6. 广告方案

制造商对本年度的广告方案做出选择，如图 5-29 所示。

操作说明如下。

(1) 单击“广告方案”按钮，弹出“制造商广告提交表”对话框。

(2) 在报纸报刊、电视媒体、网络平台三种媒介广告的费用明细中输入相应的数量，

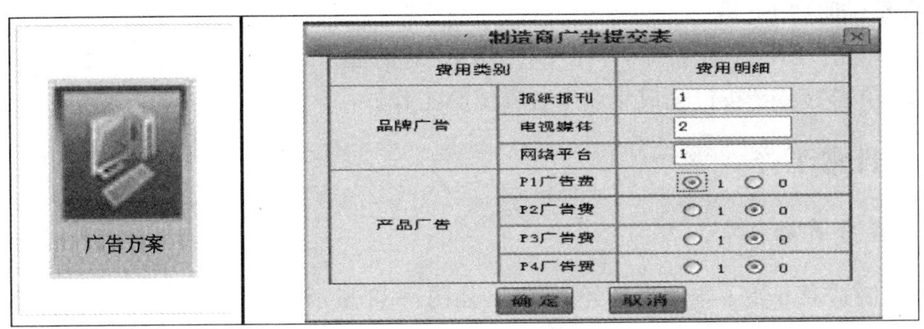

图 5-29　广告方案

对 P1、P2、P3、P4 四种具体产品做不投入或投入 1M 的选择。单击“确定”按钮确认。

7. 长期贷款

制造商可以在此申请期限为 2～4 年的长期贷款，如图 5-30 所示。

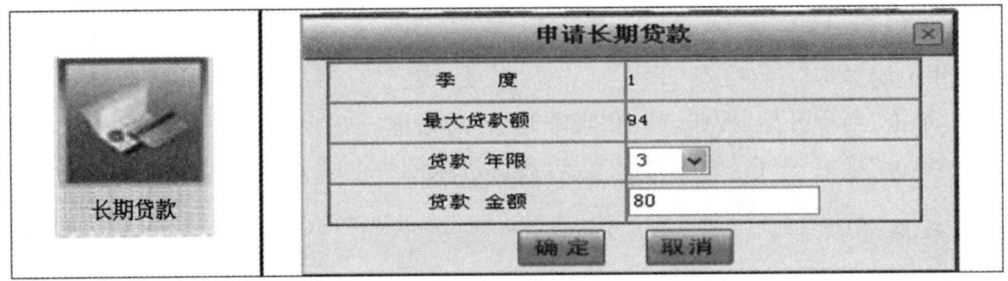

图 5-30　申请长期贷款

操作说明如下。

(1) 单击“长期贷款”按钮，弹出“申请长期贷款”对话框。

(2) 贷款前会自动扣除已经到期的长期贷款本金和利息。

(3) 在贷款金额中输入小于最大贷款额且是 20 整数倍的数字，在贷款年限中选择 2 年、3 年或 4 年。

(4) 单击“确定”按钮，确认本次长期贷款。

8. 当年结束

完成年度经营结束后的各项结算工作，如图 5-31 所示。

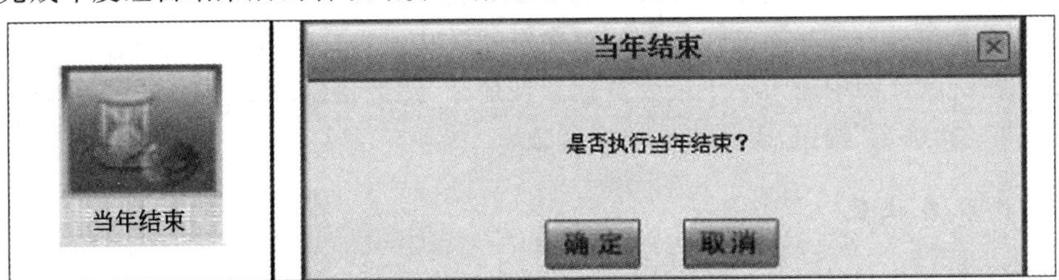

图 5-31　当年结束

操作说明如下。

(1) 单击“当年结束”按钮,弹出“当年结束”对话框。

(2) 单击“确定”按钮完成年度末各项结算工作。

5.2.2 日常工作

1. 当季开始

表示制造商开始了本季度的经营活动,如图 5-32 所示。

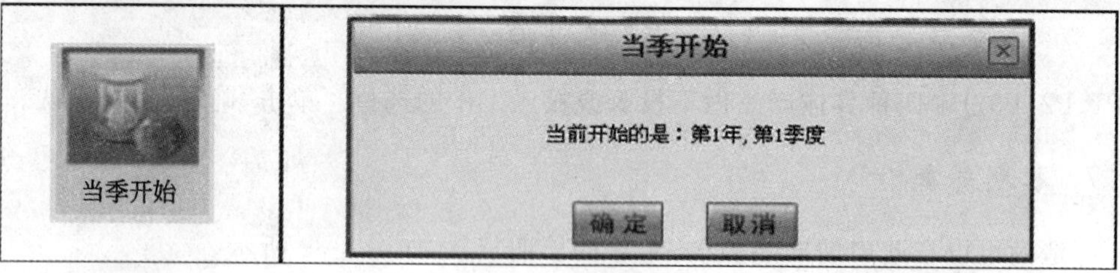

图 5-32 当季开始

操作说明如下。

(1) 单击“当季开始”按钮,弹出“当季开始”对话框。

(2) 单击“确定”按钮,关闭当前节点,等待进入销售会议。

2. 短期贷款

制造商可以在此申请期限为 1 年的短期贷款,如图 5-33 所示。

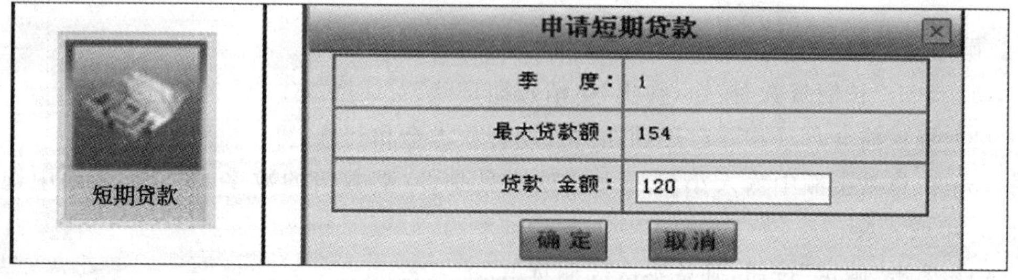

图 5-33 申请短期贷款

操作说明如下。

(1) 单击“短期贷款”按钮,弹出“申请短期贷款”对话框。

(2) 贷款前会自动扣除已经到期的短期贷款及其他贷款的本金和利息。

(3) 在贷款金额中输入小于最大贷款额且是 20 整数倍的数字。

(4) 单击“确定”按钮,确认本次短期贷款。

3. 收取应收款

渠道商付给应付款后,本节点被激活。制造商收取应收款,如图 5-34 所示。

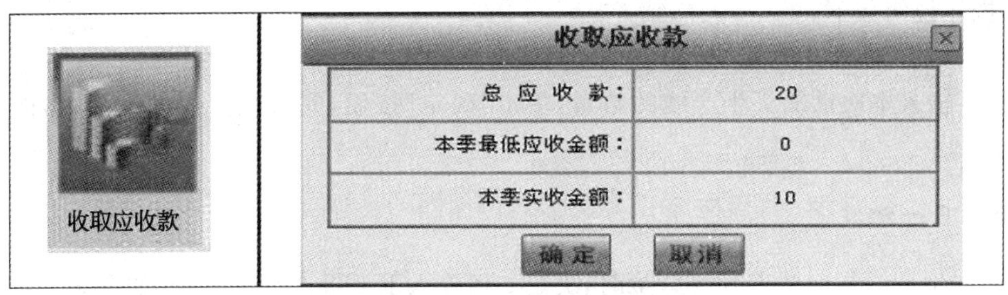

图 5-34　收取应收款

操作说明如下。

(1) 单击“收取应收款”按钮，弹出“收取应收款”对话框。

(2) 单击“确定”按钮后，收到本季渠道商支付的应付款，盘面现金增加。

4. 更新生产

制造商对生产线上的产品进行状态变更，如图 5-35 所示。

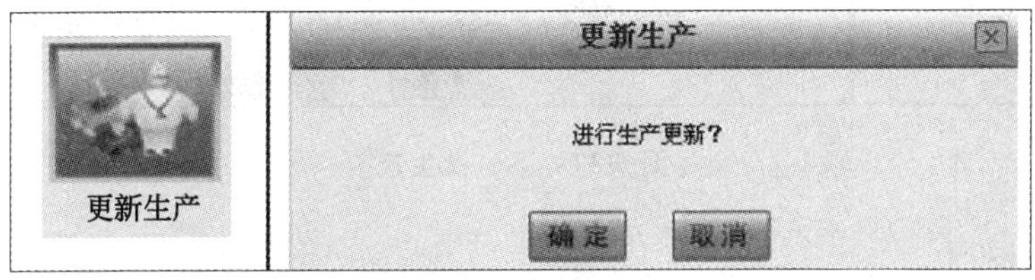

图 5-35　更新生产

操作说明如下。

(1) 单击“更新生产”按钮，弹出“更新生产”对话框。

(2) 单击“确定”按钮后，完成生产更新。将应下线产成品入库，相应产品库存增加。将未下线产品在产品线上向下推移。

5. 购买生产线

制造商可以根据经营状态决定是否购买新的生产线，以及购买新生产线的数量，如图 5-36 所示。

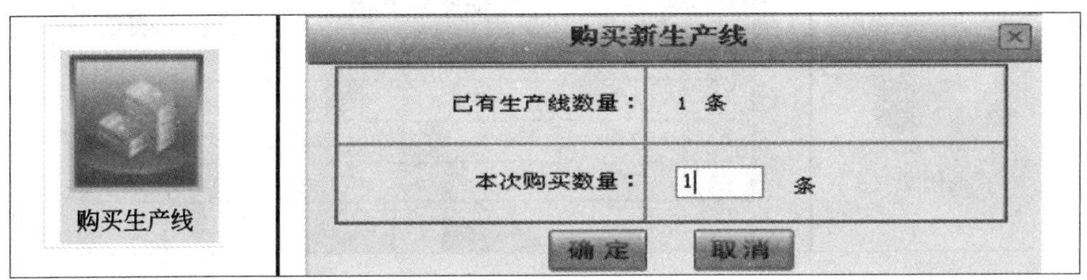

图 5-36　购买生产线

操作说明如下。

(1) 单击"购买生产线"按钮,弹出"购买新生产线"对话框。

(2) 输入本次欲购买生产线的数量,单击"确定"按钮,完成生产线的购买,盘面现金减少。

6. 下一批生产

根据生产线当前状态及经营策略,决定如何投入下一批产品的生产,如图 5-37 所示。

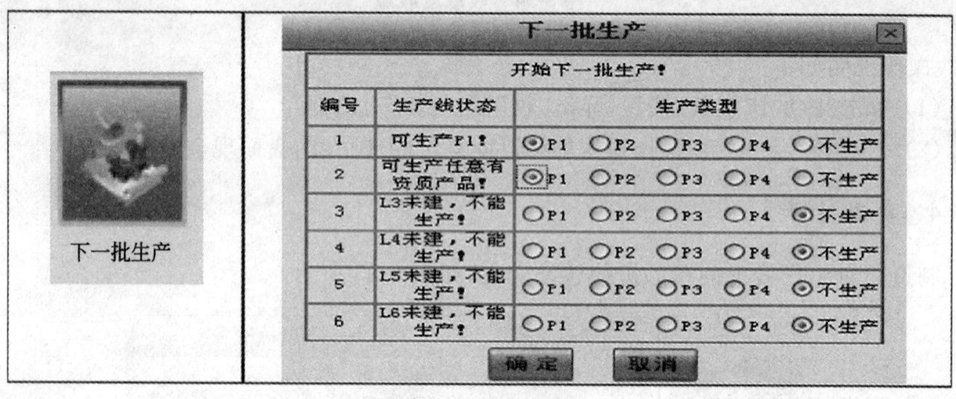

图 5-37 下一批生产

操作说明如下。

(1) 单击"下一批生产"按钮,弹出"下一批生产"对话框。

(2) 根据生产线状态选择是否生产,以及生产类型。

(3) 生产线在任何时候都必须有产品在线,不能空置。如有产品投入生产,将会在现金中扣除相应的原材料费用。

(4) 单击"确定"按钮,完成本次投产。

7. 产品研发

新产品在研发成功后才可以投产,制造商可根据自己的经营策略决定是否投入资金进行 P2、P3、P4 的研发。每种产品的研发周期都是两个季度,如图 5-38 所示。

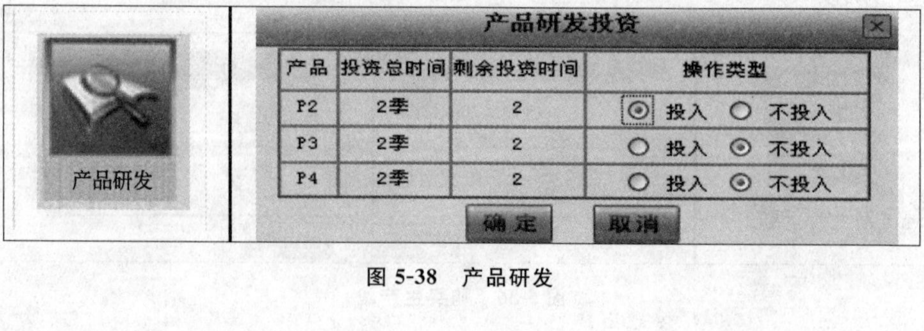

图 5-38 产品研发

操作说明如下。

(1) 单击“产品研发”按钮,弹出“产品研发投资”对话框。

(2) 在“操作类型”中选择是否对新产品的研发进行投入,如果投入,将会在现金中扣除相应的研发费。

8. 产品发货

制造商根据各产品的当前库存以及渠道商的订购数量决定向渠道商发货的数量,如图 5-39 所示。

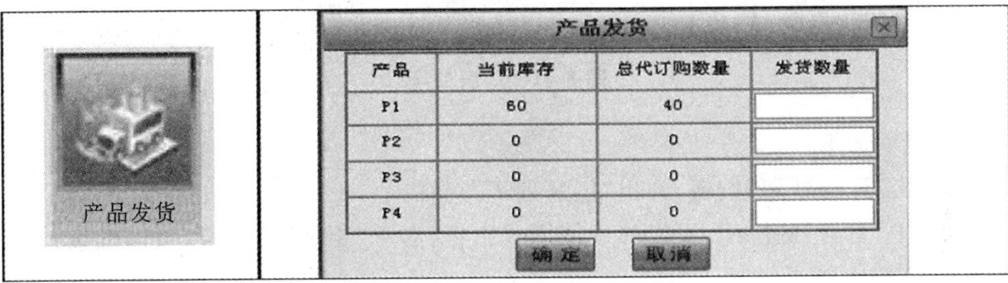

图 5-39　产品发货

操作说明如下。

(1) 单击“产品发货”按钮,弹出“产品发货”对话框。

(2) 在“发货数量”中填入本季向渠道商发货的数量,注意输入的数字不能大于当前该种产品的库存以及渠道商订货的数量。

(3) 单击“确定”按钮,完成产品发货。

9. 接受订单

在渠道商“订购商品”后,本节点被激活,制造商根据渠道商订单数量及自己的生产能力决定接受的订货数量,如图 5-40 所示。

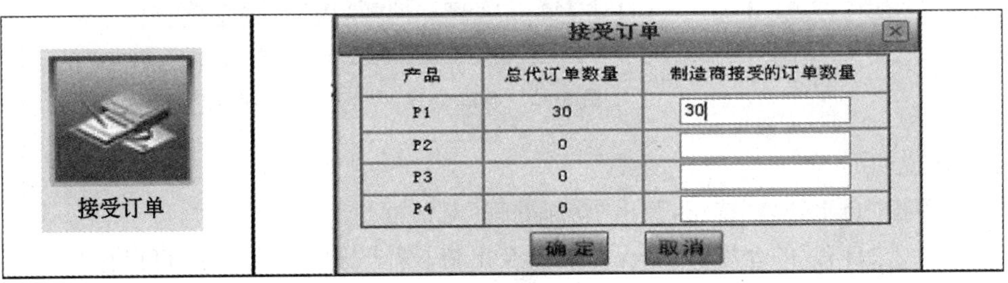

图 5-40　接受订单

操作说明如下。

(1) 单击“接受订单”按钮,弹出“接受订单”对话框。

(2) 根据渠道商的订货数量填入“制造商接受的订单数量”,单击“确定”按钮完成订单的接受。

10. 厂房处理

根据厂房当前权属，在“购买、出售、租赁”中决定厂房处理方法，如图5-41所示。

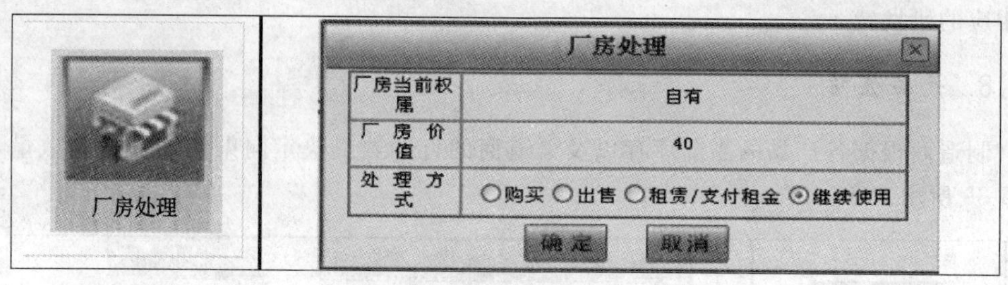

图 5-41 厂房处理

操作说明如下。

(1) 单击“厂房处理”按钮，弹出“厂房处理”对话框。

(2) 对于“自有”的厂房，可以继续使用或出售；对于“租赁”的厂房，可以继续使用(即保持租赁状态)或购买。

(3) 单击“确定”按钮完成厂房处理。

11. 仓库处理

根据仓库当前权属，在“购买、出售、租赁、退租、保持现状”中决定仓库处理方法，如图5-42所示。

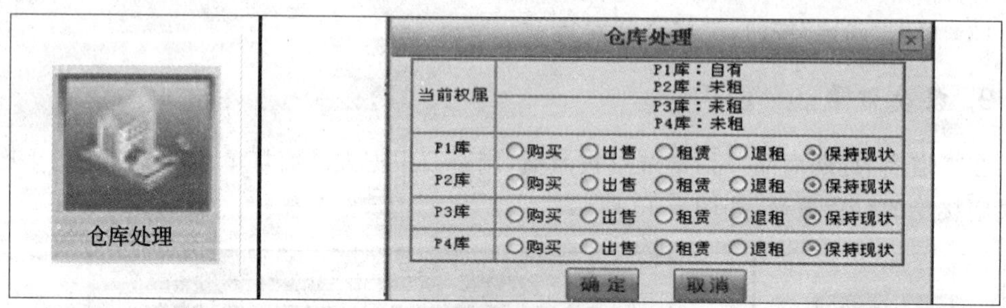

图 5-42 仓库处理

操作说明如下。

(1) 单击“仓库处理”按钮，弹出“仓库处理”对话框。

(2) 对于“自有”的仓库，可以保持现状及出售；对于“租赁”的仓库，可以保持现状(即保持租赁状态)退租或购买。

(3) 单击“确定”按钮完成仓库处理。

12. 建旗舰店

制造商可以在东、南、西、北四个方向上选择一个方向建立一个旗舰店，建店成功会在现金中扣除相应的建店费用，如图5-43所示。

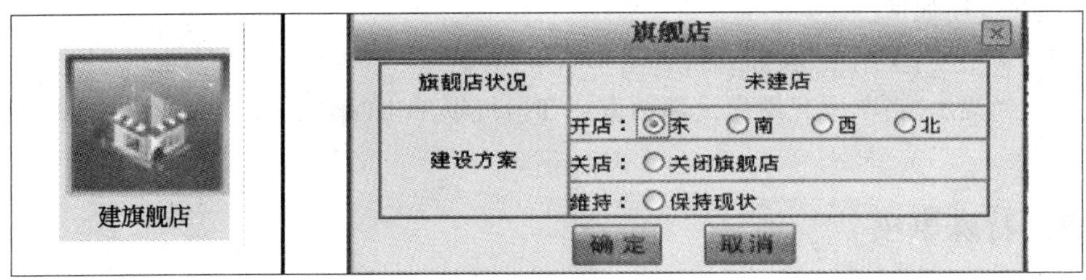

图 5-43　建旗舰店

操作说明如下。

(1) 单击“建旗舰店”按钮，弹出“旗舰店”对话框。

(2) 在四个方向上选择一个方向建立旗舰店。对于已经建好的旗舰店，可以保持现状，或关闭，或选择在另一个方向开设新旗舰店(原旗舰店将同时被关闭)。

(3) 单击“确定”按钮完成旗舰店的建设。

13. 销售返利

制造商对渠道商给予一定的现金返利，如图 5-44 所示。

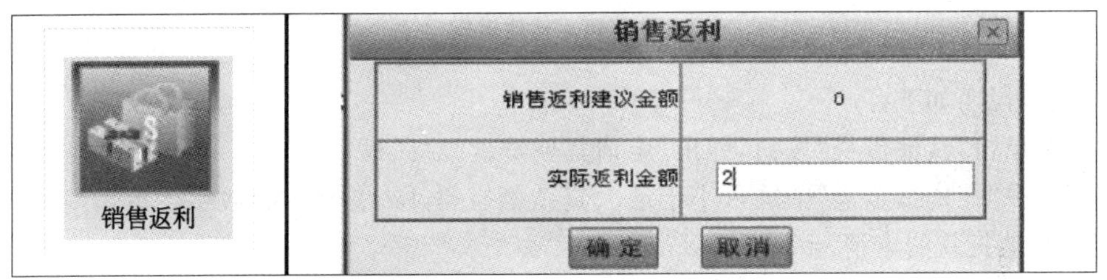

图 5-44　销售返利

操作说明如下。

(1) 单击“销售返利”按钮，弹出“销售返利”对话框。

(2) 在“实际返利金额”中输入对渠道商的返利金额，单击“确定”按钮完成返利。

14. 当季结束

完成季度经营结束的各项结算工作，如图 5-45 所示。

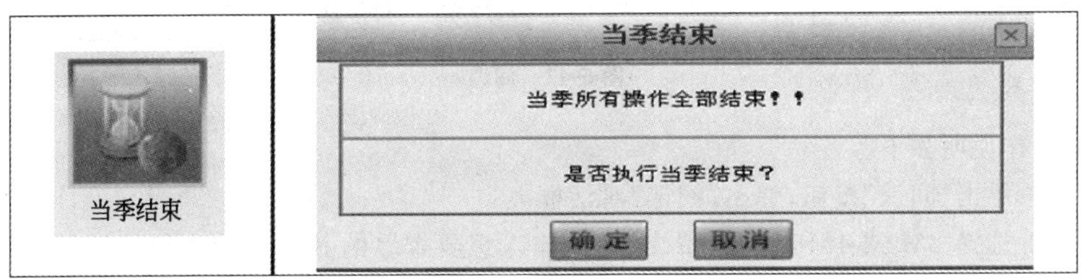

图 5-45　当季结束

操作说明如下。

(1) 单击“当季结束”按钮，弹出“当季结束”对话框。

(2) 当提示“当季所有操作全部结束!!”时，可以单击“确定”按钮完成季度末的各项结算工作。

5.2.3 特殊事项

1. 其他借贷

制造商可以在此申请期限为 1 个季度的其他类型贷款。每一季度最多贷款 40M，在下一季度短期贷款时对上一季度其他贷款还本付息，如图 5-46 所示。

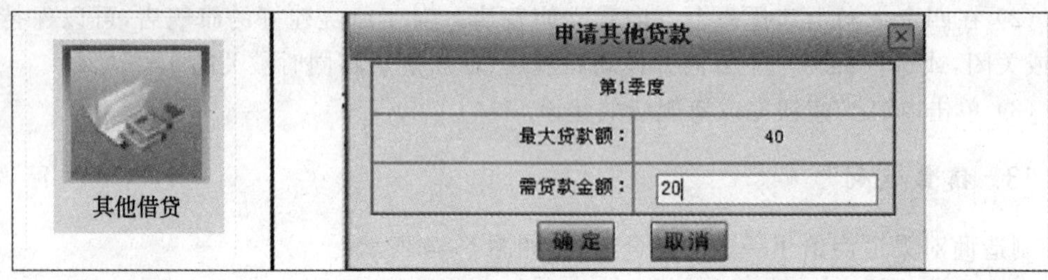

图 5-46 其他借贷

操作说明如下。

(1) 单击“其他借贷”按钮，弹出“申请其他贷款”对话框。

(2) 在“需贷款金额”中输入小于最大贷款额且是 10 整数倍的数字。单击“确定”按钮完成其他贷款的申请。

2. 间谍

支出不同金额的间谍费，可查看其他经营小组当前经营状况，如图 5-47 所示。

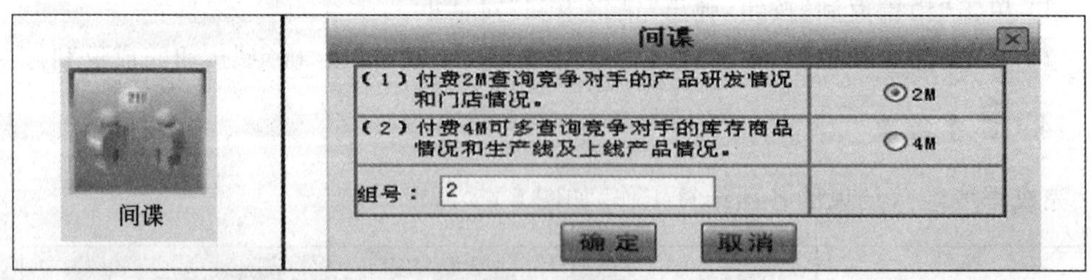

图 5-47 间谍

操作说明如下。

(1) 单击“间谍”按钮，弹出“间谍”对话框。

(2) 选择 2M 或 4M 的间谍费支出，并输入想要查看的其他经营小组的组号。单击“确定”按钮，即可在弹出的新网页中看到其他小组当前的经营状况。

3. 修改密码

可修改本小组的登录密码，如图 5-48 所示。

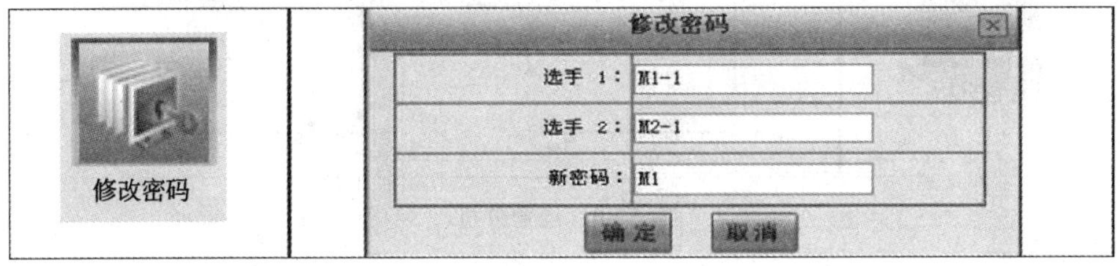

图 5-48 修改密码

操作说明如下。

(1) 单击“修改密码”按钮，弹出“修改密码”对话框。

(2) 在新密码框中输入新的小组登录密码，单击“确定”按钮完成登录密码的修改。

4. 长短贷查询

查询当前所有未归还的长期贷款、短期贷款的金额及账期，如图 5-49 所示。

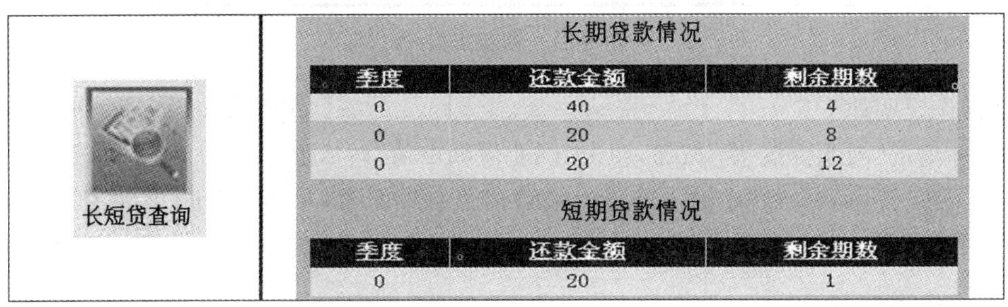

长短贷查询

长期贷款情况

季度	还款金额	剩余期数
0	40	4
0	20	8
0	20	12

短期贷款情况

季度	还款金额	剩余期数
0	20	1

图 5-49 长短贷查询

操作说明如下。

(1) 单击“长短贷查询”按钮，弹出新的网页。

(2) 在新的网页中可以查看本企业当前长期贷款和短期贷款的借款情况及还款期限。

5. 经营分析

经营结束后，可查看经营分析数据及图表数据，如图 5-50 所示。

操作说明如下。

(1) 单击“经营分析”按钮，弹出新的网页。

(2) 在新的网页中可以查看本企业当前各项经营得分的数据汇总。

6. 同业拆借-借

当制造商经营遇到困难、现金短缺时，可以打开同业拆借-借节点，向同一供应链的渠

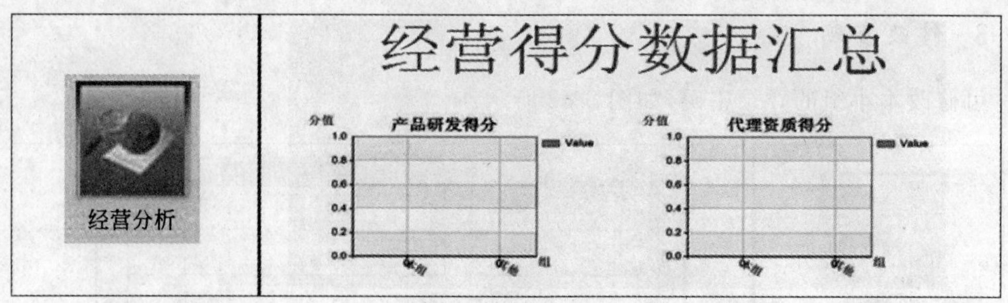

图 5-50　经营分析

道商进行现金拆借，如图 5-51 所示。

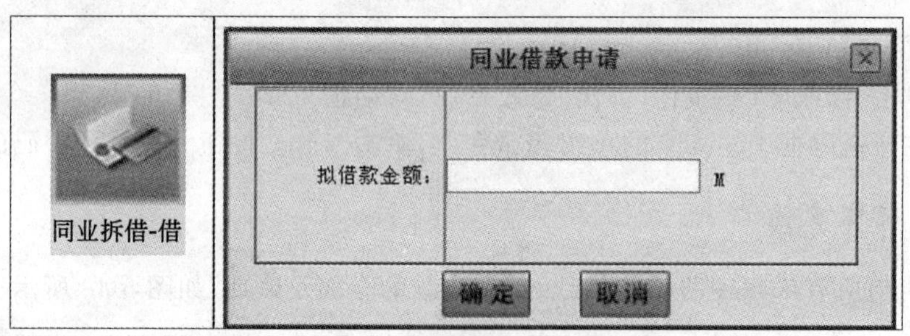

图 5-51　同业拆借-借

操作说明如下。

(1) 单击“同业拆借-借”按钮，弹出“同业借款申请”对话框。

(2) 在“拟借款金额”中输入准备向渠道商借款的金额，单击“确定”按钮完成借款申请，等待渠道商审核。

7. 同业拆借-审

同业拆借-审节点是制造商对同一供应链渠道商发来的借款申请予以审核，做出借款或不借款的决定，如图 5-52 所示。

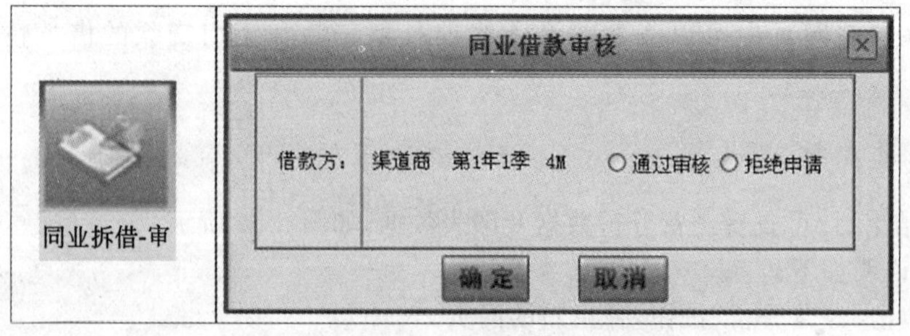

图 5-52　同业拆借-审

操作说明如下。

(1) 单击“同业拆借-审”按钮，弹出“同业借款审核”对话框。

(2) 对话框中将显示渠道商借款的具体时间及借款金额，选择通过审核或拒绝申请后，单击“确定”按钮完成审核。

8. 同业拆借-还

同业拆借-还节点是制造商归还向渠道商的借款，如图 5-53 所示。

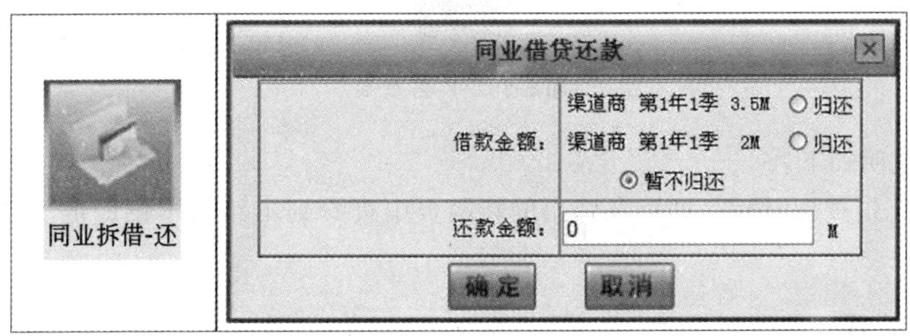

图 5-53　同业拆借-还

操作说明如下。

(1) 单击“同业拆借-还”按钮，弹出“同业借贷还款”对话框。

(2) 对话框中将显示向渠道商借款的具体时间及借款金额，如果有多笔借款，将会同时显示出来，打开本节点一次只能选择其中的一笔进行归还。

(3) 选择其中某笔借款，选中归还，在“还款金额”中输入欲归还的金额，单击“确定”按钮完成该笔借款的还款。也可选择暂不归还，单击“确定”按钮将不会归还所有借款。

5.2.4 信息查询

1. 订单查询

可查询渠道商本季和上季度的订货量，如图 5-54 所示。

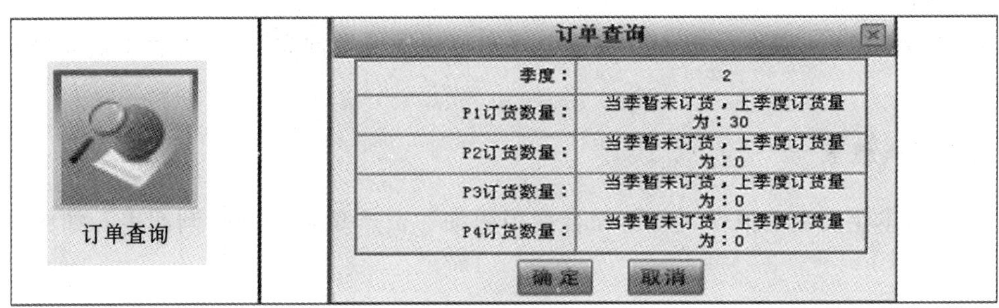

图 5-54　订单查询

操作说明如下。

单击“订单查询”按钮，即可在弹出的“订单查询”对话框中看到渠道商当季和上季度的订货量。

2. 广告查询

可查询本年度本供应链三端各类广告投入情况，如图 5-55 所示。

图 5-55　广告查询

操作说明如下。

单击“广告查询”按钮，即可在弹出的新网页中查看到本年度本供应链三端各类广告投入情况。

3. 经营得分

可查看本端企业上一年度经营得分情况，如图 5-56 所示。

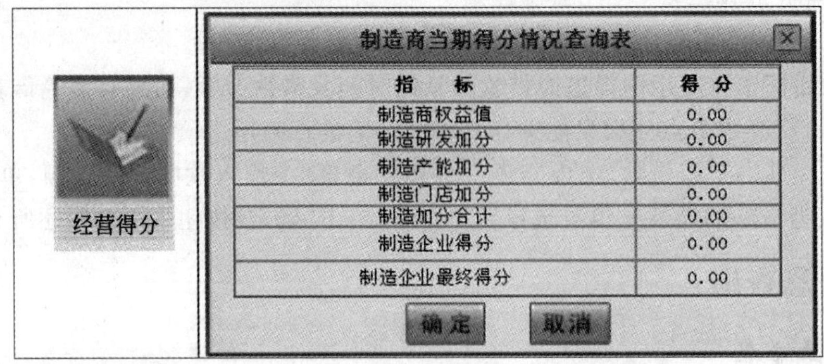

图 5-56　经营得分

操作说明如下。

单击“经营得分”按钮，即弹出“制造商当期得分情况查询表”。可查看制造商当期得分明细。

4. 企业报表

可查看本年度企业报表，包括“综合费用明细”“资产负债表”和“利润表”，如图 5-57 所示。

图 5-57　企业报表

操作说明如下。

单击“企业报表”按钮,即可在弹出的新网页中查看到“综合费用明细表”“资产负债表”和“利润表”。

5. 规则说明

可查看本沙盘经营的规则要点,如图 5-58 所示。

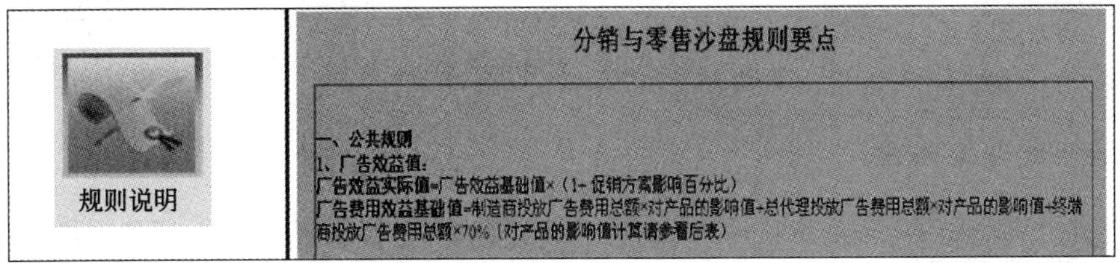

图 5-58　规则说明

操作说明如下。

单击“规则说明”按钮,即可在弹出的新网页中查看分销与零售沙盘经营规则要点。

6. 市场预测

可查看整个经营周期中对各产品需求的市场预测图,如图 5-59 所示。

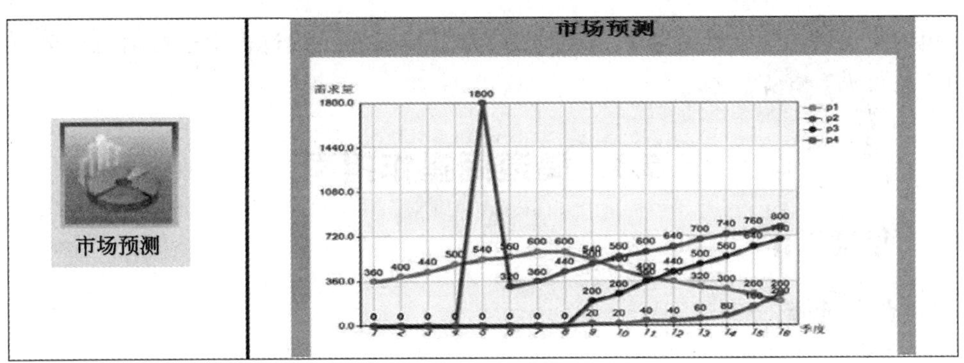

图 5-59　市场预测

操作说明如下。

单击“市场预测”按钮,即可在弹出的新网页中查看各产品需求的市场预测图。

5.2.5　系统公告与组内交流

1. 系统公告区

学生可以通过“系统公告”功能,了解教师的教学指令,如图 5-60 所示。

系统公告区主要公告管理端发出的各种信息。

图 5-60　系统公告区

2. 组内交流区

同一条供应链中的学生，可以通过“组内交流”功能来实现信息互动，避免因语言交流而导致的管理信息与情报外泄，如图 5-61 所示。

图 5-61　组内交流

组内交流区用于本组制造商、渠道商、终端商三端在经营过程中进行信息交流，仅本组内成员可见。

5.3　渠道商操作指南

5.3.1　年度工作

1. 当年开始

表示渠道商开始了当年的经营活动，同时将盘面费用项目清零，如图 5-62 所示。

图 5-62　当年开始

操作说明如下。

(1) 单击“当年开始”按钮，弹出“当年开始”对话框。

(2) 单击“确定”按钮，关闭当前节点，自动激活“缴纳税金”节点。

2. 缴纳税金

显示渠道商本年应缴税金，从现金中扣除，如图 5-63 所示。

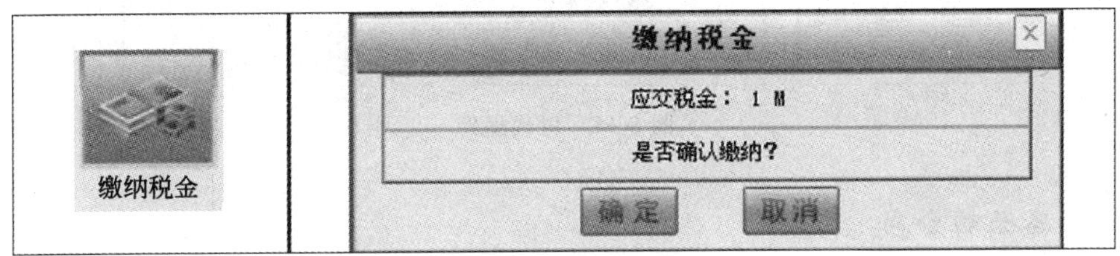

图 5-63　缴纳税金

操作说明如下。

(1) 单击“缴纳税金”按钮，弹出“缴纳税金”对话框。

(2) 单击“确定”按钮，自动扣除本年度应缴税金，现金减少。

3. 代理申请

向制造商提出本年度的产品代理申请，并激活制造商的资质审核节点，如图 5-64 所示。

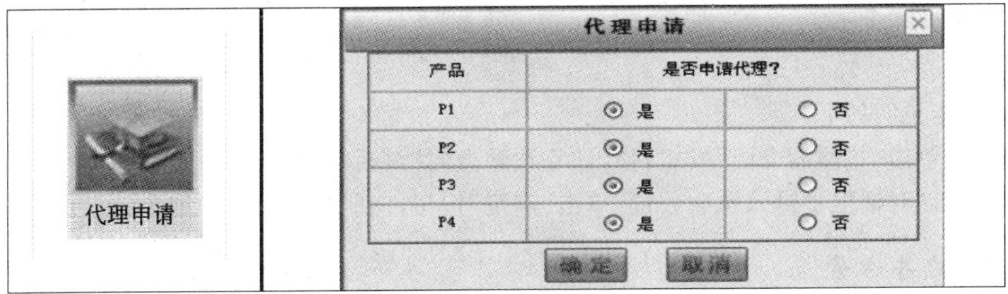

图 5-64　代理申请

操作说明如下。

(1) 单击“代理申请”按钮，弹出“代理申请”对话框。

(2) 在对话框中确定是否对各产品提出代理申请。单击“确定”按钮完成代理申请。

4. 付代理费

渠道商按制造商通过的代理产品类型，付给制造商产品代理费，并激活制造端“收代理费”节点，如图 5-65 所示。

操作说明如下。

(1) 单击“付代理费”按钮，弹出“付代理费”对话框。

(2) 单击“确定”按钮，扣除产品代理费，盘面现金减少。

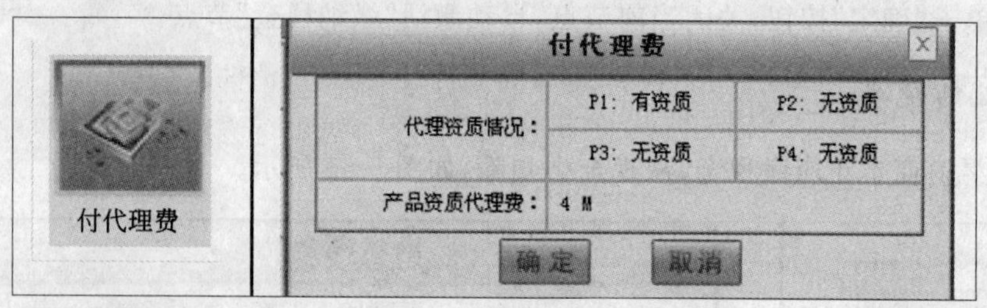

图 5-65 付代理费

5. 签预购合同

向制造商提交本年度产品预购合同，并激活制造端确认预购合同节点，如图 5-66 所示。

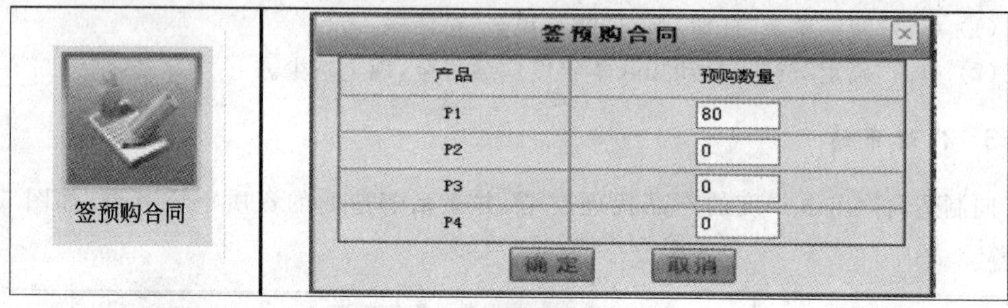

图 5-66 签预购合同

操作说明如下。

(1) 单击“签预购合同”按钮，弹出“签预购合同”对话框。

(2) 在对话框中输入预购数量，单击“确定”按钮，向制造商发出预购申请。

6. 广告方案

渠道商对本年度的广告方案做出投放金额抉择，如图 5-67 所示。

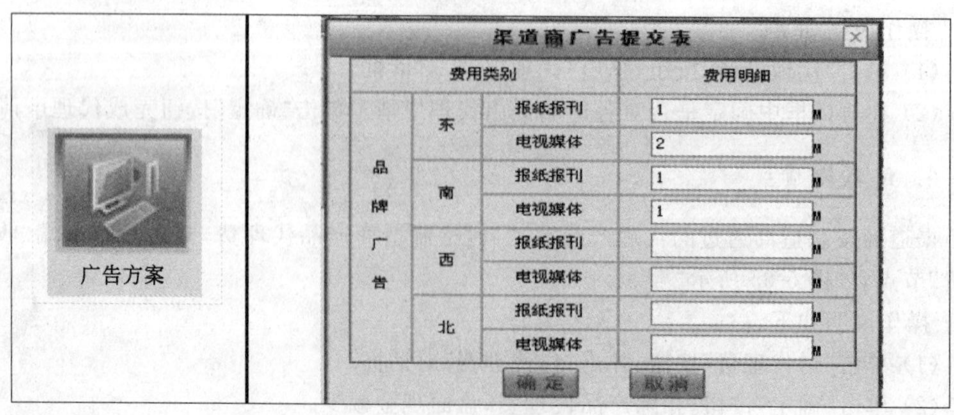

图 5-67 广告方案

操作说明如下。

（1）单击“广告方案”按钮，弹出“渠道商广告提交表”对话框。

（2）在东、南、西、北四个方向上选择在报纸报刊或者电视媒体投入相应的广告费，填写在“费用明细”栏里，单击“确定”按钮确认。

7. 长期贷款

渠道商可以在此申请期限为 2～4 年的长期贷款，如图 5-68 所示。

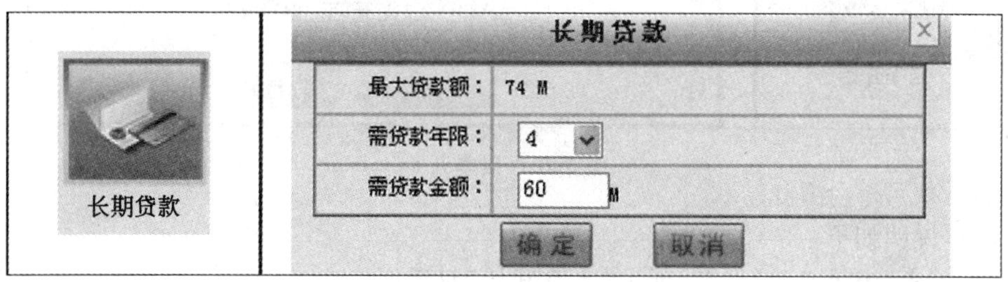

图 5-68　长期贷款

操作说明如下。

（1）单击“长期贷款”按钮，弹出“长期贷款”对话框。

（2）贷款前会自动扣除已经到期的长期贷款本金和利息。

（3）在贷款金额中输入小于最大贷款额且是 20 整数倍的数字，在贷款年限中选择 2 年、3 年或 4 年。

（4）单击“确定”按钮，确认本次长期贷款。

8. 当年结束

完成年度经营结束后的各项结算工作，如图 5-69 所示。

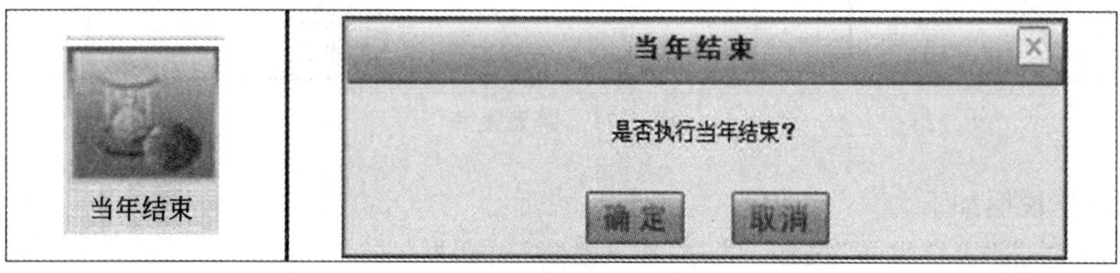

图 5-69　当年结束

操作说明如下。

（1）单击“当年结束”按钮，弹出“当年结束”对话框。

（2）单击“确定”按钮完成年度末各项结算工作。

5.3.2 日常工作

1. 当季开始

表示渠道商开始了本季度的经营活动，如图 5-70 所示。

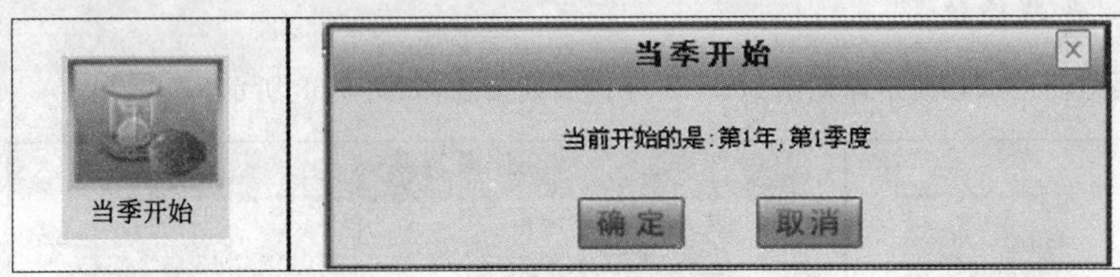

图 5-70 当季开始

操作说明如下。

(1) 单击“当季开始”按钮，弹出“当季开始”对话框。

(2) 单击“确定”按钮，关闭当前节点，等待进入销售会议。

2. 紧急发货

在销售会议期间，根据终端商提出的订货需求，向东、南、西、北四个方向发出产品，用现金结算，如图 5-71 所示。

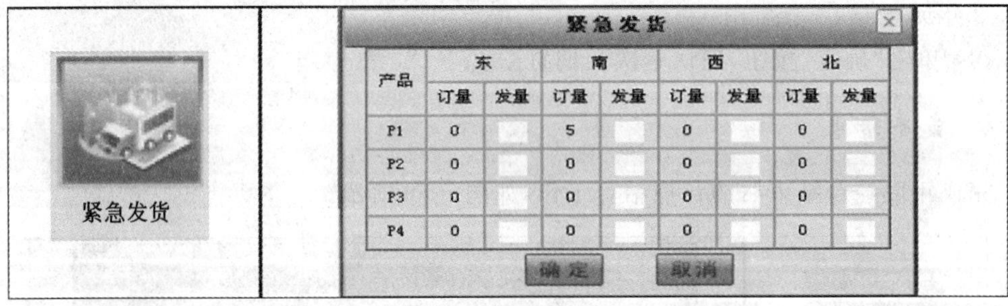

图 5-71 紧急发货

操作说明如下。

(1) 单击“紧急发货”按钮，弹出“紧急发货”对话框。

(2) 根据终端商的订货量以及本端的库存量，输入发货数量，单击“确定”按钮，完成紧急发货。

3. 申请短贷

渠道商可以在此申请期限为 1 年的短期贷款，如图 5-72 所示。

操作说明如下。

(1) 单击“申请短贷”按钮，弹出“申请短贷”对话框。

(2) 贷款前会自动扣除已经到期的短期贷款及其他贷款的本金和利息。

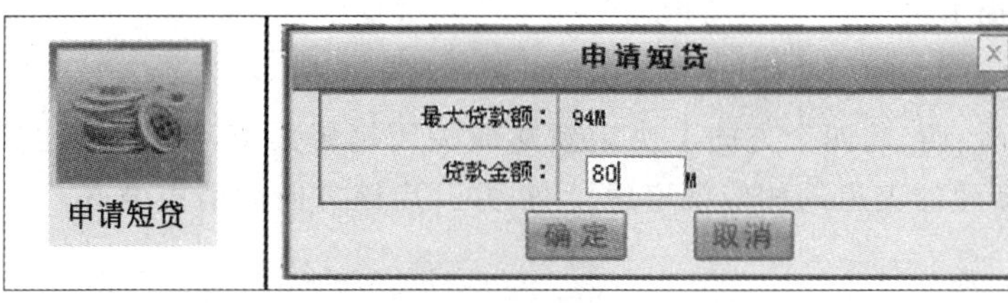

图 5-72 申请短贷

(3) 在贷款金额中输入小于最大贷款额且是 20 整数倍的数字。

(4) 单击“确定”按钮，确认本次短期贷款。

4. 渠道管理

渠道商在四种渠道管理活动中选择准备开展的活动，并支出相应的费用。此活动可以影响广告效益值，如图 5-73 所示。

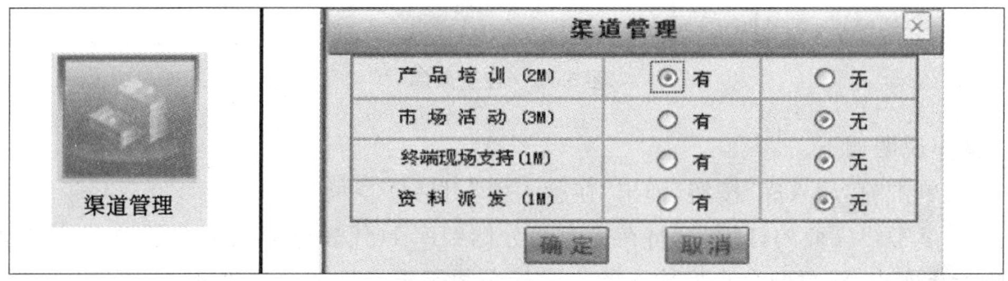

图 5-73 渠道管理

操作说明如下。

(1) 单击“渠道管理”按钮，弹出“渠道管理”对话框。

(2) 对四种渠道管理活动进行开展或不开展的选择，单击“确定”按钮，系统会根据选择的渠道管理活动从现金中扣除相应的费用。

5. 渠道建设

渠道商决定在东、南、西、北四个方向上开拓或关闭销售渠道，在该方向上有销售渠道，终端商才能在该方向上开店运营，如图 5-74 所示。

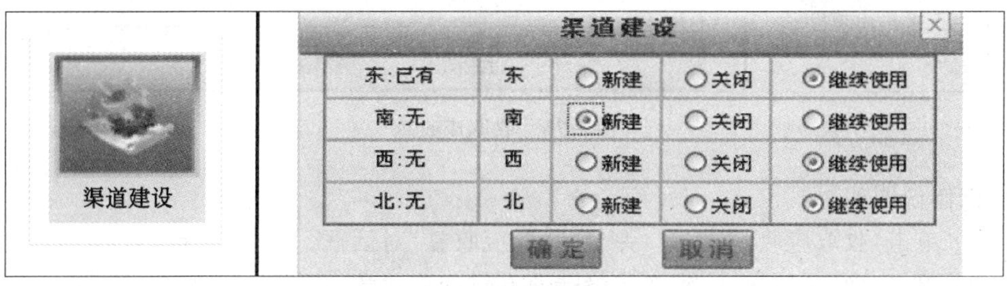

图 5-74 渠道建设

操作说明如下。

(1) 单击 "渠道建设"按钮,弹出"渠道建设"对话框。

(2) 在东、南、西、北四个方向上决定新建或关闭销售渠道,单击"确定"按钮,系统会从现金中扣除新建的渠道的相应渠道建设费,并开启该方向的销售渠道。

6. 在途入库

将上一季度制造商发来的商品分储到各仓库中,如图 5-75 所示。

图 5-75　在途入库

操作说明如下。

(1) 单击"在途入库"按钮,弹出"在途入库"对话框。

(2) 参考终端商的订货量,将在途商品分储到库 1(代表东南方向)、库 2(代表西北方向)两个仓库中,注意两个仓库输入的入库量必须等于产品在途的数量。

(3) 单击"确定"按钮,完成在途入库。

7. 收取应收款

终端商付给应付款后,本节点被激活。渠道商单击"确定"按钮后收到应收款,如图 5-76 所示。

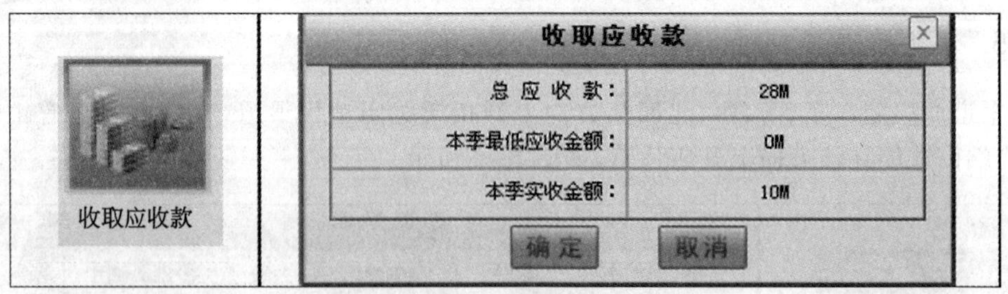

图 5-76　收取应收款

操作说明如下。

(1) 单击"收取应收款"按钮,弹出"收取应收款"对话框。

(2) 单击"确定"按钮,收到本季终端商支付的应付款,盘面现金增加。

8. 支出应付款

向制造商支付上季度应付账款。此功能可以实现应付账款移期，如图 5-77 所示。

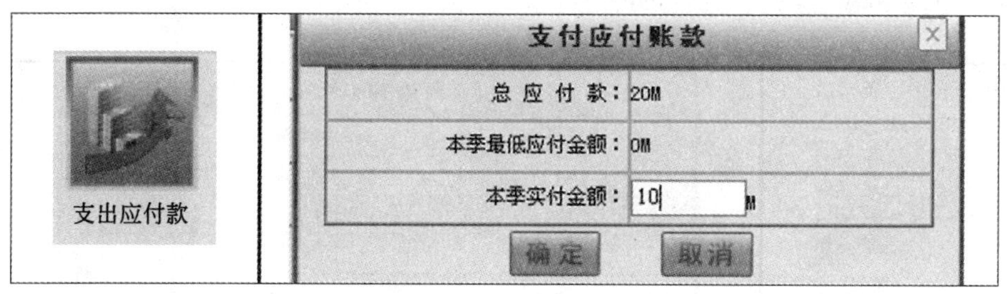

图 5-77　支出应付款

操作说明如下。

(1) 单击“支出应付款”按钮，弹出“支付应付账款”对话框。

(2) 在“本季实付金额”中输入支付给制造商的应付款数目，应大于或等于本季最低应付金额，小于或等于总应付金额。单击“确定”按钮后，付出本季应付款，盘面现金减少。

9. 商品发货

渠道商根据各产品的当前库存及终端商的订购数量决定向终端商发货的数量，如图 5-78 所示。

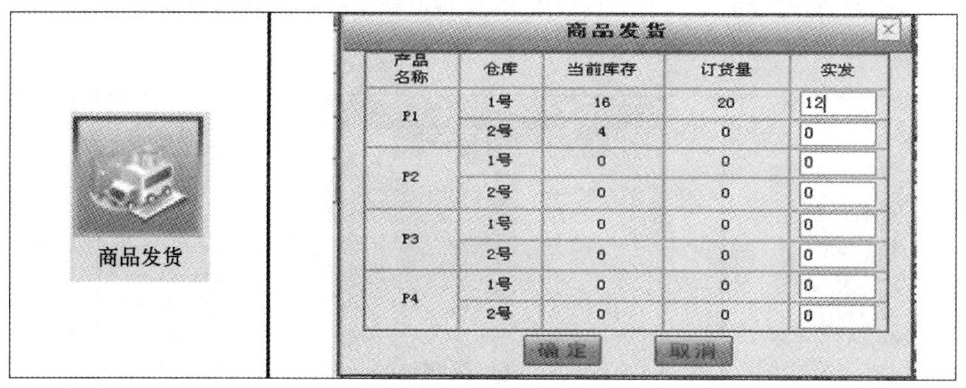

产品名称	仓库	当前库存	订货量	实发
P1	1号	16	20	12
	2号	4	0	0
P2	1号	0	0	0
	2号	0	0	0
P3	1号	0	0	0
	2号	0	0	0
P4	1号	0	0	0
	2号	0	0	0

图 5-78　商品发货

操作说明如下。

(1) 单击“商品发货”按钮，弹出“商品发货”对话框。

(2) 在“实发”中输入本季向终端商发货的数量，注意输入的数字不能大于当前该种产品的库存以及终端商订货的数量。

(3) 单击“确定”按钮，完成产品发货。

10. 在途确认

确认制造商发来的在途产品，同时支付运输费，确认对制造商的应付款，如图 5-79 所示。

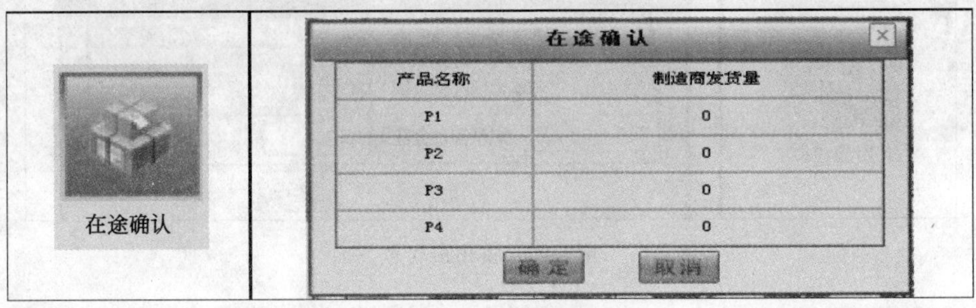

产品名称	制造商发货量
P1	0
P2	0
P3	0
P4	0

图 5-79　在途确认

操作说明如下。

(1) 单击“在途确认”按钮，弹出“在途确认”对话框。

(2) 单击“确定”按钮，完成产品在途确认，从现金中扣除运输费，对制造商的应付款增加。

11. 接受订单

在终端商“订购商品”后，本节点被激活，渠道商根据终端商订购数量及自己的库存决定接受的订货数量，如图 5-80 所示。

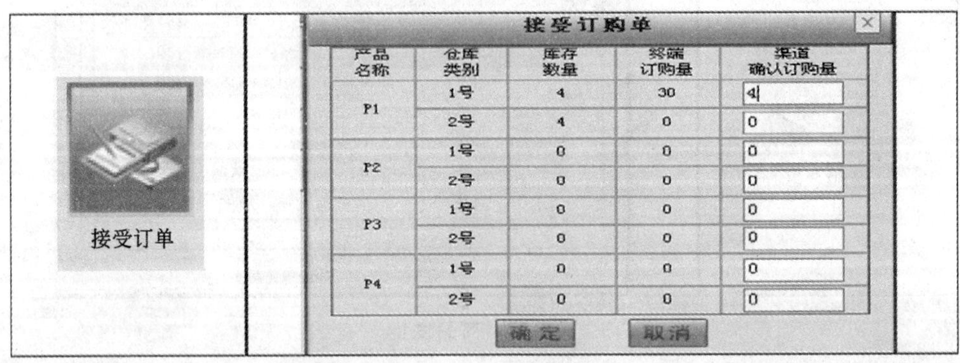

产品名称	仓库类别	库存数量	终端订购量	渠道确认订购量
P1	1号	4	30	4
	2号	4	0	0
P2	1号	0	0	0
	2号	0	0	0
P3	1号	0	0	0
	2号	0	0	0
P4	1号	0	0	0
	2号	0	0	0

图 5-80　接受订单

操作说明如下。

(1) 单击“接受订单”按钮，弹出“接受订购单”对话框。

(2) 根据终端商的订货数量，输入“渠道确认订购量”，注意必须小于库存数量及终端订购量。单击“确定”按钮完成订单接受。

12. 订购商品

向制造商订购产品，如图 5-81 所示。

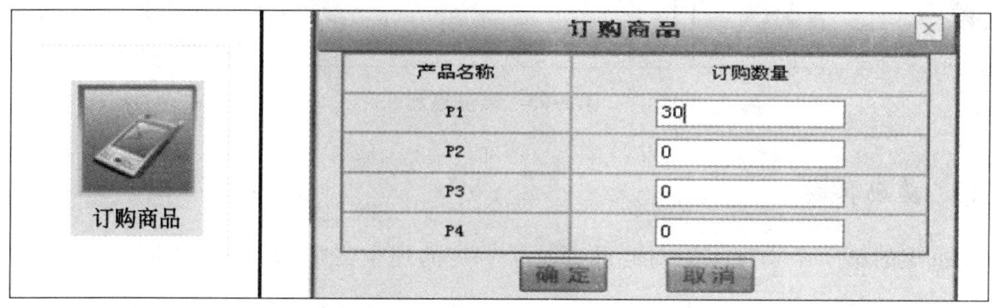

图 5-81　订购商品

操作说明如下。

(1) 单击“订购商品”按钮，弹出“订购商品”对话框。

(2) 在订购数量中输入向制造商订购的产品数量，单击“确定”按钮后向制造商发出订购申请。

13. 仓库处理

根据仓库当前权属，在“购买、出售、保持现状、租赁、退租”中决定仓库处理方法，如图 5-82 所示。

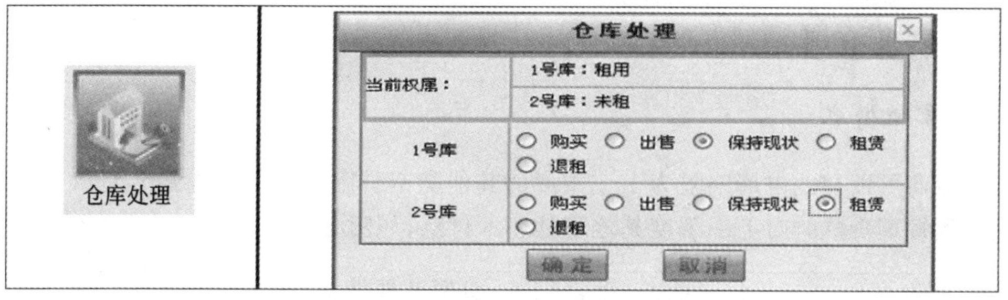

图 5-82　仓库处理

操作说明如下。

(1) 单击“仓库处理”按钮，弹出“仓库处理”对话框。

(2) 根据仓库当前权属，选择相应的仓库处理方式，单击“确定”按钮，完成仓库处理。

14. 接受返利

在每年的第一个季度可接受制造商的现金返利，如图 5-83 所示。

操作说明如下。

(1) 单击“接受返利”按钮，弹出“接受返利”对话框。

(2) 单击“确定”按钮后，收到制造商的现金返利。

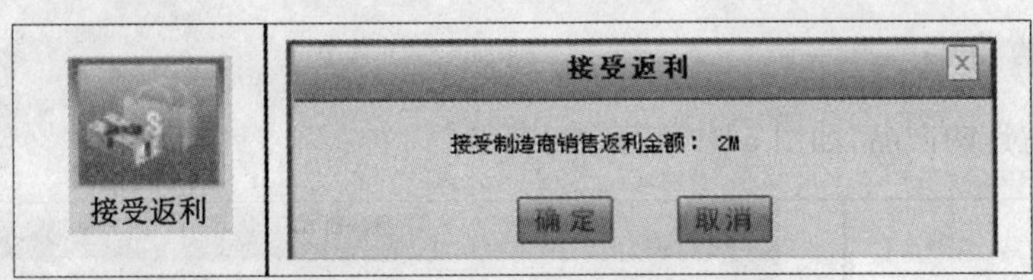

图 5-83 接受返利

15. 奖励终端

在每年的第一个季度可以对终端商给予一定的现金奖励，如图 5-84 所示。

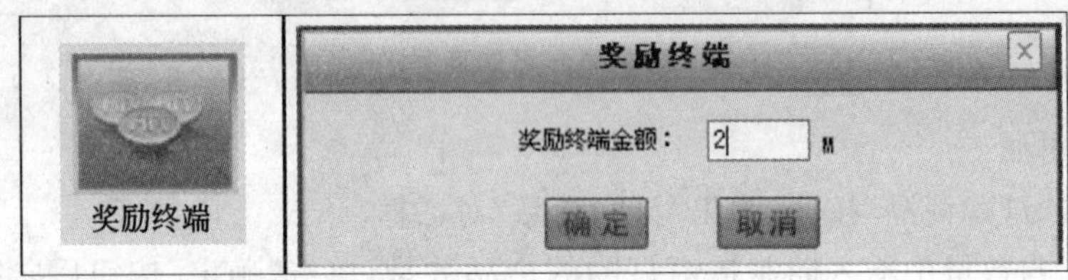

图 5-84 奖励终端

操作说明如下。

(1) 单击“奖励终端”按钮，弹出“奖励终端”对话框。

(2) 在“奖励终端金额”中输入对终端商的现金奖励，单击“确定”按钮完成奖励。“当季结束”时，完成季度经营结束后的各项结算工作。

5.3.3 特殊事项

1. 其他借贷

渠道商可以在此申请期限为 1 个季度的其他类型贷款。每一季度最多贷款 40M，在下一季度短期贷款时对上一季度其他贷款还本付息，如图 5-85 所示。

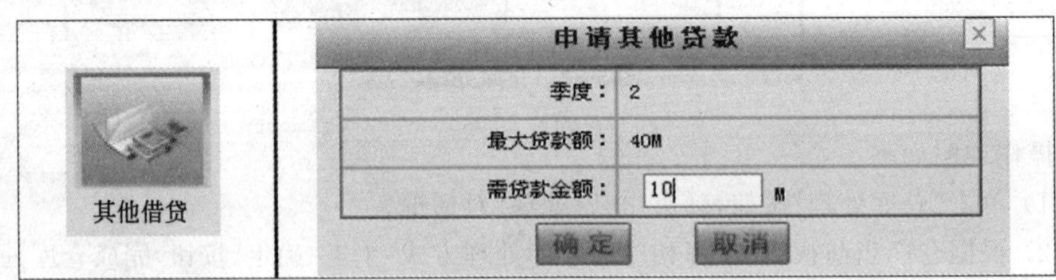

图 5-85 其他借贷

操作说明如下。

(1) 单击“其他借贷”按钮，弹出“申请其他贷款”对话框。

(2) 在“需贷款金额”中输入小于最大贷款额且是 10 整数倍的数字。单击“确定”按钮，完成其他贷款的申请。

2. 间谍

支出不同金额的间谍费，可查看其他经营小组当前的经营状况，如图 5-86 所示。

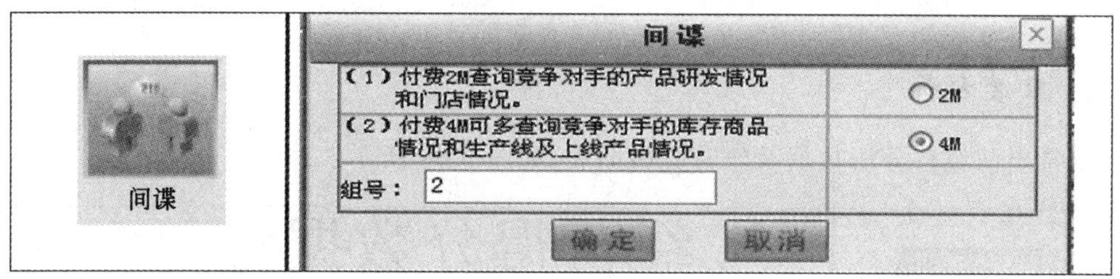

图 5-86　间谍

操作说明如下。

(1) 单击“间谍”按钮，弹出“间谍”对话框。

(2) 选择 2M 或 4M 的间谍费支出，并输入想要查看的其他经营小组的组号。单击“确定”按钮，即可在弹出的新网页中看到其他小组当前的经营状况。

3. 修改密码

可修改本小组的登录密码，如图 5-87 所示。

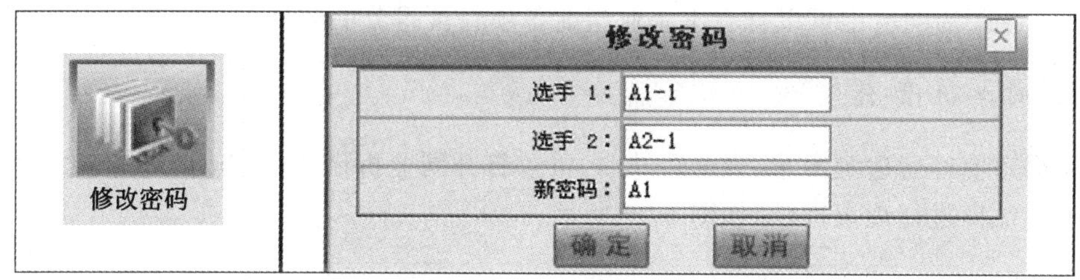

图 5-87　修改密码

操作说明如下。

(1) 单击“修改密码”按钮，弹出“修改密码”对话框。

(2) 在新密码框中输入新的小组登录密码，单击“确定”按钮，完成登录密码的修改。

4. 长短贷查询

查询当前未到期的长期贷款和短期贷款情况，如图 5-88 所示。

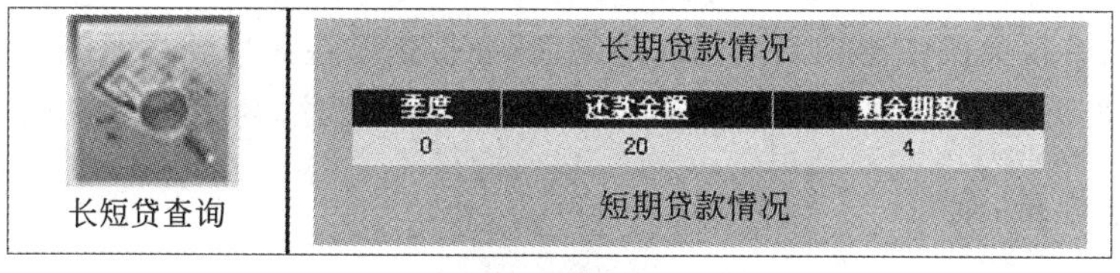

图 5-88　长短贷查询

操作说明如下。

(1) 单击“长短贷查询”按钮,弹出新的网页。

(2) 在新的网页中可以查看本企业当前长期贷款及短期贷款的借款情况及还款期限。

5. 经营分析

查看当前经营分析数据及经营分析图表,如图 5-89 所示。

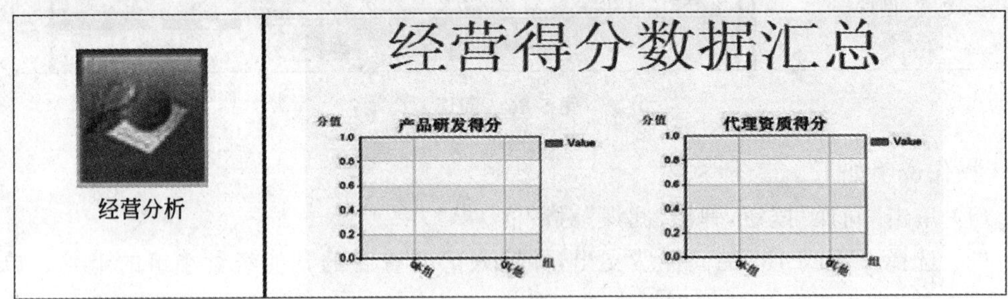

图 5-89 经营分析

操作说明如下。

(1) 单击“经营分析”按钮,弹出新的网页。

(2) 在新的网页中可以查看本企业当前各项经营得分的数据汇总。

6. 同业拆借-借

当渠道商经营遇到困难、现金短缺时,可以打开同业拆借-借节点,向同一供应链的制造商或终端商进行现金拆借,如图 5-90 所示。

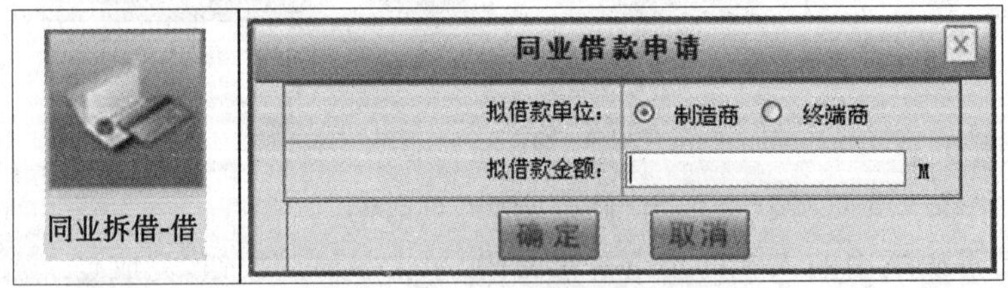

图 5-90 同业拆借-借

操作说明如下。

(1) 单击“同业拆借-借”按钮,弹出“同业借款申请”对话框。

(2) 在拟借款单位中选择制造商或终端商,在拟借款金额中输入准备借款的金额,单击“确定”按钮后完成借款申请,等待制造商或终端商的审核。

7. 同业拆借-审

同业拆借-审节点是渠道商对同一供应链制造商或终端商发来的借款申请予以审核,做出借款或不借款的决定,如图 5-91 所示。

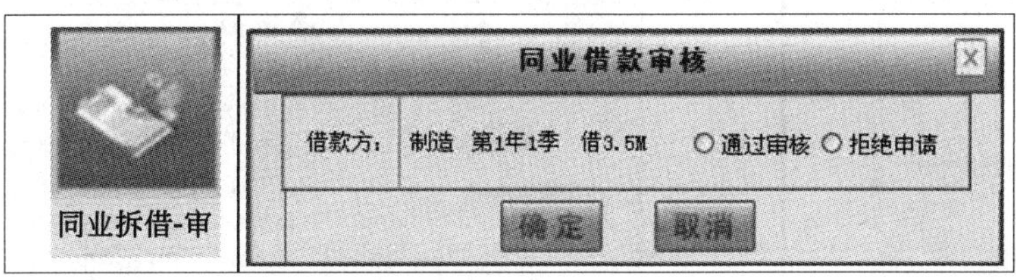

图 5-91　同业拆借-审

操作说明如下。

(1) 单击“同业拆借-审”按钮,弹出“同业借款审核”对话框。

(2) 对话框中将显示借款方、借款的具体时间、借款金额,选择通过审核或拒绝申请,单击“确定”按钮完成审核。

8. 同业拆借-还

同业拆借-还节点是渠道商归还向制造商或终端商的借款,如图 5-92 所示。

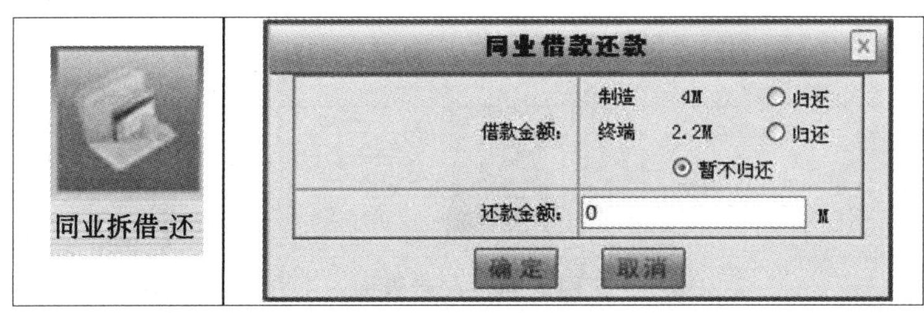

图 5-92　同业拆借-还

操作说明如下。

(1) 单击“同业拆借-还”按钮,弹出“同业借款还款”对话框。

(2) 对话框中将显示向制造商或终端商借款的借款金额,如果有多笔借款,将会同时显示出来,打开本节点一次只能选择其中的一笔进行归还。

(3) 选择其中某笔借款,选中归还,在还款金额中输入归还的金额,单击“确定”按钮完成该笔借款的还款。也可选择暂不归还,单击“确定”按钮将不会归还借款。

5.3.4　信息查询

1. 订单查询

可查询终端商本季和上季度在渠道商处的订货量,以及渠道商本季和上季度在制造商处的订货量,如图 5-93 所示。

操作说明如下。

单击“订单查询”按钮,即可在弹出的“订单查询”对话框中看到终端商当季和上季度在渠道商处的订货量,以及渠道商本季和上季度在制造商处的订货量。

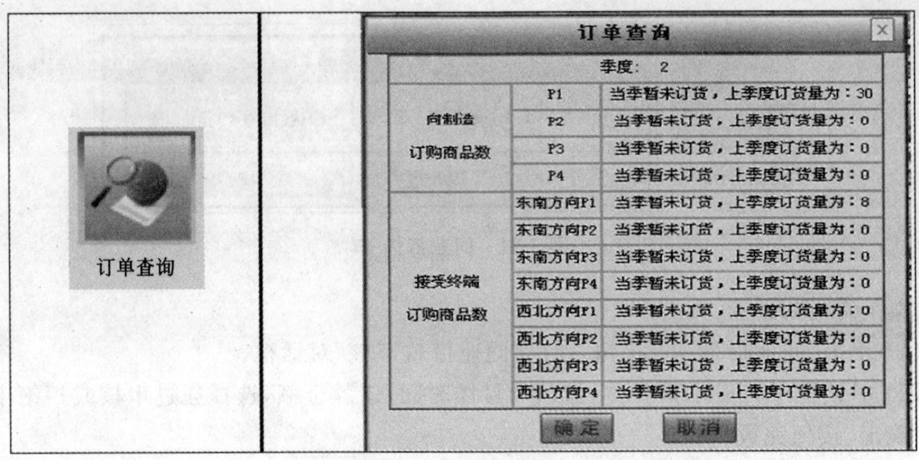

图 5-93　订单查询

2. 广告查询

可查询本年度本供应链三端各类广告投入情况，如图 5-94 所示。

图 5-94　广告查询

操作说明如下。

单击“广告查询”按钮，即可在弹出的新网页中查看到本年度本供应链三端各类广告投入情况。

3. 经营得分

可查询渠道商各项经营指标的得分情况，如图 5-95 所示。

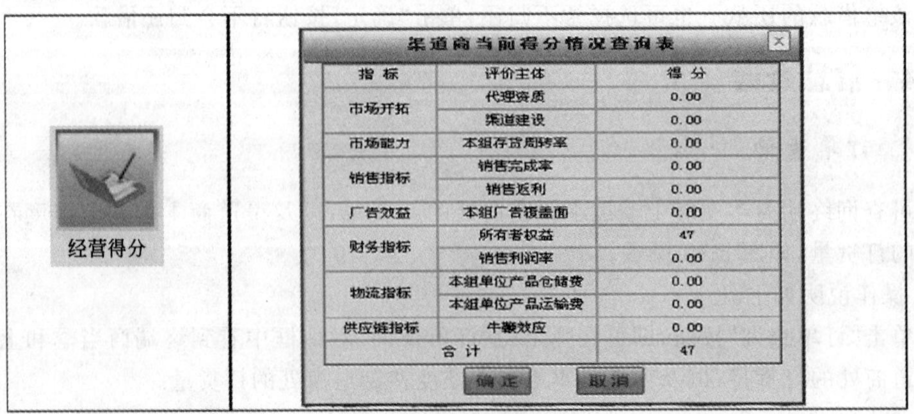

指标	评价主体	得分
市场开拓	代理资质	0.00
	渠道建设	0.00
市场能力	本组存货周转率	0.00
销售指标	销售完成率	0.00
	销售返利	0.00
广告效益	本组广告覆盖面	0.00
财务指标	所有者权益	47
	销售利润率	0.00
物流指标	本组单位产品仓储费	0.00
	本组单位产品运输费	0.00
供应链指标	牛鞭效应	0.00
合计		47

图 5-95　经营得分

操作说明如下。

单击“经营得分”按钮,即可在弹出的“渠道商当前得分情况查询表”对话框中查看到当前渠道商各项经营指标的得分情况。

4. 企业报表

可查看本年度企业报表,包括“综合费用明细”“资产负债表”和“利润表”,如图 5-96 所示。

图 5-96 企业报表

操作说明如下。

单击“企业报表”按钮,即可以在弹出的新网页中查看到“综合费用明细表”“资产负债表”和“利润表”。

5. 规则说明

可查看本沙盘经营的规则要点,如图 5-97 所示。

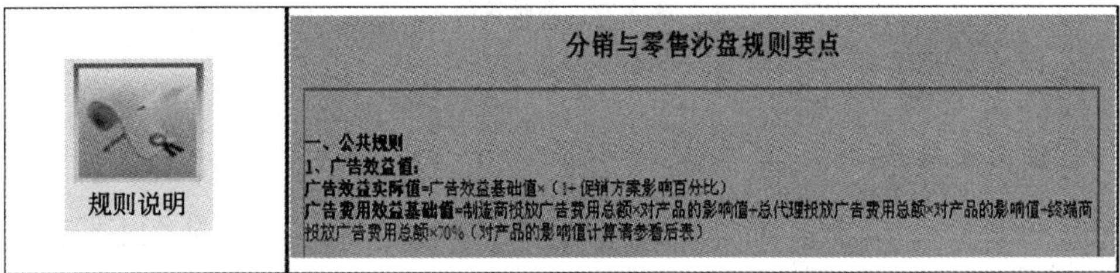

图 5-97 规则说明

操作说明如下。

单击“规则说明”按钮,即可在弹出的新网页中查看沙盘经营规则要点。

6. 市场预测

可查看整个经营周期中对各产品需求的市场预测图,如图 5-98 所示。

操作说明如下。

单击“市场预测”按钮,即可在弹出的新网页中查看各产品需求的市场预测图。

5.3.5 系统公告与组内交流

1. 系统公告区

学生可以通过“系统公告”功能,了解教师的教学指令,如图 5-99 所示。

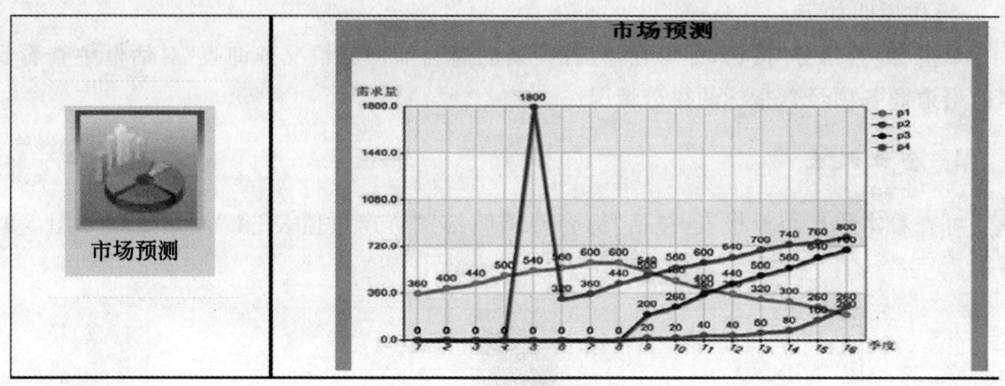

图 5-98　市场预测

图 5-99　系统公告

系统公告区主要公告管理端发出的各种信息。

2. 组内交流区

同一条供应链中的学生，可以通过"组内交流"功能实现信息互动，避免因语言交流而导致的管理信息与情报外泄，如图 5-100 所示。

图 5-100　组内交流

组内交流区用于本组制造商、渠道商、终端商三端在经营过程中进行信息交流，仅本组内成员可见。

5.4 终端商操作指南

5.4.1 年度工作

1. 当年开始

表示终端商开始了当年的经营活动,同时将盘面费用项目清零,如图 5-101 所示。

图 5-101 当年开始

操作说明如下。

(1) 单击“当年开始”按钮,弹出“当年开始”对话框。

(2) 单击“确定”按钮,关闭当前节点,自动激活“缴纳税金”节点。

2. 缴纳税金

终端商要缴纳上年度的税金,如图 5-102 所示。如果是第 1 年,则表示第 0 年需要缴纳的税金。

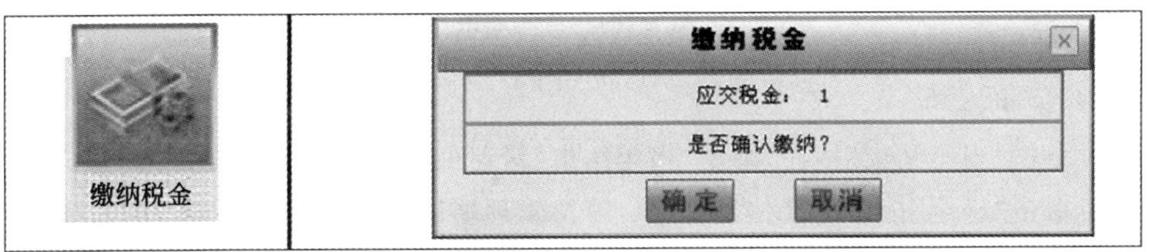

图 5-102 缴纳税金

操作说明如下。

(1) 单击“缴纳税金”按钮,弹出“缴纳税金”对话框。

(2) 单击“确定”按钮,关闭当前节点,自动激活“广告方案”节点。

3. 广告方案

广告方案节点完成对某个产品在某个区域的广告投放值,广告投入的多少直接影响终端的销售排名,如图 5-103 所示。

操作说明如下。

(1) 单击“广告方案”按钮,弹出“广告方案”对话框。

(2) 输入广告投放值。注意,只能输入非负整数。

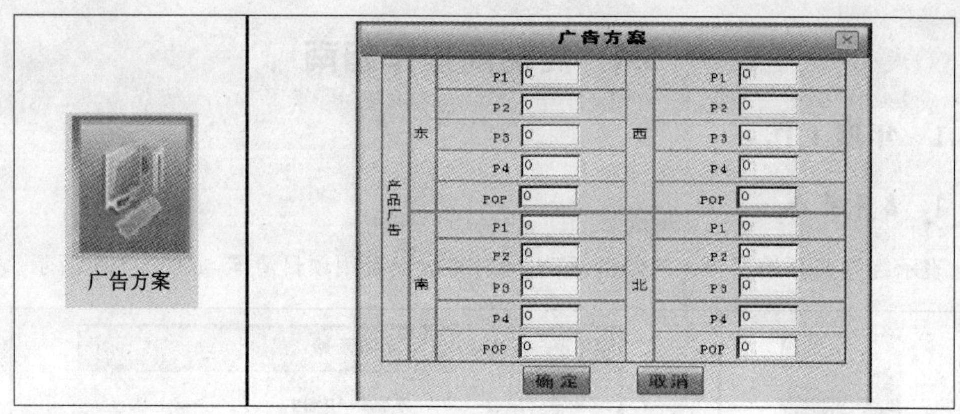

图 5-103　广告方案

(3) 单击“确定”按钮,关闭当前节点。

4. 当年结束

当运行了四个季度后,“当年结束”按钮才会可用,如图 5-104 所示。

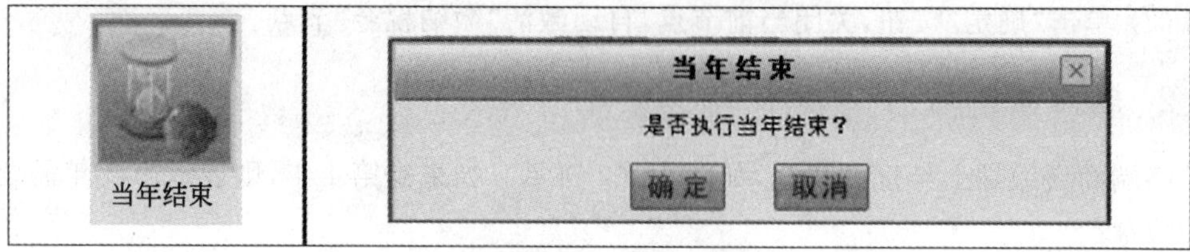

图 5-104　当年结束

操作说明如下。

(1) 单击“当年结束”按钮,弹出“当年结束”对话框。

(2) 单击“确定”按钮,关闭当前节点,等待管理端进行开始下一年运行的命令。

5.4.2　日常工作

1. 当季开始

表示终端商开始了当季的经营活动,这个命令由管理端下达,一年要运行四个季度,如图 5-105 所示。

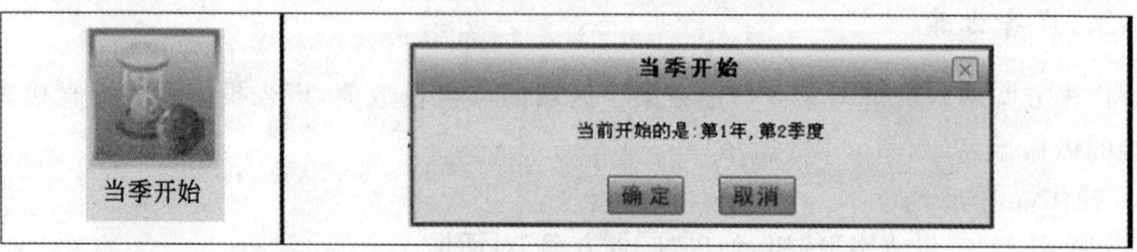

图 5-105　当季开始

操作说明如下。

(1) 单击“当季开始”按钮，弹出“当季开始”对话框。

(2) 单击“确定”按钮，关闭当前节点，自动激活“紧急订货”和“提交促销方案”节点。

2. 紧急订货

终端商在开始会议之前可以向总贷申请订货，紧急订货所需运费要比普通订货运费高，如图 5-106 所示。

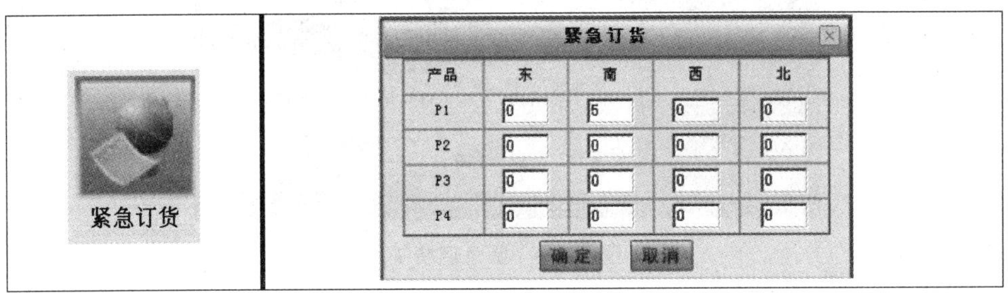

图 5-106 紧急订货

操作说明如下。

(1) 单击“紧急订货”按钮，弹出“紧急订货”对话框。

(2) 输入订货数量，注意，只能输入非负整数，一个季度只能订一次。

(3) 单击“确定”按钮，关闭当前节点。

3. 提交促销方案

终端商对产品的促销方案能够激活该产品在该区域的市场隐性需求，如图 5-107 所示。

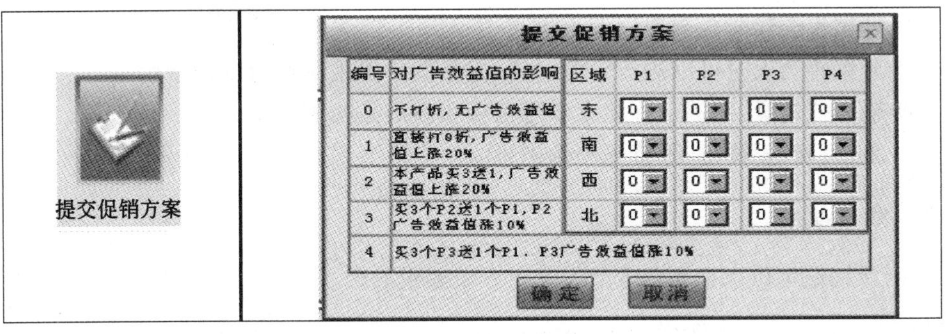

图 5-107 提交促销方案

操作说明如下。

(1) 单击“提交促销方案”按钮，弹出“提交促销方案”对话框。

(2) 选择促销方案，默认为“0”，表示不作促销方案。

(3) 单击“确定”按钮，关闭当前节点，自动激活“申请短贷”节点。

4. 销售会议

各组终端商和制造商在开销售会议时可以紧急调货,如图 5-108 和图 5-109 所示。

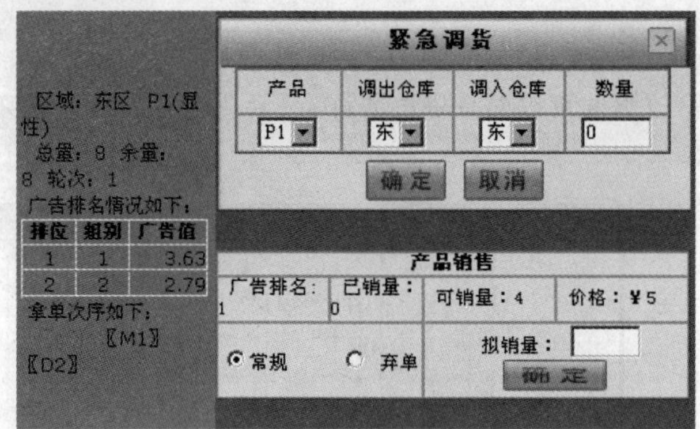

图 5-108 紧急调货 1

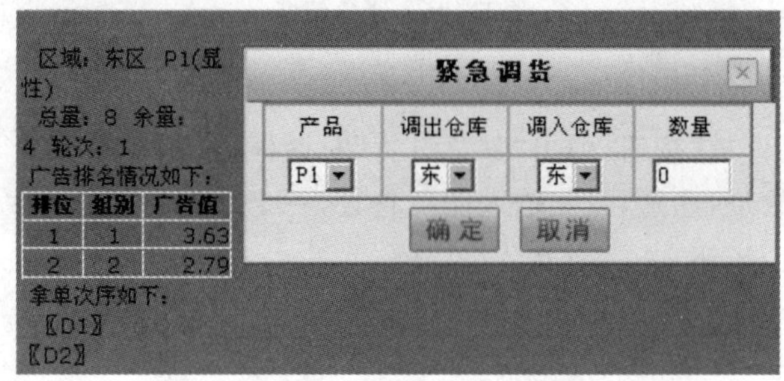

图 5-109 紧急调货 2

操作说明如下。

(1) 开销售会议时自动弹出框。

(2) 开销售会议时可以进行紧急调货,但是调货费用比普通调货费用高。

(3) 输入拟销量,拟销量不能大于可销量和该产品的库存量。

(4) 单击“确定”按钮,等待下一轮销售。

5. 申请短贷

表示终端商可以申请短期贷款,贷款金额要求是零或者是 20 的整数倍,如图 5-110 所示。

操作说明如下。

(1) 单击“申请短贷”按钮,弹出“申请短贷”对话框。

(2) 输入贷款金额。

(3) 单击“确定”按钮,关闭当前节点,自动激活“在途入库”节点。

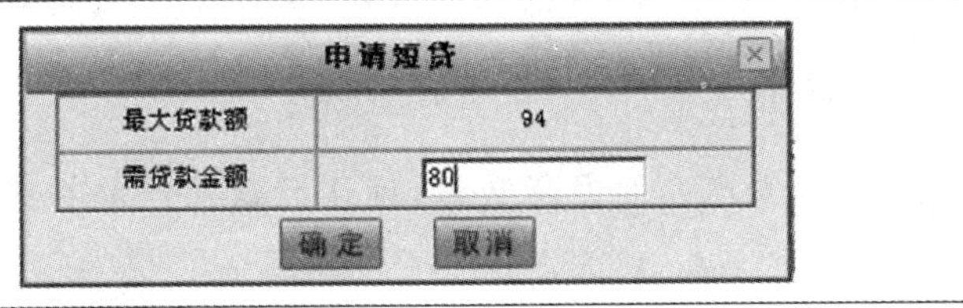

图 5-110 申请短贷

6. 在途入库

对收到渠道商发来的产品货物进行入库。入库的数量之和必须等于在途数量之和，否则不能入库，如图 5-111 所示。

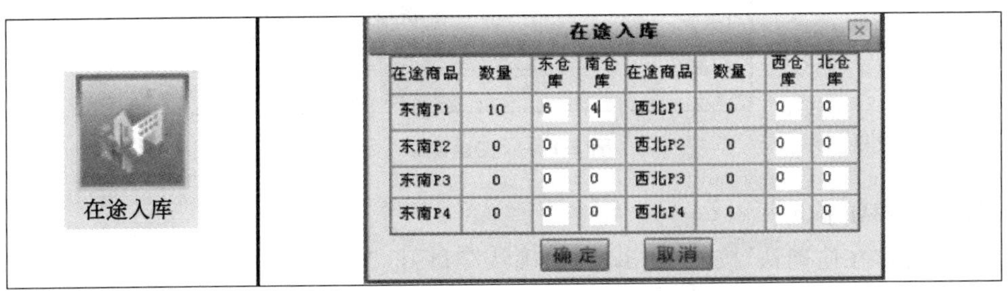

图 5-111 在途入库

操作说明如下。

(1) 单击“在途入库”按钮，弹出“在途入库”对话框。

(2) 输入产品数量，注意输入的产品数量加起来要等于产品的总数量。

(3) 单击“确定”按钮，关闭当前节点，自动激活“支付应付款”节点。

7. 支付应付款

表示终端商支付上季度的应付账款，每季度可以不全部支付应付账款，可以展期，对话框中有本季最低应付金额，如图 5-112 所示。

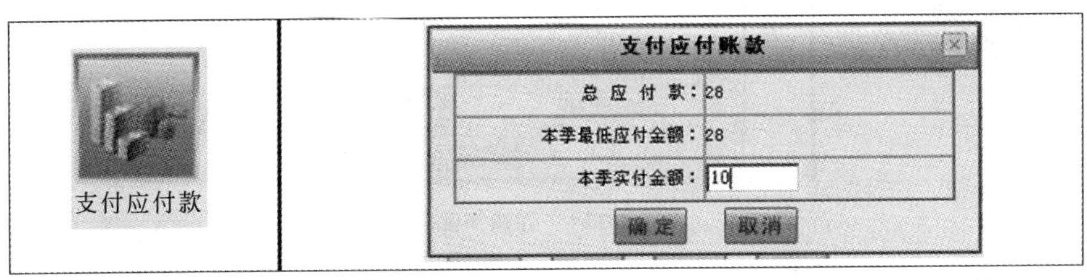

图 5-112 支付应付款

操作说明如下。

(1) 单击“支付应付账款”按钮，弹出“支付应付账款”对话框。

(2) 输入本季度实付金额。

(3) 单击“确定”按钮,关闭当前节点,自动激活“在途确认”节点。

8. 在途确认

终端商确认渠道商的发货数量,确认后盘面产品在途数量会相应增加,如图 5-113 所示。

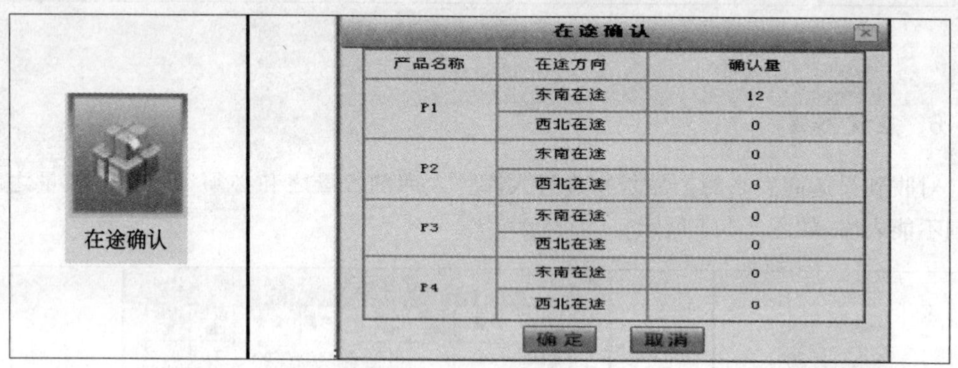

图 5-113　在途确认

操作说明如下。

(1) 单击“在途确认”按钮,弹出“在途确认”对话框。

(2) 单击“确定”按钮,关闭当前节点,自动激活“订购商品”节点。

9. 订购商品

终端商向渠道商订购下一季度的产品,输入的数量需要渠道商的确认,如图 5-114 所示。

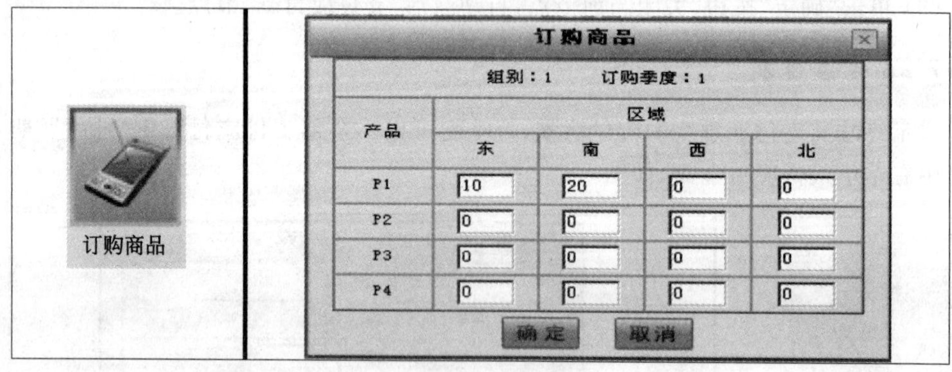

图 5-114　订购商品

操作说明如下。

(1) 单击“订购商品”按钮,弹出“订购商品”对话框。

(2) 输入某产品在某区域的订购数量。

(3) 单击“确定”按钮,关闭当前节点,自动激活“开店/关店”节点。

10．常规调货

常规调货是一个常开节点，如果是在销售会议期间，将会变成紧急调货，否则就进行常规调货，常规调货后盘面的仓库库存会变化，如图 5-115 所示。

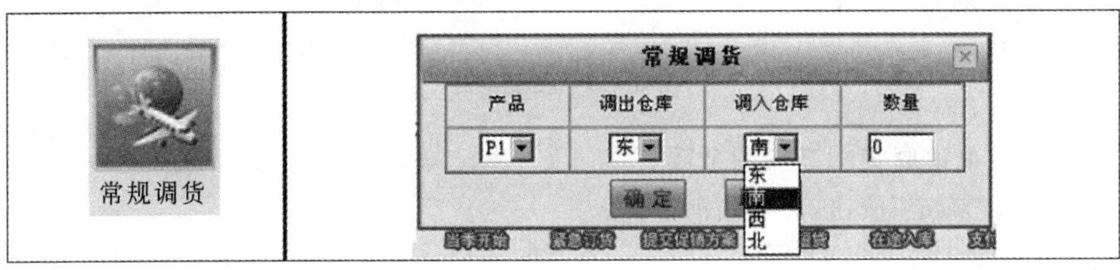

图 5-115　常规调货

操作说明如下。

(1) 单击“常规调货”按钮，弹出“常规调货”对话框。

(2) 选择需要调出货物仓库和调入仓库的名称，输入调货数量。

(3) 单击“确定”按钮，就进行了常规调货。

11．关店/开店

表示在某区域打开或者关闭的门店数，盘面门店数会变化，开店时需要扣除开店费，关店时需要扣除店面管理费，如图 5-116 所示。

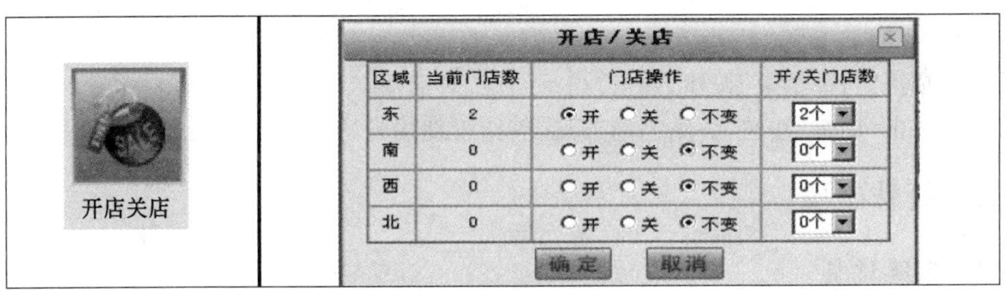

图 5-116　开店/关店

操作说明如下。

(1) 单击“开店关店”按钮，弹出“开店/关店”对话框。

(2) 选择对门店的操作“开”“关”或者“不变”，同时选择需要开/关的门店数量。

(3) 单击“确定”按钮，关闭当前节点。

12．接受奖励

表示终端商接受渠道商的现金奖励，这个节点由渠道的奖励终端来激活，如图 5-117 所示。

操作说明如下。

(1) 单击“接受奖励”按钮，弹出“接受总代奖励”对话框。

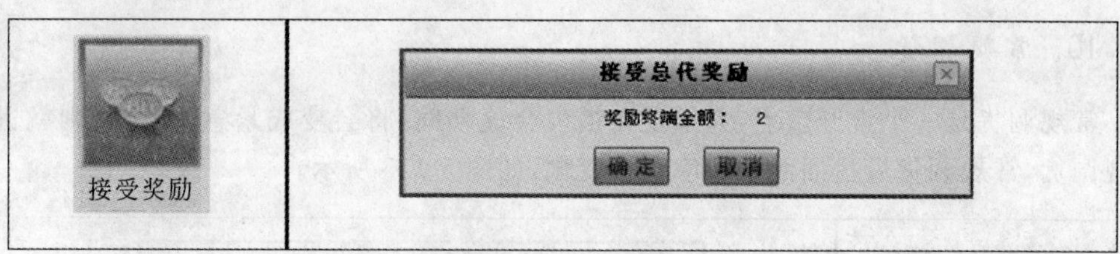

图 5-117　接受奖励

(2) 显示渠道商奖励终端的金额。

(3) 单击“确定”按钮，关闭当前节点。

13. 当季结束

表示终端商结束一个季度的经营活动，当季结束要完成支付仓储费、租金、店面管理费和结转当季数据等，如图 5-118 所示。

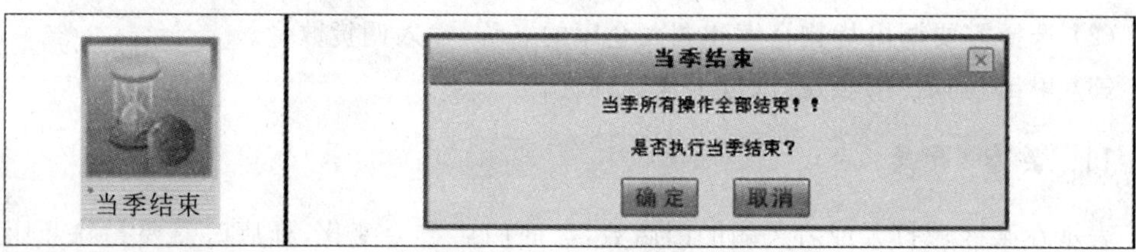

图 5-118　当季结束

操作说明如下。

(1) 单击“当季结束”按钮，弹出“当季结束”对话框。

(2) 单击“确定”按钮，关闭当前节点，等待管理端开始下一季度指令。

5.4.3　特殊事项

1. 其他借贷

当终端商在运营过程中出现资金短缺时，可以通过其他借款获得，俗称“高利贷”，如图 5-119 所示。

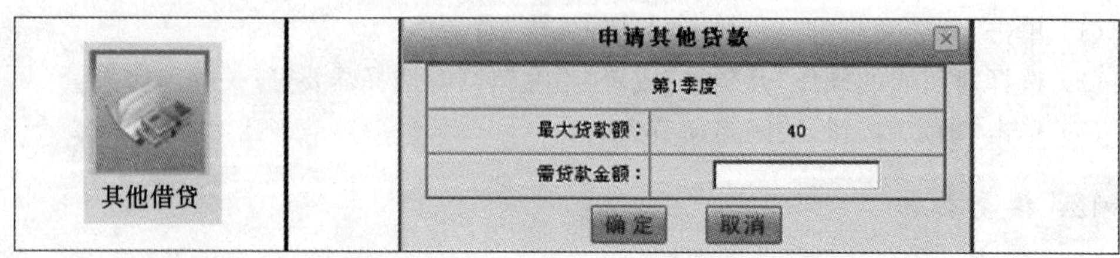

图 5-119　其他借贷

操作说明如下。

(1) 单击“其他借款”按钮，弹出“申请其他贷款”对话框。

(2) 输入需要贷款的金额,注意不能超过最大贷款金额。

(3) 单击“确定”按钮,可以获得贷款。

2. 间谍

通过间谍节点,终端商可以查看其他组的经营情况,根据查看信息内容的不同,查询可以分两挡,分别是 2M 挡和 4M 挡,如图 5-120 所示。

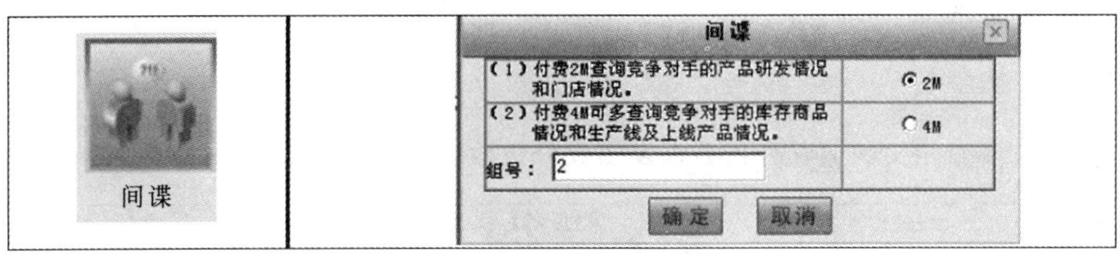

图 5-120　间谍

操作说明如下。

(1) 单击“间谍”按钮,弹出“间谍”对话框。

(2) 选择查询档位,输入组号。

(3) 单击“确定”按钮,弹出查询结果。

3. 修改密码

通过修改密码节点可以修改用户的密码,如图 5-121 所示。

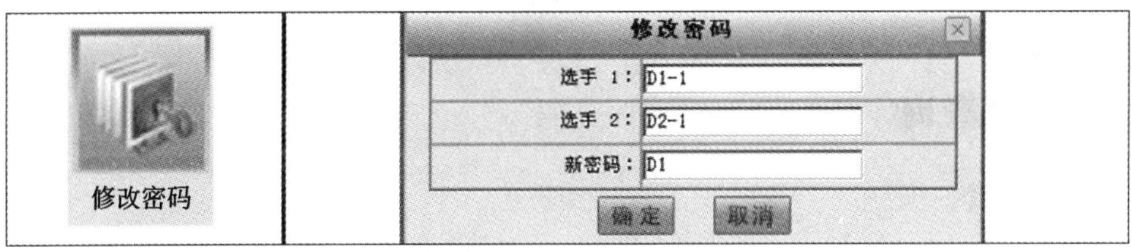

图 5-121　修改密码

操作说明如下。

(1) 单击“修改密码”按钮,弹出“修改密码”对话框。

(2) 输入新密码。

(3) 单击“确定”按钮,完成修改。

4. 短贷查询

通过短贷查询节点可以查询终端商的短贷情况,内容包括季度、还款金额和剩余期数,如图 5-122 所示。

操作说明如下。

单击“短贷查询”按钮,弹出新页面,就可以查看短贷情况。

短贷情况

季度	还款金额	剩余期数
0	30	2
1	20	1

图 5-122　短贷查询

5. **运营分析**

查看终端商相关的运营分析数据及图表分析数据，如图 5-123 所示。

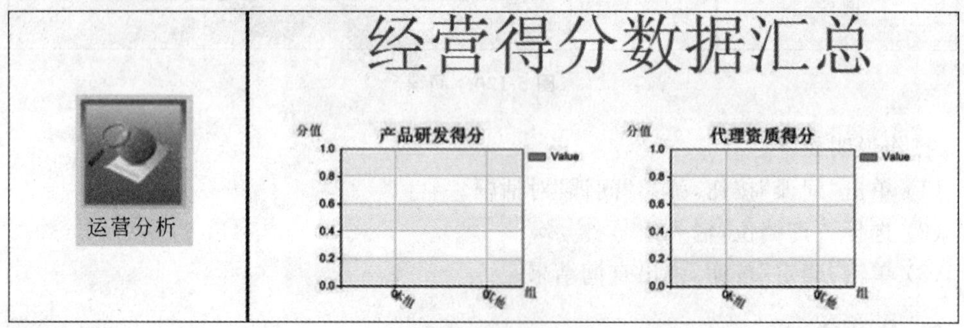

图 5-123　运营分析

操作说明如下。

单击“运营分析”按钮，弹出对话框；单击“确定”按钮，关闭当前节点。

5.4.4　信息查询

1. **广告费**

可查询本年度本供应链三端各类广告投入情况，如图 5-124 所示。

图 5-124　广告费

操作说明如下。

单击“广告费”按钮，即可在弹出的新网页中查看到本年度本供应链三端各类广告投入情况。

2. **订单查询**

通过订单查询节点，终端商可以查询到当前的订单情况和上季度订单情况，如

图 5-125 所示。

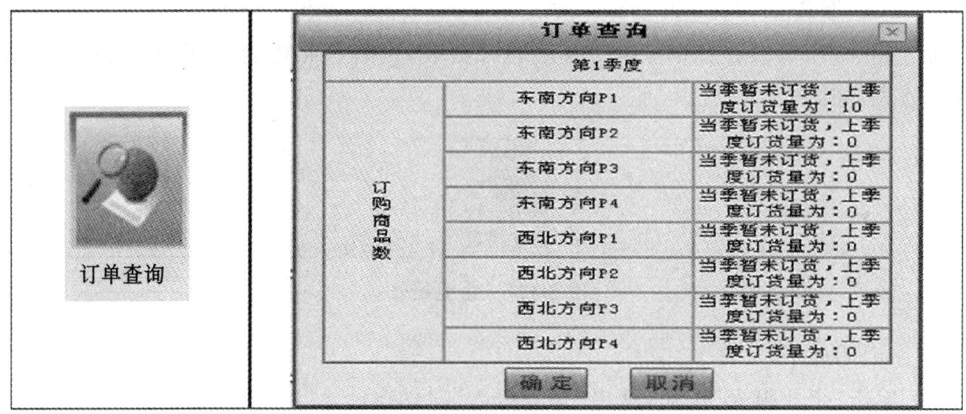

图 5-125　订单查询

操作说明如下。

(1) 单击"订单查询"按钮，弹出"订单查询"对话框。

(2) 查看订单情况。

(3) 单击"确定"按钮，关闭此对话框。

3. 经营得分

通过经营得分节点，可以查询当前的经营得分情况，有市场开拓、市场能力、销售指标、广告效益、财务指标、物流指标和供应链指标等，如图 5-126 所示。

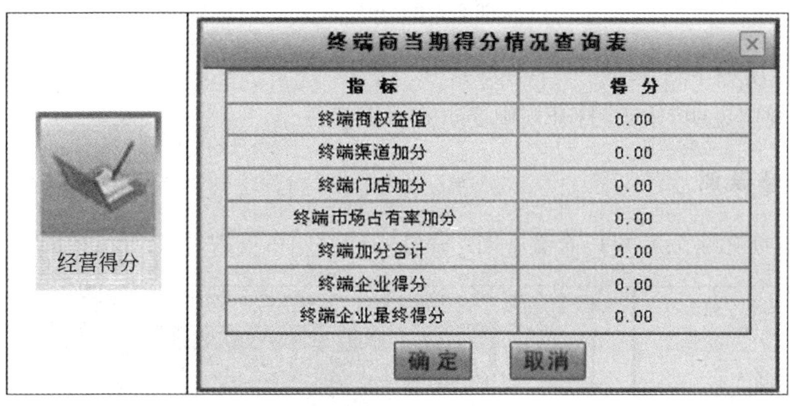

图 5-126　经营得分

操作说明如下。

(1) 单击"经营得分"按钮，弹出"终端商当期得分情况查询表"对话框。

(2) 单击"确定"按钮，关闭此对话框。

4. 企业报表

通过此节点，可以查看企业上一年度会计报表，内容包括综合费用明细表、利润表和资产负债表，如图 5-127 所示。

图 5-127　企业报表

操作说明如下。

(1) 单击“企业报表”按钮，弹出“企业报表”对话框。

(2) 单击“点击此处获取企业报表”，即可在弹出的新网页中看到企业的年度财务报表。

5. 规则说明

通过规则说明节点，可以随时查看供应链沙盘的规则要点，如图 5-128 所示。

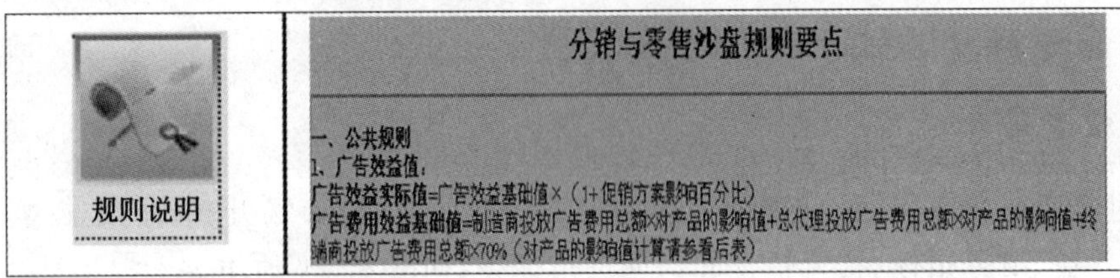

图 5-128　规则说明

操作说明如下。

单击“规则说明”按钮，打开规则要点新页面。

6. 市场预测

通过市场预测节点，可以查看不同产品在不同时间市场的需求情况，如图 5-129 所示。

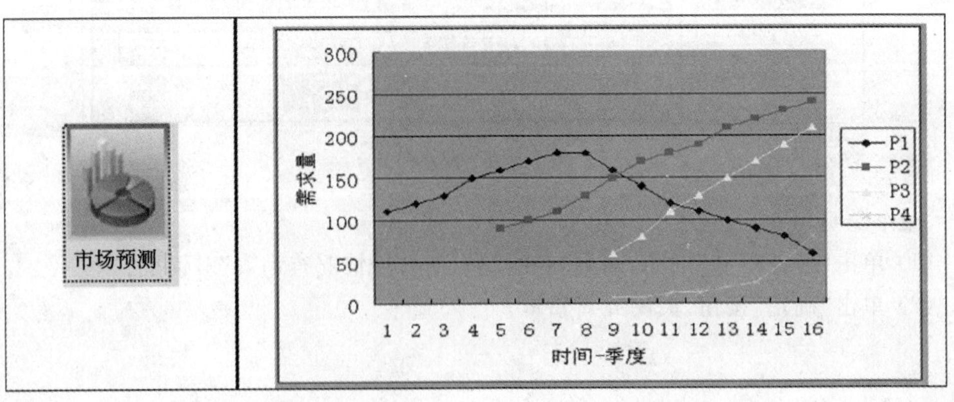

图 5-129　市场预测

操作说明如下。

单击“市场预测”按钮，打开市场预测新页面就可以查看。

本章小结

本章详细介绍了供应链管理沙盘模拟课程的电子沙盘操作与运营方法。

学习与思考

(1) 请各企业 CEO 向组员讲解本企业的关键操作流程。

(2) 请各企业依据“经营得分”规则，讨论研究本企业的发展战略。

(3) 请各组对照“市场预测”说明，讨论研究本组的市场发展战略。

第 6 章

管理你的供应链

导入案例

沃尔玛公司供应链管理分析

"让顾客满意"是沃尔玛公司的首要目标，顾客满意是企业成功与成长的最好保障，这是沃尔玛数十年如一日坚持的经营理念。为此，沃尔玛为顾客提供"高品质服务"和"无条件退款"的承诺绝非一句漂亮的口号。在美国，只要是从沃尔玛购买的商品，无须任何理由，甚至没有收据，沃尔玛都无条件受理退款。沃尔玛每周都有顾客期望和反馈的调查，管理人员根据计算机信息收集信息，以及通过直接调查收集到的顾客期望及时更新商品的组合，组织采购，改进商品陈列摆放，营造舒适的购物环境。

沃尔玛能够做到及时地将消费者的意见反馈给厂商，并帮助厂商对产品进行改进和完善。过去，商业零售企业只是作为中间人，将商品从生产厂商传递到消费者手里，反过来再将消费者的意见通过电话或书面形式反馈给厂商。看起来沃尔玛并没有独到之处，但是结果却差异很大。原因在于，沃尔玛能够参与到上游厂商的生产计划和控制中，因此能够将消费者的意见迅速反映到生产中，而不是简单地充当"二传手"或者"传声筒"。

供应商是沃尔玛唇齿相依的战略伙伴。早在 20 世纪 80 年代，沃尔玛采取了一项政策，要求从交易中排除制造商的销售代理，直接向制造商订货，同时将采购价格降低 2%～6%，大约相当于销售代理的佣金数额，如果制造商不同意，沃尔玛就拒绝与其合作。沃尔玛的做法造成和供应商关系紧张，一些供应商为此还在新闻界展开了一场谴责沃尔玛的宣传活动。直到 20 世纪 80 年代末期，技术革新提供了更多督促制造商降低成本、削减价格的方法，供应商开始全面改善与沃尔玛的关系，通过网络和数据交换系统，沃尔玛与供应商共享信息，从而建立伙伴关系。沃尔玛与供应商努力建立关系的另一做法是在店内安排适当的空间，有时还在店内安排制造商自行设计布置自己商品的展示区，以在店内营造更具吸引力和专业化的购物环境。

沃尔玛还有一个非常好的系统，可以使供应商们直接进入沃尔玛的系统，沃尔玛称其为零售链接。任何一个供应商都可以进入这个系统中了解自己的产品卖得怎么样，昨天、今天、上一周、上个月和去年卖得怎么样。供应商可以知道这种商品卖了多少，而且可以在 24 小时之内就进行更新。供货商们可以在沃尔玛公司的每一个店中及时了解到有关情况。

另外，沃尔玛不仅等待上游厂商供货、组织配送，而且直接参与到上游厂商的生产计划中，与上游厂商共同商讨和指定产品计划、供货周期，甚至帮助上游厂商进行新产品研发和质量控制方面的工作。这就意味着沃尔玛总是能够最早得到市场上最希望看到的商品，当别的零售商正在等待供货商的产品目录或者商谈合同时，沃尔玛的货架上已经开始热销这款产品了。

沃尔玛的前任总裁大卫·格拉斯曾说过："配送设施是沃尔玛成功的关键之一，如果说我们什么比别人干得好，那就是配送中心。"沃尔玛第一间配送中心于 1970 年建立，占地 6000m^2，负责供货给 4 个州的 32 间商场，集中处理公司所销商品的 40%。在整个物流中，配送中心起中枢作用，将供应商向其提供的产品运往各商场。从工厂到上架，实行"无缝链接"平滑过渡。供应商只需将产品提供给配送中心，无须自己向各商场分发。这样，沃尔玛的运输、配送以及对于订单与购买的处理等所有的过程，都是一个完整的网络中的一部分，可以大大降低成本。

随着公司的不断发展壮大，配送中心的数量也不断增加。现在沃尔玛的配送中心，分别服务于美国 18 个州约 2500 间商场，配送中心约占地 10 万 m^2。整个公司销售商品的 85%由这些配送中心供应，而其竞争对手只有 50%～65%的商品集中配送。如今，沃尔玛在美国拥有 100%的物流系统，配送中心已是其中一小部分，沃尔玛完整的物流系统不仅包括配送中心，还有更为复杂的资料输入采购系统、自动补货系统等。

供应链的协调运行建立在各个环节主体间高质量的信息传递与共享的基础上。沃尔玛投资 4 亿美元发射了一颗商用卫星，实现了全球联网。沃尔玛在全球 4000 多家门店通过全球网络可在 1 小时之内对每种商品的库存、上架、销售量全部盘点一遍，所以在沃尔玛的门店，不会发生缺货情况。20 世纪 80 年代末，沃尔玛开始利用电子数据交换系统(EDI)与供应商建立自动订货系统，该系统又称为无纸贸易系统。通过网络系统，沃尔玛向供应商提供商业文件、发出采购指令、获取数据和装运清单等，同时也让供应商及时准确地把握其产品的销售情况。沃尔玛还利用更先进的快速反应系统代替采购指令，真正实现了自动订货。该系统利用条码扫描和卫星通信，与供应商每日交换商品销售、运输和订货信息。凭借先进的电子信息手段，沃尔玛做到了商店的销售与配送保持同步，配送中心与供应商运转一致。

思考题：

(1) 请总结沃尔玛供应链管理的成功之处。

(2) 沃尔玛是如何强化供应链战略伙伴关系的?

(3) 信息共享在沃尔玛的供应链管理中起了什么作用? 沃尔玛为强化供应链信息管理采取了哪些措施? 其效果如何?

在了解了供应链的基本原理与思想，掌握了供应链物理沙盘运营规则及电子沙盘操作流程，并成功组建了自己的企业管理团队与供应链体系之后，我们就要进行供应链沙盘的真正运营了，运营中最关键的问题是：如何才能管理好整条供应链? 答案是：实施良好的供应链整体协同管理。

我们认为，供应链管理(Supply Chain Management，SCM)是指在满足一定的客户服务水平的前提下，为了使整个供应链系统成本达到最小，而把供应商、制造商、仓库、配送中心和渠道商等有效地组织在一起来进行的产品制造、转运、分销及销售的管理方法。

这一方法的核心是要求供应链上的三家企业的经营行为必须整体协同一致。同时，从供应链发展的整体利益出发，这一方法对三家企业的内部运营与管理也提出了相应的要求。

6.1 供应链的整体协同

供应链的整体协同是指供应链的各成员企业维持良好的关系，保持一致的行为，并实现供应链整体效益最佳的状况。供应链的整体协同是实现供应链整体效益最大化的必要条件。在供应链的运营中存在许多影响供应链的整体协同的因素，这些因素涉及价格策略、经营策略、业绩评价体系及激励措施等诸多方面，并最终将引起供应链的失衡。

6.1.1 供应链失衡及原因

在供应链沙盘实验中，常常会出现以下一些问题：终端的零售商开设的门店过少，销售量严重不足，导致上游渠道商和制造商的产品大量积压；渠道商为了避免产品过度积压所带来的巨大库存成本，因此压缩库存，结果又导致终端零售门店的缺货状态；制造商在未和下游渠道商、零售商协商的情况下自行大量生产 P2 产品，然而零售商广告主打的是 P3 产品，而渠道商又未取得代理 P2 资格，直接导致巨额的 P3 产品广告投资浪费、P2 产品库存积压及区域终端市场的丧失……上述种种现象，其实就是供应链的失衡。

导致供应链失衡的原因主要有以下两点。

1. 供应链上企业的相对独立性

由于供应链上的三家企业都是独立的经济主体，因此供应链不同节点企业的目标容易发生冲突。如果供应链的每个节点企业都归属不同的所有者，每个节点企业又都努力追求自身利益的最大化，则不同节点企业的目标可能发生冲突，就会导致供应链整体利益受损。现实中，供应链各节点企业通常归属数百个不同的所有者。例如，福特汽车公司拥有数千个供应商，从古德伊尔到摩托罗拉，这些供应商又各自拥有自己的一批供应商。

2. 供应链上企业之间的信息不对称

从经济学角度看，信息的不对称是绝对的。这种不对称性导致信息在不同节点企业之间传递的过程中发生扭曲。由于完整信息在节点企业之间无法共享，所以当信息在供应链内流动时，就会发生扭曲。而这种扭曲由于供应链产品的多样性而放大。例如，福特公司每种车都有许多选择方案，从而制造了多种不同的车型，车型的日益多样化使得福特公司难以协调与数以千计的供应商和销售商之间的信息交换。

6.1.2 供应链的整体协同管理

如何在运营中克服供应链失衡问题呢？答案就是实施良好的供应链整体协同管理。

这主要包含以下几个方面的工作。

1. 供应链集成与战略定位

由于供应链本身的动态性以及不同节点企业间存在着相互冲突的目标，因此对供应链进行集成相当困难。但实践表明，对供应链集成是可行的。集成供应链的关键是信息共享与共同作业计划。

信息共享与共同作业计划是指三家企业间应该在计划、采购、制造、配送四个方面进行信息共享并实施协同性的作业计划。

其中，“计划”是 SCM 的策略性部分。每一条供应链需要有一个策略来管理所有的资源，以满足客户对你的产品的需求。这就要求每一条供应链都要有明确的战略定位——形成自己的核心企业。好的计划是在核心企业的基础上，建立一系列的方法监控供应链（实际上，一定程度上将另外两家企业内部化了），使整条供应链能够有效、低成本地为顾客递送高质量和高价值的产品或服务。

此外，采购、制造、配送属于业务信息沟通层次。

采购：关键在于选择能为你的产品和服务提供货品和服务的供应商（考验学生之间的相互信任关系），与供应商确定一套定价、配送和付款流程，并创造方法监控和改善管理，把对供应商提供的货品和服务的管理流程结合起来，包括提货、核实货单、转送货物到制造部门并批准对供应商的付款等。

制造：安排生产和准备送货所需的活动，是供应链沙盘中最需要和下游企业进行协商的环节，协商内容包括研发产品品种、产品产量和配送时间等。

配送：又称为“物流”，包含建立合理的仓库网络（渠道商建立了 1 号库，终端商就应该租赁东、南区域的仓库）、雇请运输公司运送货物，派人员提货并将产品配送至终点门店，完成接收付款。

2. 配送网络的构建

在现实中，配送网络重构是指采用一个或几个制造工厂生产的产品来服务一组或几组在地理位置上分散的渠道商时，当原有的需求模式发生改变或外在条件发生变化所引起的需要对配送网络进行的调整。这可能是由于现有的几个仓库租赁合同的终止或渠道商的数量发生增减变化等原因引起的。

在供应链管理沙盘中，配送网络被简化为一家制造商、一家渠道商和一家终端商的链状结构。其中，制造商可以拥有 P1、P2、P3、P4 四种产品仓库（送货不分地域）；渠道商则可以拥有 1 号、2 号两个仓库（送货不分产品），1 号库负责东、南市场配送，2 号库负责西、北市场配送；终端商则可以租赁东、南、西、北四个区域市场仓库。

根据排列组合的原理，供应链管理沙盘的配送网络中一共存在 64 种“分产品且分区域”的产品配送线路。在这一配送网络结构中，可以由渠道商的两大仓库（处于衔接上下游的物流、信息流汇总处）作为供应链的中央仓库来负责货物的供应管理。实际上，此时的供应链中央仓库将充当供应过程的调节者和来自外部供应商的订货的转运站，而其本身尽量“零库存”，同时也可以保留部分安全库存，以便应急。

3. 信息技术和决策支持系统

信息技术是促成有效供应链管理的关键因素。在实验中，每条供应链的各小组之间可以通过小组会议或在线交流工具来实现信息的互通。同时，电子沙盘内包含“经营分析”工具(见图 6-1)，来帮助各企业进行经营状态分析，从而辅助其经营决策。

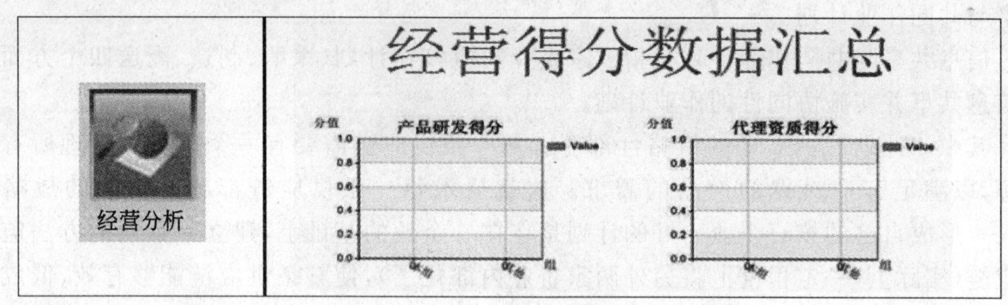

图 6-1 制造商电子沙盘“经营分析”工具栏

此外，我们也鼓励学生在实验中利用一些简单的 Excel 表格工具来辅助数据计算与经营决策。

6.1.3 广告策略

在供应链沙盘实验中，广告费的投入非常重要，因为广告的投入将直接决定广告效益值的高低，而广告效益值直接决定每一轮的企业选单顺序，排名靠前的企业拿到订单的机会多，排名靠后的企业拿到的订单不但量少，而且条件苛刻(现实中包含：交货周期短、回款周期长、产品单价低等情况)。这样，最终将影响到企业销售的畅与滞，利润的高与低，经营的好与坏。

同时又必须认识到广告费的投资绝对不是供应链上某一家企业的事情，而是需要三家企业一起协同的大事。诚然，在第 3 章中学习过，在广告费的投入中，终端商的责任是最直接的，因为终端商的广告主要是具体的产品广告，而销售会议中的广告效益值比赛比的是具体的产品的广告效益值，因此权重为 50%的终端商当然责任重大(加之其计算因素也最多，还包含 POP 广告)。但是，这并不等于制造商和渠道商的品牌广告不重要，相反制造商与渠道商的广告投入收益比零售商的广告投入比要高。

广告效益值既分市场又分产品。例如，P1 产品的广告效益值在东、南、西、北四个区域市场中分成四种，此外还有 P2、P3、P4，一共有 16 种情况。

假设一条供应链上的三家企业分别投入 30M 的广告费用，且平均分摊到各种广告主体上。

制造商的 30M 在平面、电视和网络三种媒体上分别投入 10M，对东、南、西、北四个市场上的四种产品均有影响。

渠道商的 30M 在东、南、西、北四个市场对平面、电视两种媒体上分别投入 3.75M，对四个市场的四种产品均有影响。

终端商的 30M 广告，由于分市场又分产品，所以分摊到每个市场每种产品上就相当于投放了 1.875M 广告费。

再根据表 6-1 中的广告影响值，可以得出：

（1）制造商的 30M，对四个市场中的四种产品的效益值为：

平面广告效益值＝10×20％＝2

电视广告效益值＝10×15％＝1.5

网络广告效益值＝10×10％＝1

（2）渠道商的 30M，对四个市场中的四种产品的效益值为：

平面广告效益值＝3.75×30％＝1.125

电视广告效益值＝3.75×25％＝0.9375

（3）终端商的 30M，对四个市场中的四种产品的效益值为：

1.875×50％＝0.9375

由此可见，制造商与渠道商的广告投入收益绝大多数情况下比零售商的广告投入收益要高。因此，广告费的投入是必须由供应链上三家企业一起协同决策的大事件。

表 6-1　制造商、渠道商和零售商的广告影响值

	对 P1 产品			对 P2 产品			对 P3 产品			对 P4 产品		
	平面	电视	网络	平面	电视	网络	平面	电视	网络	平面	电视	网络
制造商	20％	15％	10％	15％	15％	15％	10％	15％	20％	15％	10％	20％
渠道商	30％	25％	—	25％	30％	—	30％	25％	—	25％	30％	—
终端商	50％			50％			50％			50％		
	20％											

6.1.4　市场定位

资源的稀缺性决定了任何一家企业的资源（资金和人力、物力）都是有限的，任何一条供应链也是如此，它们都无法满足所有市场中消费者的所有需求，这就需要企业或供应链有针对性地确定自身的市场营销战略，尤其是市场定位策略。

因为只有当供应链确定了市场的定位，才能够理性地进一步决定其产品策略、价格策略、渠道策略和广告策略等问题。因此，明确市场定位成为供应链上三家企业必须协同处理的关键性战略问题。

总的来说，对于供应链企业而言可以有以下五种市场定位战略，如图 6-2 所示。

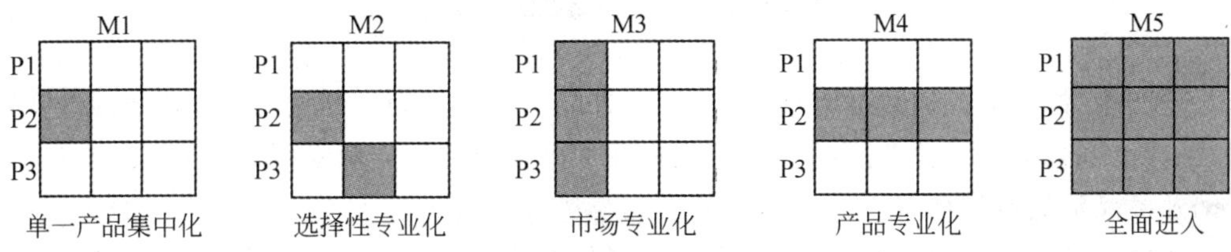

图 6-2　五种市场定位战略

1. 单一产品集中化

集中全部企业资源、专注于一个市场中的一种产品的经营，这种情况符合供应链沙盘实验的初期状态（全体供应链企业集中在东部市场的P1产品的生产与经营中）。但是，随着实验的进行，高峰附加值的产品与市场将不断出现，因此单一产品集中化状态将很快被打破。

2. 选择性专业化

在这一市场定位战略指导下，企业将在不同的几个市场中分别经营完全不同的几种产品。

3. 市场专业化

在这一市场定位战略指导下，企业将在自身最具优势的区域市场中，集中全部资源在这一个市场中经营几种不同的产品。

4. 产品专业化

在这一市场定位战略指导下，企业将集中全部资源专注于在不同市场中经营一种产品，一般情况下，该产品对于竞争对手的产品而言应该具有较大优势，对手在短期内无法复制。

5. 全面进入

在这一市场定位战略指导下，企业显然是要成为业界的领导型企业，采取积极的进攻策略，在所有市场中投放所有的产品。

总之，供应链的企业通过市场调查与分析可能发现许多机会，但还需要分析自己有没有实力。机会大而实力不够会出现什么情况呢？吃不下；如果机会很小而企业实力很大，则吃不饱，可能会饿死。为什么世界上大型企业、中型企业、小型企业各有各的活法，就是它们能把握这个机会和实力的平衡。各有各的战场，各有各的地盘，大企业不能做小市场，小企业也不能做大市场。

6.2 生产商的管理

现实中，制造商以原料或零组件（自制或外购），经过较为自动化的机器设备及生产工序，制成一系列的日常消费用品。较有规模或品牌信誉的供应商除了制造外，通常还从事营销及商品流通或进出口。

在供应链沙盘中，生产商担负着新产品研发与产品供应的重大职能。在企业运营管理中，往往会碰到产品库存控制、新产品研发、旗舰店开设等问题。

6.2.1 “牛鞭效应”及 VMI

美国麻省理工学院(MIT)斯隆管理学院开发了著名的“啤酒游戏”,通过模拟一条啤酒供应链上五个节点企业的决策情况来真实地再现信息不畅对供应链协调的巨大影响。

虽然在整个游戏过程中(一般模拟时间为 36 周或 52 周),终端客户的需求可能只发生一次波动(例如终端客户只有一次将订货数量从 4 个单位变成了 8 个单位,在此前后都保持 4 个单位和 8 个单位不变),但是由于各个节点企业都是根据自身的经营状况进行决策,加之上下游企业之间信息不畅,从而导致啤酒零售商、批发商、分销商、制造商的存货数量发生巨大波动。在某些周内这些供应链上的节点企业的缺货量和存货量分别都会高达 100 单位以上,有些甚至还会攀升到不可思议的 200 单位以上。

这种现象非常像一个牧童拿着鞭子的一头轻轻抖动,结果导致整条鞭子的各个组成部分都发生剧烈的上下波动,供应链管理理论研究中称为“牛鞭效应”,如图 6-3 所示。

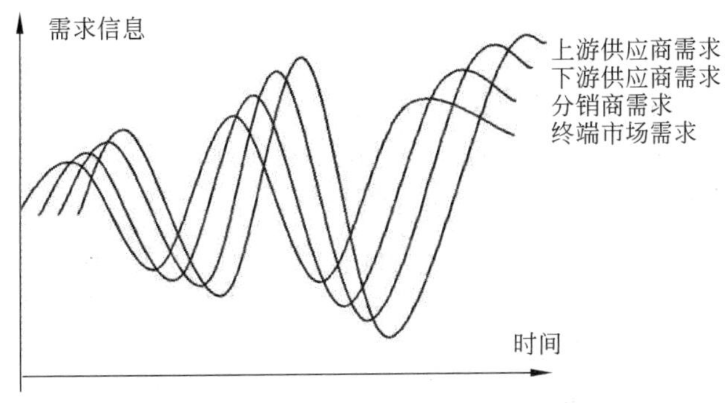

图 6-3 “牛鞭效应”示意图

实际上,在供应链沙盘运营中的三家企业均会面临上述库存控制的问题。建议由制造商来统一协调整个供应链的产品库存管理,原因在于制造商是整条供应链产品供应的源头,起到“水龙头”的作用。而这种由供应商来负责供应链上产品库存管理的方式被理论界称为“供应商管理库存(Vendor Management Inventory,VMI)”。

所谓 VMI,是一种以用户和供应商双方都获得最低成本为目的,在一个共同的协议下由供应商管理库存,并不断监督协议执行情况和修正协议内容,使库存管理得到持续改进的合作性策略。这种库存管理策略打破了传统的各自为政的库存管理模式,体现了供应链的集成化管理思想,适应市场变化的要求,是一种新的、有代表性的库存管理思想。

VMI 管理模式是从 QR(快速响应,Quick Response)和 ECR(有效客户响应,Efficient Customer Response)基础上发展而来,其核心思想是供应商通过共享用户企业的当前库存和实际耗用数据,按照实际的消耗模型、消耗趋势和补货策略进行有实际根据的补货。由此,交易双方都变革了传统的独立预测模式,尽最大可能地减少由于独立预测的不确定性导致的商流、物流和信息流的浪费,降低了供应链的总成本。

由于用户(The Buyers)把库存决策权代理给供应商(The Suppliers),由供应商代理分销商(批发商、零售商)行使库存管理和订货决策的权利。一方面实现了由终端销售信息拉动的上下游信息共享,使得供应商在下游用户的协助下更有效地做计划;另一方面是寄售方式的运作，在一个合作协议下由供应商管理甚至拥有库存，直到用户将其售出。

6.2.2 产品研发

在供应链沙盘中，制造商直接决定着产品的研发工作。研发什么产品、何时研发，均由制造商直接管控。那么对于制造商而言，应该何时研发产品、研发何种产品，则可以通过波士顿矩阵来研究和分析。

1. 波士顿矩阵

选择何种产品进行生产与销售，供应链企业可以借助于波士顿矩阵(BCG Matrix)，又称市场增长率-相对市场份额矩阵来进行分析。BCG矩阵将组织的每一个战略业务单位SBU(Strategic Business Unit)标在一种二维的矩阵图上，从而显示出哪个SBU能提供高额的潜在利益，哪个SBU是组织资源的漏斗，并以此区分出四种业务组合，如图6-4所示。

(1) 问题型业务(Question Marks)指高增长、低市场份额。

(2) 明星型业务(Stars)指高增长、高市场份额。

(3) 现金牛业务(Cash Cows)指低增长、高市场份额。

(4) 瘦狗型业务(Dogs)指低增长、低市场份额。

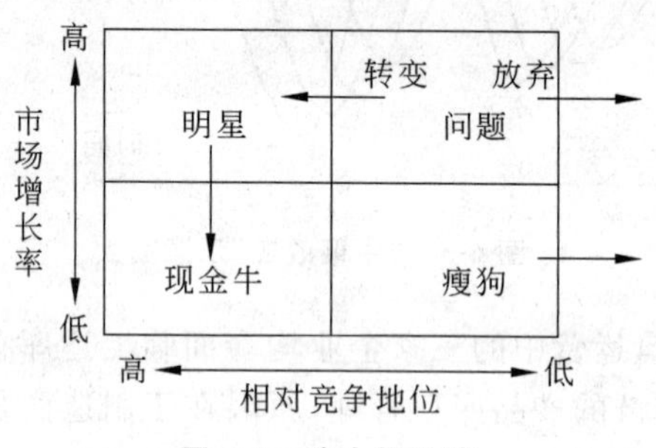

图 6-4 波士顿矩阵

2. 波士顿矩阵的四种产品策略

根据供应链沙盘的市场预测图(见图6-5)，结合波士顿矩阵对于企业产品所处的四个象限具有不同的定义，从而给出制造商的相应产品战略对策。

1) 明星产品(Stars)

明星产品是指处于高增长率、高市场占有率象限内的产品群，这类产品可能成为企业的现金牛产品，需要加大投资以支持其迅速发展。采用的发展战略是：积极扩大经济规模和市场机会，以长远利益为目标，提高市场占有率，加强竞争地位。企业对明星产品的管理与组织最好采用事业部形式，由对生产技术和销售两方面都很在行的经营者负责。

例如：供应链沙盘竞赛中，某供应链从第五季度开始，在P2、P3产品的产销上保持优势。

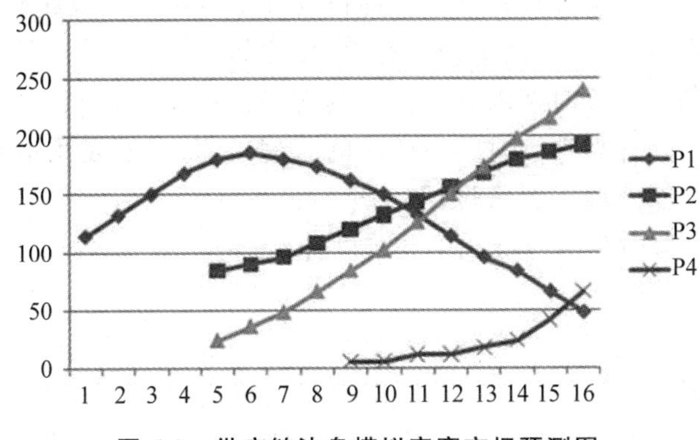

图 6-5 供应链沙盘模拟竞赛市场预测图

说明：图中的横轴代表时间，单位为季度，一共 16 个季度；四条曲线分别代表了 P 系列中 P1、P2、P3、P4 四种产品在四年的经营过程中每一个季度在整个市场上的相应市场需求量的走势。

2）现金牛产品(Cash Cow)

现金牛产品又称厚利产品。它是指处于低增长率、高市场占有率象限内的产品群，已进入成熟期。其财务特点是销售量大，产品利润率高、负债比率低，可以为企业提供资金，而且由于增长率低，也无须增大投资。因而成为企业回收资金支持其他产品，尤其是明星产品投资的后盾。

对这一象限内的大多数产品，市场占有率的下跌已成不可阻挡之势，因此可采用收获战略：即所投入资源以达到短期收益最大化为限。①把设备投资和其他投资尽量压缩；②采用榨油式方法，争取在短时间内获取更多利润，为其他产品提供资金。对于这一象限内的销售增长率仍有所增长的产品，应进一步进行市场细分，维持现存市场增长率或延缓其下降速度。对于现金牛产品，适合于用事业部制进行管理，其经营者最好是市场营销型人物。

现金牛业务指低市场成长率、高相对市场份额的业务，这是成熟市场中的领导者，它是企业现金的来源。由于市场已经成熟，企业不必大量投资来扩大市场规模，同时作为市场中的领导者，该业务享有规模经济和高边际利润的优势，因而给企业带来大量财源。企业往往用现金牛业务来支付账款并支持其他三种需大量现金的业务。若公司只有一个现金牛业务，说明它的财务状况是很脆弱的。因为市场环境一旦变化，导致这项业务的市场份额下降，公司就不得不从其他业务单位中抽回现金来维持现金牛的领导地位，否则这个强壮的现金牛可能就会变弱，甚至成为瘦狗。

例如：供应链沙盘竞赛中某供应链在第四季度至第九季度，在 P1 产品的产销上保持优势。

3）问题产品(Question Marks)

问题产品是处于高增长率、低市场占有率象限内的产品群。前者说明市场机会大，前景好，而后者则说明在市场营销上存在问题。其财务特点是利润率较低，所需资金不足，负债比率高。例如，在产品生命周期中处于引进期、因种种原因未能开拓市场局面的新产品即属此类问题的产品。

对问题产品应采取选择性投资战略。即首先确定对该象限中那些经过改进可能会成为明星的产品进行重点投资，提高市场占有率，使之转变成“明星产品”；对其他将来有希望成为明星的产品则在一段时期内采取扶持的对策。因此，对问题产品的改进与扶持方案一般均列入企业长期计划中。对问题产品的管理组织，最好是采取智囊团或项目组织等形式，选拔有规划能力、敢于冒风险、有才干的人负责。

例如：供应链沙盘中某供应链从第九季度开始，在P4产品的产销上逐渐形成优势。

4）瘦狗产品(Dogs)

瘦狗产品也称衰退类产品。它是处在低增长率、低市场占有率象限内的产品群。其财务特点是利润率低、处于保本或亏损状态，负债比率高，无法为企业带来收益。

对这类产品应采用撤退战略：首先应减少批量，逐渐撤退，对那些销售增长率和市场占有率均极低的产品应立即淘汰。其次是将剩余资源向其他产品转移。最后是整顿产品系列，最好将瘦狗产品与其他事业部合并，统一管理。

例如：供应链沙盘中从第十季度开始，P1产品的市场售价已经开始跌破初始价位，并将继续下滑。

3. 其他问题

供应链中的制造商在制定产品战略时，还要注意与供应链上的另外两家企业进行信息协调，并注意具体市场竞争的形态。

例如，某制造商决定在第1年第1季度开始研发P2，在该年第2季度研发成功，第3季度可以上线生产，第2年第1季度才能下线并发货；再经过一个季度的运输，于第2年第3季度才能到达渠道商仓库；再经过一个季度的运输，于第3年第1季度才能到达终端商仓库，第3年第2季度才能参加销售。这说明渠道商应该在第2年开始代理P2产品的销售资格，而终端商则最快需等到第3年才能迎来第一批P2产品的销售。

此外，激烈的市场竞争是制造商不得不面对的重要决策信息来源，是研发对手已经占据绝对优势的产品，还是避实就虚研发市场中的空白产品，均需要制造商的全面思考。

6.2.3 开设旗舰店

这里所说的旗舰店，就是制造商所开设的直营店。直营店又称直营连锁。在供应链沙盘实验中，旗舰店指制造商直接经营的连锁店——即由制造商总部直接经营、投资、管理各个零售点的经营形态。直营店在物理沙盘中用黄色小人表示，如图6-6所示。

图6-6 代表制造商直营店的黄色小人

1. 为什么要开设直营店

在供应链沙盘实验中，制造商开设直营店有以下优点。

(1) 增加制造商自身及整条供应链的销售量，一般情况下最多可以销售7个产品。

(2) 由于一般情况下最多可以销售7个产品，一是可以增加制造商及整条供应链的利润；二是可以多一条消除制造商产品库存的销售渠道。

(3) 由于采取了制造商直销的方式,可以更快地将新产品投放市场(对比 6.2.2“3. 其他问题”中的例子),从而快速回收资金。

(4) 在现实中,制造商直营店销售的产品所获得的利润一般都高于间接委托渠道商及终端零售商的销售利润。

2. 直营店的局限性

(1) 数量被限制为一家(原因在第 3 章中已经阐述),由此带来的是销量的局限与所获利润的局限,因此制造商的直营店是不能成为供应链的销售主力的。

(2) 根据表 6-2 所示,P 系列产品在经过整条供应链的传导完成销售后,均产生附加值,例如:P4 产品制造商与渠道商的结算价格仅为 8M,但是市场的售价为 18M。因此,如果销售全部由制造商直营店进行,则对于供应链而言,将损失巨大附加值空间。

表 6-2 结算价格

产品	制造与渠道结算	渠道与终端结算	市场基准价
P1	2M	3M	5M
P2	4M	6M	8M
P3	6M	9M	12M
P4	8M	12M	18M

3. 总结

制造商应该开设自己的直营店,因为这是提高供应链整条销售量、抢占市场份额的重要手段;但是,制造商与整条供应链必须正视一家直营店是无法单独承担整条供应链销售重任的现实。

6.3 渠道商的管理

渠道商是指连接制造商和消费者之间的众多中间企业,包括批发商、经销商、代理商和佣金商等。在供应链中,渠道商是非常重要的中间环节。它拥有资金、仓库、车辆、终端客户、渠道管理业务团队等核心资源。

在商品从生产者流向最终消费者或用户的流通过程中,最少要经过一次商品所有权的转移,原因就在于渠道商的存在。这一次所有权的转移是十分有必要的,因为渠道商在供应链中起到承上启下的中转作用。对上游的制造商而言,渠道商在市场开拓时期担负市场覆盖、网络占有的责任,同时降低生产企业在陌生市场的各种风险;对下游终端商而言,负责保障基本物流管理的顺畅;表现为区域市场分销体系的完善、送货线路的清晰和区域市场终端网络的稳固。

6.3.1 渠道商的库存管理

前文已学过,在供应链沙盘的配送网络结构中,渠道商的两大仓库由于处于衔接上下游的物流、信息流汇总处，因此可作为供应链的中央仓库来负责货物的供应管理。此时，该供应链中央仓库将充当供应过程的调节者和来自外部供应商订货的转运站，而其本身尽量“零库存”，同时也可以保留部分安全库存，以便应急。

1. 零库存

企业追求利润最大化，反对产品过分积压，而零库存的理想化理念便受到极力推崇。对于处于供应链中断的渠道商而言，它的库存状态直接显示着整条供应链的营销形势：第一，若渠道商的库存积压，则说明终端商的销售停滞，整条供应链的市场占有率堪忧。第二，若渠道商的库存归零，则要么说明整条供应链的产销实现平衡，达到理想状态；要么说明终端商的销售面临缺货困境，整条供应链的营销潜力未能发挥，潜在市场被迫放弃。

“零库存”的仓储管理的前提是与下游终端商紧密协作，通过调研分析对市场作出准确的预测，从而制定与需求相吻合的生产方案，避免造成不必要的资源浪费或产品积压。

在实验中，实现渠道商“零库存”的措施有以下两点。

(1) 即进即售。指当产品入库后，在正常库存周期内将所有的产品都销售出去，同时收回货款。这是最理想的销售方式，除非是对市场作出准确的预测，并且与上游制造商及下游终端商提前达成供货协议并顺利执行，否则这种情况很难实现。

(2) 超期即“送”。对于超过正常库龄的产品(即滞销产品)，可采取买 3 送 1 等促销方式“送”给用户。通过促销这些呆滞产品，可以迅速回笼资金，应用于现金支付广告费、运费、仓储费等。

2. 实行 VMI 管理模式

鉴于渠道商仓储在供应链物流中的战略枢纽地位，上游的制造商应该全面接手其管控，实施 VMI 管理模式。

制造商通过共享渠道商的当前库存和实际耗用数据，按照实际的消耗模型、消耗趋势和补货策略进行有实际根据的补货。由于这一模式能够尽最大可能地减少由于独立预测的不确定性导致的商流、物流和信息流的浪费，从而降低供应链的总体物流成本。

6.3.2 渠道商注意合理的利润空间

在现实中，一些强势的电器渠道商们通过进场费、选位费、节庆费、管理费、促销费、开店庆贺费、广告宣传费等形式，不断挤占上游制造商的利润空间，导致厂家每卖出 100 元的产品，渠道商就获得 35 元。利润的大部分贡献给了渠道商们，无以为继的制造商们只能开始逃离。先有格力、美的、TCL 等知名家电厂商自建渠道，后有海尔联手百安居借助外方支持开拓营销渠道。

同样，在供应链沙盘实验中，往往上游制造商产品积压，下游终端商总是销售停滞，但是中段的渠道商却赚得盆满钵满。而实际上，在供应链沙盘竞赛中，中间的渠道商在保证自身正常利润的前提下，应该尽可能地提高物流速度，不能利用自己对销售渠道及终端的控制而过度积压上下游企业的利润空间。

6.4 终端商的管理

终端商(Retailer)是指将商品直接销售给最终消费者的中间商。相对于生产者和渠道商而言,终端商处于商品流通的最终阶段。在现实中,终端商的基本任务是直接为最终消费者服务,它的职能包括购、销、调、存、加工、拆零、分包、传递信息、提供销售服务等。

在模拟实验中,终端商在供应链中担负着为整条供应链进行产品销售、回收利润的重任,因此门店的开设、充足的备货及合理的促销成为其管理工作的核心。

6.4.1 门店的开设

门店是终端商进行产品销售的唯一渠道,是整条供应链最重要的利润获得渠道(除增值税的直营店外),重要性自然不言而喻。

一般来说,一家门店的每季度的销售上限为 7 个。因此,两个门店理论上最多可以一季度销售 14 个产品,三个门店则可以销售 21 个产品。以此类推,一个市场可以最多开设四家门店,而四个市场中,一个终端商最多可以同时拥有 16 家门店,一个季度的最大销量为 112 个。

1. 门店是否开得越多越好

按照上文的说明,一家终端商最多可以同时拥有 16 家门店,一个季度的最大销量为 112 个。但是,根据图 6-5 所示,供应链沙盘模拟竞赛市场预测状态来看,单个产品一个季度市场需求量在 100 以上的情况有限,即使四种产品在同一季度的市场总需求的确超过 100 个,不过考虑到市场上一共有六家终端商对这些需求进行争夺,能够在一个季度实现 112 个的销售量,显然概率极低。因此,门店并不是开得越多越好。门店过多无货可卖,或者销售潜力无从释放(如某年度的供应链的广告投放不足,导致订单不够),均会导致门店投资失效。

2. 发展初期门店投资需谨慎

在实验中的初期,终端商均会开设一些门店,以增强整条供应链的销售能力,但是其开设时间与地点需谨慎。

(1) 终端商门店的开设时机,应该与上游制造商的产能扩展相关联。得不到上游制造商的有效产能支持而开设的门店只能在一定时期内闲置,而发展初期的资金对于企业而言是非常紧缺和急需的资源,门店的闲置是机会成本的巨大浪费。

(2) 门店的开设地点也不能随意,首先要与上游渠道商进行协商,确定渠道商的物流仓库定位后,才能确定终端商的门店开设位置。例如,若上游渠道商的物流仓库定为主管东、南市场的 1 号库,那么终端商的门店选址就不能选在西、北地区,因为渠道商无法对此区域的门店配送货物。

6.4.2 紧急订货与调货

终端商在销售会议中经常会出现某地区仓库的某产品库存不足，无法满足销售订单需求的情况，这时候就必须在自己的几个仓库之间进行紧急调货处理；但是，若终端商自己所有的仓库中均没有足够的某产品存货，则只能眼睁睁地看着该订单从自己的眼皮底下溜走。在这种情况下，唯一可以补救的是，在销售会议之前向上游渠道商进行紧急订货的操作，若渠道商拥有足够的某产品库存，则这一问题即可解决。

1. 终端商为什么总是缺货

导致终端商总是缺货的原因很多，其中一个是与实验的运输设置有关。由于从制造商到渠道商一批货物 20 个，运费为 1M，而从渠道商到终端商的一批货物为 6 个，运费为 0.5M；因此会产生有的终端商只愿意引进 18 个产品（三个完整的批次），而不愿意为多出来的 2 个产品单独支付一批次的运费。这样长此以往的结果是，每批从制造商发来的货物中，总有 2 个产品被"遗留"在了渠道商处，终端商客观上总是"缺"了这 2 个产品的库存。

终端商总是缺货最根本的原因还是在于，市场需求的取得是动态的竞争过程，因此与预计之间存在很大的不确定性。

2. 频繁的紧急订货与调货的不利

尽管市场的不确定性使得终端的缺货似乎无可避免，但是供应链上的终端商绝对不能因此而认为"反正无法避免，而且我们有紧急订货与调货的手段"，从而对此不加管控，滥用紧急订货与调货措施。特别是在实验竞赛的前半程中，这样决策的负面效应有以下两个方面。

（1）紧急订货每批为 3 个，运输费为 1M/批；紧急调货每批 3 个，运输费 0.5M/批；对比常规调货每批 6 个，运输费 0.5M/批，成本分别是后者的 4 倍和 2 倍。

（2）紧急订货实际上消耗的是渠道商的库存，即下一季度其将会配送至终端的库存，这一部分库存由于终端商的紧急订货而提前消耗了，这样很可能会使终端商在下一周期再度陷入"缺货"的陷阱之中。

当然，在实验竞赛中，当比赛进入后半段，终端商若流动资金充沛，则"紧急订货"将成为其物流的常态。因为此时对于各参赛供应链团队而言，谁能尽快地将利润丰厚的高级产品尽快推向市场，并实现销售，谁就能够在激烈的竞争中抢得制胜的先机。

3. 解决库存短缺的措施

在供应链沙盘实验中，终端商应该了解这样一个信念：终端不怕库存积压、最怕库存短缺。终端商当然也不喜欢库存积压，因为这意味着高昂的库存成本、供应链的资金周转缓慢、供应链盈利能力不足；但是，由于终端商毕竟是处于销售的前线，"弹药充足"总比敌人冲到面前了（轮到选择销售订单了），结果发现"没有弹药"好得多。因此整条供应链的库存就应该整体下沉，库存应该尽快从渠道商处输送到销售商的位置。

同时，终端零售商的仓库库存也应该采取 VMI 管理模式，由上游制造商进行直接管控。因为，终端商离市场最近，对消费者的需求感觉最敏锐，所以制造商可以充分根据一线市场的消费需求情况来合理安排库存状态，在保证基本安全的前提下，尽量减少冗余库存，实现精益管理。

6.4.3 合理促销

在供应链沙盘实验中，终端商除了通过广告宣传、开设门店进行销售之外，还可以通过四种促销手段来激活市场中的隐性需求，从而提高销量。

1. 促销手段的作用

具体而言，促销有以下几项重要作用。

1）缩短产品入市的进程

使用促销手段，旨在对消费者或经销商提供短程激励。在一段时间内调动人们的购买热情，培养顾客的兴趣和使用习惯，使顾客尽快了解产品。

在供应链沙盘实验中，若某企业研发并生产出了某产品，而市场上不久前刚好有其他企业也投放该产品，并抢占了一定的市场份额，但是市场地位还不牢固。这时，该企业可以通过促销手段，迅速扩大该产品的市场份额，实现后发制人的目的。

2）提高销售业绩

毫无疑问，促销是一种竞争，它可以改变一些消费者的使用习惯及品牌忠诚。因受利益驱动，消费者很可能大量购买。因此，在促销阶段，终端商常常会实现销售量的迅速增加。

3）侵略与反侵略竞争

无论是企业发动市场侵略，还是市场的先入者发动反侵略，促销都是有效的应用手段。市场的侵略者可以运用促销强化市场渗透，加速市场占有。市场的反侵略者也可以运用促销针锋相对，来达到阻击竞争者的目的。

此外，在供应链沙盘实验中，“买 3 个 P2 送 1 个 P1”和“买 3 个 P3 送 1 个 P1”这两种促销手段，均可以在抢占市场的同时，打击对手在 P1 上的销量（降低该市场中 P1 产品的隐性需求 5%）。

4）清除多余产品库存

以“买 3 个 P2 送 1 个 P1”和“买 3 个 P3 送 1 个 P1”这两种促销手段为例，它们在实现 P2 或 P3 的销售上升的同时，也实现了对低附加值的 P1 产品的清库处理。

2. 总结

鉴于上述促销的重要作用，终端商必须合理应用促销手段，来加强自身的产品销量。当然，对于四种促销手段的使用，还是需要注意一些“副作用”情况，相关内容在“3.5.5 促销对产品销售的影响”已有详细说明。

6.5 透析供应链的经营

6.5.1 企业经营的本质

企业经营的本质是获取利润。企业利用一定的经济资源，通过向社会提供产品和服务获取利润，如图 6-7 所示。参与供应链经营的企业也不例外。而企业获取利润的途径不外"开源"和"节流"两条。

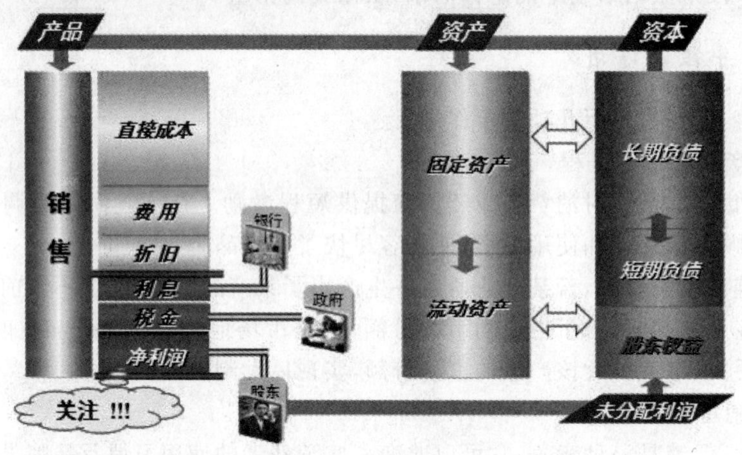

图 6-7 企业经营的本质是追逐利润

1. 供应链企业应该如何"开源"

对于任何一条供应链而言，"开源"意味着在企业利润率恒定的情况下扩大销售量(见图 6-8)，实现这一目标有三条途径：开拓新市场、增加新产品和扩大产能。

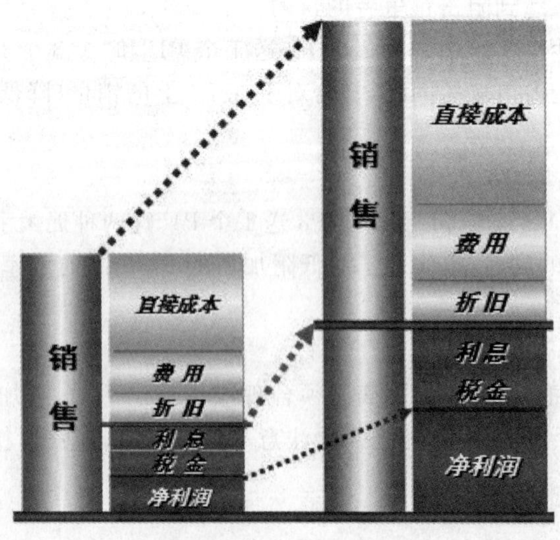

图 6-8 企业"开源"示意图

(1) 开拓新市场：这一行动意味着渠道商必须在新的区域市场中建立新的营销渠道，从而扩大供应链的原有市场范围，并对新扩市场进行有效的渠道维护与管理；终端商则应该紧跟渠道商的步伐，在其新开拓的区域市场中建设门店，并租赁仓库，向新的区域市场投入合理的广告费用，以开展终端的销售工作。

(2) 增加新产品：上游的制造商应该研制新的产品，如 P2、P3。这些新产品往往较以往的旧产品能带来更高的附加值。

当然，新产品的研发并不一定是越高端越好，制造商还要认真研究市场上竞争对手的情况，如果大家都研发高端的 P3 产品，则意味着其市场竞争将异常激烈，此时研发 P3 很可能没有研发稍低端些的，但是市场竞争不太激烈的 P2 产品更具获利前景。

(3) 扩大产能：在市场扩大、新产品研发成功的背景下，制造商必须尽快扩大自身的产能，以尽快将新产品投放到新市场中。扩大产能的方法是制造商购买新的生产线。现实中，制造商还可以通过改进生产装置、研究生产组织等措施来提高自身产能。

2. 供应链企业应该如何"节流"

对于任何一条供应链而言，"节流"意味着在销售额不变的前提下降低企业成本(见图 6-9)，实现这一目标也有三条途径：降低直接成本、降低可变成本和增加毛利。

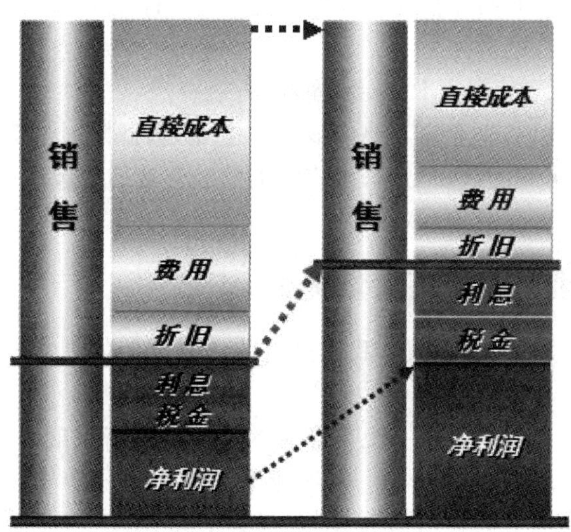

图 6-9 企业"节流"示意图

(1) 降低直接成本：这一措施意味着制造商、渠道商和终端商要采取一系列措施，如寻找低成本供应商、生产组织变革等，实现原材料费用、加工费用等直接成本的压缩。由于实验中产品的直接成本、渠道维护费、店面管理费、折旧等固定开支均为恒定，因此降低直接成本的措施在实验中不可行。

(2) 降低可变成本：这一措施要求供应链上的三家企业精确研究市场需求状态，制定出合理的广告开拓费用，减少无效的广告开支；对厂房、仓库等固定资产进行采购；提前做好合理的资金预算，尽量避免贴现，并尽快归还短贷，以降低企业融资成本。

(3) 增加毛利：这一措施的实现，需要整条供应链企业对市场预测与竞争对手的情况进行精确且仔细的分析与判断，从而将资金用于开拓收益最大的区域市场，并研发附加值最大的产品，以增加产品毛利。

例如：一个 P1 产品的成功出售只能为整条供应链带来 4M 的毛利，而一个 P4 产品的成功销售则能为整条供应链带来 14M 的毛利。

6.5.2 如何衡量企业经营的优劣

企业经营的目标是盈利。但是，同样是盈利，不同的企业经营的盈利程度却大不相同；即使两家企业某一年度的盈利额是一样的，也一样不能说明两家企业的经营是一样的好。例如，表 6-3 所示的两家企业 A、B 公司。他们在同一年度均盈利 100 万元，但是由于各自前期的投资不同，因此实际经营水平也就高下立现了。A 公司用 1 元赚 1 元，而 B 公司仅仅是用 1 元赚 1 分。

表 6-3 A、B 公司某年度的盈利情况

公司	投资额/元	盈利/元	评价
A 公司	100 万	100 万	1 元赚 1 元
B 公司	10 亿	100 万	1 元赚 1 分

把 A、B 公司两家企业的经营水平区分开的关键指标就是“资产报酬率”(ROA)。

资产报酬率计算公式：

ROA＝ 净利润/总资产

资产报酬率告诉我们，企业家不但应该关注企业是否赚了钱，赚了多少钱，更应该关注企业是用了多少钱来赚的钱。当然，供应链上的经营者们应该用尽可能少的资金，来实现尽可能多的盈利，即提高其 ROA 值。

6.5.3 供应链企业是否应该大量贷款

供应链沙盘的初学者经常会问：我们是否应该贷款？如果应该，那么到底贷多少款才合适？

为了能够回答这一问题，必须在上文谈到的 ROA(资产报酬率)概念的基础上，再进一步学习。如果把 ROA 公式中分母——某家企业的现有资产中属于负债的部分剔除，只剩下股东权益(即所有者权益)，那么 ROA 就会变成 ROE(权益报酬率)。

权益报酬率计算公式：

ROE＝净利润/权益

这个公式告诉我们，企业家不但应该关注企业是用了多少钱来赚的钱，而且更要关注企业是用了多少自己的钱来赚的钱。可以用一个例子对此进行说明，如表 6-4 所示。

表 6-4 三家企业某年度 ROA 与 ROE 比较

指标	A 公司/元	B 公司/元	C 公司/元
资产	100 万	100 万	100 万
负债	0	50 万	90 万

续表

指标	A 公司/元	B 公司/元	C 公司/元
净利润	15 万	15 万	4 万
ROA	15%	15%	4%
ROE	15%	30%	40%

从表 6-4 不难看出，A、B、C 三家公司的总资产一样，均为 100 万元，一年的经营所得的利润分别为 15 万元、15 万元和 4 万元。如果仅仅观察 ROA，可看出 C 公司是其中经营最差的企业，而 A、B 两家公司的经营则不相上下。但是，事实真的如此吗？

其实，答案就在于它们的负债情况。由于 A 公司没有贷款，B 公司贷款 50 万元，C 公司则贷款 90 万元。因此，实际上 C 公司相当于只用了自己 10 万元资金就赚取了 4 万元的利润，ROE 高达 40%；A 公司则相当于用了自己的 100 万元资金仅赚取了 15 万元的利润，ROE 仅为 15%；B 公司则相当于用了自己的 50 万元资金赚取了 15 万元的利润，ROE 为 30%。

最终，ROE 的分析结果是：

(1) C 公司经营状况远远好于 A 和 B 公司；

(2) B 公司的经营状况也并非与 A 公司平手，实际表现要明显好于 A 公司。

因此，从战略上看，供应链企业应该大胆地向银行进行融资贷款，因为 ROE 指标告诉我们，企业的经营除了要借助自身资金之外，还应该尽可能地进行多渠道融资，学会“用别人的钱来赚自己的钱”。当然，从战术角度看，供应链企业贷款也绝非贷得越多越好，因为过多的贷款将带来巨大的利息成本，此外因贷款过多而处于资不抵债状态中的企业，将面临高风险经营压力考验。总之，融资是把双刃剑，最优的融资比例要由学员们在具体的供应链沙盘模拟经营中去自行寻找与体验。

本章小结

本章指出供应链的整体协同是指供应链的各成员企业维持良好的关系，保持一致的行为，并实现供应链整体效益最佳的状况。供应链的整体协同是实现供应链整体效益最大化的必要条件。但在供应链的运营中存在许多影响供应链的整体协同的因素，这些因素涉及价格策略、经营策略、业绩评价体系及激励措施等诸多方面，并最终将引起供应链的失衡。

克服服供应链失衡的根本措施是实施良好的供应链整体协同管理，具体措施有：供应链集成与战略定位、配送网络的构建、信息技术和决策支持系统。

随后，本章对供应链上的制造商提出了 VMI 库存管理、合理产品研发、开设直营店的经营措施建议，对渠道商提出了“零库存”管理、保持合理利润空间的经营措施建议，对终端商提出了合理的门店开设、减少紧急订货与调货、合理促销的经营措施建议。

最后，从企业经营的本质、如何衡量企业经营的优劣、供应链企业是否应该大量贷款三个方面对供应链沙盘的企业经营进行了深入分析。

学习与思考

（1）什么是“牛鞭效应”？请举例说明。

（2）请结合参加供应链沙盘模拟运营实践，谈一谈你对供应链的整体协同管理的体会与认识。

参 考 文 献

[1] 马士华. 供应链管理[M]. 3 版. 北京：机械工业出版社,2010.
[2] 刘瑶,何董培. 供应链管理沙盘实训教程[M]. 北京：清华大学出版社,2012.

附录 1

供应链管理沙盘的教学

供应链管理沙盘通过直观的沙盘教具模拟企业实际运行的状况，内容涉及企业整体战略思考、市场需求分析、销售反馈、渠道运营管理、制造商订货确认到研发生产、销售发货、物流管理、资金结算与财务管理、广告策略、产品定位、促销选择、销售实现、供应链协作与谈判等多个方面。

1. 课程目标

本课程运用独特直观的教具，融入市场变数，结合角色扮演、情景模拟、教师点评，使受训人员在虚拟的市场竞争环境中，体验从市场需求、销售反馈、渠道运营、制造商订货确认到研发生产、销售发货、物流配送、资金结算、广告策略、产品定位、促销选择、销售实现等方面体验供应链管理全流程多角色的管理应用，感受企业间协作与制约的关系，认识渠道上下游对于企业的重要作用，感受企业生存发展的环境与历程，感悟正确的经营思路和管理理念，从而深刻理解供应链管理思想，提升供应链管理能力。

供应链管理沙盘涉及供应链管理的方方面面，学生可以通过模拟不同的企业角色来体验经营管理之道。通过本课程的学习达到如下目标。

(1) 直观感受供应链中各企业的工作流、物流、资金流和信息流。

(2) 切身感受供应链中各企业中不同岗位角色和作业流程。

(3) 真实平台的决策中把握供应链管理要点。

(4) 透明信息环境中掌握供应链管理知识和技能。

(5) 游戏中感悟和探寻供应链管理规律。

2. 学习关注的重点

在本课程的学习过程中，要求学生重点关注下列问题。

(1) 制造型企业与流通型企业经营的本质与核心要素有哪些？

(2) 企业内部如何做到物流与资金流的协调？

(3) 如何整合社会资源、扩展企业功能，强化供应链管理？

(4) 如何优选合作伙伴，实现风险共担、利益共享、共同提高竞争力？

(5) 如何提高供应链的物流效率、减低库存成本，使价值链真正增值？

(6) 如何对供应链运作的绩效进行评价，并制定合理的激励机制使供应链整体保持竞争力？

(7) 如何利用信息技术建立供应链管理的运行系统和平台？

3. 课程内容

1）供应链管理知识概述

掌握供应链管理的内涵及意义。

2）沙盘模拟实战准备

明确角色定位和职责分工，掌握企业初始状态，熟悉竞争的筹资策略、投资规划、生产管理、营销管理等相关规则。

3）各年经营与知识点评

（1）第一年经营与点评。内容包括：①供应链流程分析；②各供应链环节的职能；③供应链的动态系统；④如何提升业绩；⑤关注市场预测；⑥经营管理要注重规划。

（2）第二年经营与点评。内容包括：①供应链失调的原因；②供应链失调的危害；③供应链的协调与管理；④构建战略合作伙伴关系和信任；⑤制订供应链综合计划。

（3）第三年经营与点评。内容包括：①市场开拓战略；②产品组合策略；③安全库存；④经济订货批量；⑤快速反应。

（4）第四年经营与点评。内容包括：①现代信息技术；②供应链信息管理系统；③供应链信息管理的实践。

4. 物理沙盘与电子沙盘结合

由于手工沙盘具有直观性、实体性，有利于学生切身体会供应链中各企业的不同岗位的角色和作业流程，因此比较适合初学者使用；由于电子沙盘实现了计算机竞单、企业生产、关联交易、报表生成等功能，将学生从烦琐的企业日常流程操作中解放出来，从而使得学生能更多地思考企业的各项经营决策问题，因此电子沙盘比较适合熟练掌握物理沙盘的学生参加或直接用于多组对抗比赛。

5. 学时安排

本课程计划学时为 36 学时（4～5 天），有条件的学校可以安排 48 学时（6 天），进行多轮实战训练。每年运营模拟内容包括：年度会议、促销及产品销售、企业经营、财务关账、业绩分析和知识点评。具体的课程计划安排见附表 1-1。

附表 1-1 供应链沙盘模拟课程计划

序号	课 程 内 容	合计	讲授	实训	机动
1	供应链管理沙盘组织设计	1	1		
2	企业运营规则	3	3		
3	教学季度运营	2		2	
4	第一年运营及总结	10	2	8	
5	第二年运营及总结	7	2	5	
6	第三年运营及总结	5	2	3	
7	第四年运营及总结	5	2	3	

续表

序号	课 程 内 容	合计	讲授	实训	机动
	机动	3			3
	合计	36	12	21	3

注意：教师可根据教学及专业需要安排机动时间。

附录 2

供应链管理沙盘模拟的教学环境

本供应链管理沙盘实训课程的环境建设建议如下。

1. 实验室场地

供应链管理沙盘模拟实验室整体布局如附图 2-1 所示。

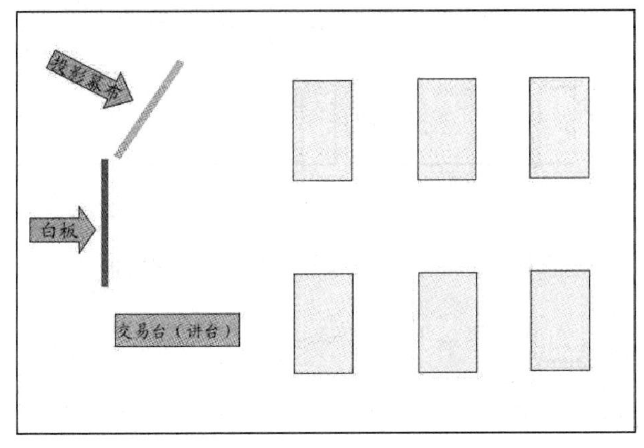

附图 2-1　供应链管理沙盘模拟实验室整体布局示意图

(1) 面积：室内面积应该不小于 $99m^2$(9m×11m)(以 6 组为例，可根据学校实际情况调整)。

(2) 桌椅：学生沙盘桌至少 6 组(每组由 3 张桌子组成，桌面大小以略大于沙盘盘面为宜)；学生座椅 54 把(每组 6～9 人)；教师桌椅 1 套。

(3) 计算机：1 台教师机(必备)；36 台学生机(12 组选用)。

2. 实验室桌面

每个实验小组分为制造商、分销商、终端商，每个小组需要 3 张沙盘桌，围成一个 U 形，如附图 2-2 所示。其中，桌面尺寸为 0.8m×1.8m 的桌子 1 张，桌面尺寸为 0.9m×1.2m 的桌子 2 张，每桌摆放 1 台计算机。

建议将液晶显示器直接放在桌面上，桌子安装计算机键盘托盘，这样可以不占用沙盘桌面，并配备抽屉，可以用于存放实验所需的空桶及钱币等物理教具，每张沙盘桌配置 3 把椅子。

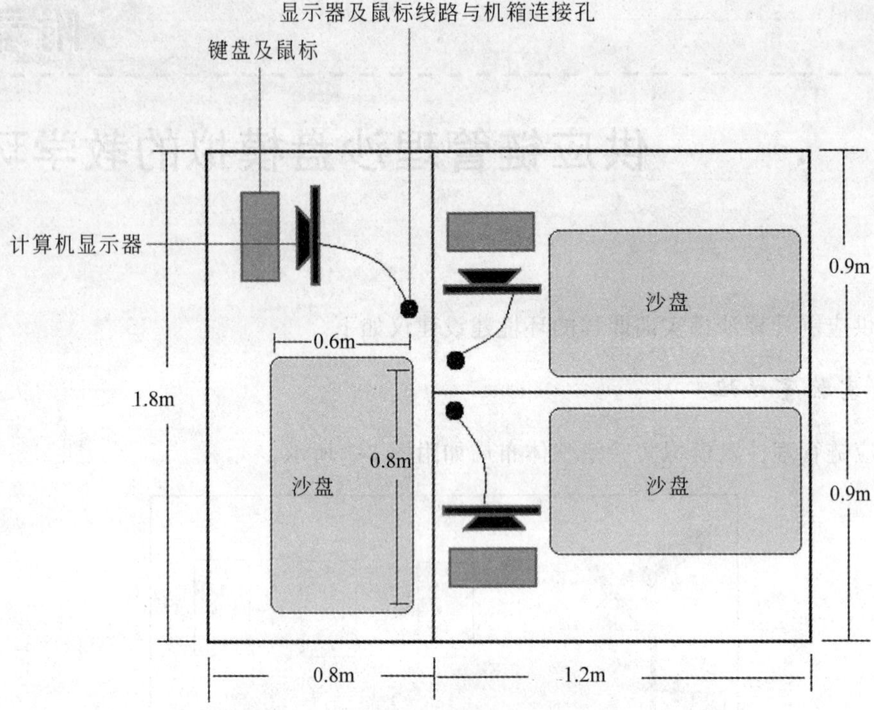

附图 2-2 一组供应链管理沙盘的桌面组合

3. 实验室网络

实验室计算机构成一个网络环境。为了保证效果,建议实验室配备一台专用服务器。

操作环境:供应链沙盘电子系统采用 B/S 架构,Windows 2000 Server,SQL Server 2000 数据库,安装 IIS。

4. 实验室教学设备

供应链沙盘模拟实验室教学所需设备见附表 2-1。

附表 2-1 实验室教学设备

序号	名 称	单位	数量	备 注
1	供应链管理沙盘及其电子沙盘软件	套	1	
2	多媒体中央控制系统	套	1	中控系统、控制台、投影幕布、投影仪
3	语音系统	套	1	含音响、功放、话筒等
4	三层交换机	套	2	14 口
5	服务器	台	1	可作为教师用计算机
6	网络环境			要求组成一个局域网,每张沙盘桌一个网络接口(也可用无线网络代替)
7	学生用计算机	台	18	按 6 组设计,每组 3 台
8	学生沙盘桌	张	18	0.8m×2.0m

续表

序号	名　　称	单位	数量	备　　注
9	交易台	张	1	0.6m×2.0m
10	椅子	把	40	根据学生人数作调整
11	资料柜	个	2	用于存放实习用资料、教具

5. 其他辅助设备

(1) 投影仪。最好吊顶安装，调试好投影仪投影焦距及大小。

(2) 投影幕布。安装于教室正前方中间位置。

(3) 白板。摆放于教室前方，以学生可视高度为准。

(4) 音响设备。视设备或教室实际情况布置，最好在教室四个角各安装一副音箱。

(5) 资料柜。根据需要配置。